重庆城的

老龙门阵

图说◎涂国洪

言说◎李远华

山水之城·美丽之地

图文双语境·文旅丛书

丛书编辑◎重庆图书馆　丛书主编◎任　竞

把重庆历史文化、自然风景解读给更多人，带到更大的世界去。

西南师范大学出版社

国家一级出版社　全国百佳图书出版单位

图书在版编目 (CIP) 数据

　　重庆城的老龙门阵 / 涂国洪图说；李远华言说 .——
重庆：西南师范大学出版社 ,2020.11
　　(图文双语境 · 文旅丛书 / 任竞主编)
　　ISBN　978-7-5697-0377-1

　　Ⅰ . ①重… Ⅱ . ①涂… ②李… Ⅲ . ①重庆－概况
Ⅳ . ① K927.19

　　中国版本图书馆 CIP 数据核字 (2020) 第 200817 号

图文双语境 · 文旅丛书

重庆城的老龙门阵

丛书编辑◎重庆图书馆　丛书主编◎任　竞
图说◎涂国洪　言说◎李远华

责任编辑　于诗琦
特约编辑　陈　涌　姚良俊
书籍设计　双安文化　向加明
出版发行　西南师范大学出版社
　　　　　网址　www.xscbs.com
　　　　　地址　重庆市北碚区大街 2 号
　　　　　邮编　400715
经　　销　全国新华书店
印　　刷　重庆市开源印务有限公司
幅面尺寸　175mm×175mm
印　　张　$12\frac{5}{6}$
插　　页　1
字　　数　360 千字
版　　次　2021 年 1 月　第 1 版
印　　次　2021 年 1 月　第 1 次印刷
书　　号　ISBN 978-7-5697-0377-1

定　　价　68.00 元

● 清代《渝城图》

长篇小说《卯城》插图（素描）

目录

MULU

编者的话

  图文双语境·文旅丛书由五本书组成，即《重庆十八梯风情档案》《重庆城的老龙门阵》《大足石刻人文档案》《川江词典》《巴风渝韵话古今》。双语境，就是从文字与图画这两个方面所进行的行文表达模式。在双语境中，不仅文字是作者情志的表达途径，图画也是与文字相偕而行的表达符号。这种图文双语境也是一种双向补充，是对文本内涵和意蕴的双向拓展，从而使读者获得更为交汇融合、意蕴深邃的阅读效果。

  本丛书从各自的角度对重庆悠久的历史与美丽的自然风光进行了深入反映。重庆丰富灿烂的文化与深厚的历史底蕴是经过漫长的时间历练而来的。一方面，巴渝文化不仅是组成中华文明的要素之一，而且在现代以卓越的形态绽放出了新的风采；另一方面，重庆的自然风光、城市景观可谓是美幻迭出。如果说主城区的魔幻 D+ 城市景观是科学技术与重庆特有地理条件超越性融合的巧妙展现，那么周边区县的风景名胜则为这一构筑思想的天然延续空间，假以时日，这种美致的城市空间形态必将进一步扩大，那些镶嵌在各处的风景名胜必将在新重庆的城市形态下得到彰显，焕发出新的巴渝神韵。

本丛书以"一座城——'十八梯',一条江——'川江',一座山——'大足石刻',摆'老龙门阵'"为主线,绘出了数千年的"巴风渝韵"。每本各有侧重,其大致情况如下:

第一,《重庆十八梯风情档案》是山城重庆街市风貌与民俗风情的生动反映。"十八梯"可以说是巴渝文化、重庆人文风情的生动缩影。随着城市化的发展,"十八梯"将以全新的面貌呈现在人们面前,《重庆十八梯风情档案》就是在这一历史性的场景之下走进了人们的视野。本书以丰富的图片将"十八梯"的变化过程生动地体现出来,让人们对"十八梯"的前世今生有了清晰的认识,令人印象极为深刻。

第二,"龙门阵"一般侧重于对一个地方市井里弄的传说或民俗等进行描写。本丛书中的《重庆城的老龙门阵》自然并未从这一叙述传统中跳脱开来,但以小见大、见微知著的宏大叙事则是其另一个述写的动机。

第三,《大足石刻人文档案》以"硬处着笔,冷处着眼"的方式展开:历经数千年,我们仍能从冷厉而不失柔和的刻线与缝隙中感悟到巴渝佛教文化的圭臬。从本书中,我们看到的不仅是仙风与神格,而且更有万千姿态的人生故事。遍观大足石刻,无论是"五山"那些典型的摩崖造像,还是各处的碑文铭刻,都能让我们领略到"儒释道"三教融合的文化轨迹,窥得巴渝之地源远流长的文化融合与

创新。

第四,"川江"自然指的是长江上游河段,因为这部分河段大部分都处于原四川境内,所以被称作"川江"。故此,《川江词典》就是从长江上游河段这一地理空间下的时间视角对此间发生的很多故事的记述或回顾。从巴渝文化的探索来看,这不失为一个不可多得的角度,从河流入手来挖掘渔猎起家的巴文化,进而从中发现巴渝文化的发展脉络与路径。

第五,《巴风渝韵话古今》从对一条条石板路、一个个残留的城垣的研判中展开:在变迁的时空中,"巴风渝韵"似乎已从耳畔唇边溜走,或者藏匿在了新的城市轮廓之中,但冷不丁地我们仍然能从迅疾变幻的时空中捕捉到一些痕迹,甚至从那些迅疾变化的时新潮流中获得一些灵感,来构筑新的巴渝风采。这些自然要从人们所熟知的"展言子"说起,更要从人们每日离不了的渝菜来回味,等等。如此,我们方能觅得巴渝文化的灵魂,获得巴渝风韵的神髓,进而总领出新时代巴渝文化可能的发展趋势与方向。

总之,在探索巴渝之大美的过程中,我们不仅要从巴山渝水的自然风光、民俗风情中来勾勒出集体无意识中的巴文化印象,更要在动态不居的重庆味道与魔幻 D+ 的城市轮廓中辨析出巴渝文化的符号密码。如此,方能成就"行千里,致广大"的山水之城,美丽之地。

序言 （李远华）

XUYAN

    笔者发表在《天涯重庆》论坛上以《重庆城的老龙门阵》为题的数十个帖子出版了。现想起这些帖子来，也有颇多感受。

    笔者从小就喜欢听别人摆龙门阵，听大人摆，听大娃儿摆，总是百听不厌。到茶馆打巴壁听评书，听巴渝掌故，听江湖艺人唱重庆民谣，这些是我晚间的常课。时间久了，虽记不完整，但多少还有些印象。

    参加工作后，二十世纪七十年代初，因工作关系，我有一段时间天天到市图书馆翻阅民国时期的旧报纸、旧杂志，搜集有关资料。在翻阅中，又读到一些有关重庆的典故趣闻和民间传说。我在与别人尤其是与老人们的交谈中，也时常问有关本地的故事，因此也多了些积累。退休了，空闲时间多了。我无事时就在报纸杂志中查找，如有关重庆的故事，都要搜集，剪下来贴在纸上成册。我也喜欢从旧书摊上淘书，淘了一些文史、地理方面的书籍，从而了解到更多旧时重庆城的稗官野史，传说典故，充实了对于旧时重庆的认知。不过，此时也没想到要把它形成文字。

后来学会使用五笔打字法，才慢慢把这些积累的素材码成一个个小故事。学会上网后，也想把这些帖子发出去，但心里还有些惶恐，怕人家笑话。一次，有外地网友提出，南岸区的地名"四公里"取得怪。我觉得应该把这地名的来历说出来，以正视听，于是把四公里的由来用简短的帖子做了回复。不想到网友的点赞，由此信心大增。我开始在网上以《重庆城的老龙门阵》为主题，陆续发帖，意在为网友们介绍旧时重庆的一些地名由来、人文历史等。

本书选用了四十个帖子，大致为重庆地名、旧时的巴渝景色、市井生活、抗战轶闻、地方物产等。如地名中，介绍了道门口、弹子石、九龙坡、一号桥等名称的由来；也说了旧时重庆城内曾有过的名楼、古桥、牌坊、水井，以及嘉陵江中看不见的水文题刻丰年碑；有专门说旧时重庆城大街小巷的名称、地形以及行业的民谣唱词。在巴渝旧景中，说了旧时重庆有名的八处美景，其中的洪崖洞经旧城改造，今天已经是名满天下的网红打卡之地。在市井生活中，说了茶馆中发生的趣事，香烟如何替代了叶子烟，油腊杂货铺卖些什么东西；重庆城到成都的东大路中，巴县一段要途经哪些地方，

两路口为什么不赶场；长江上有哪些义渡为百姓过江带来了方便；普通民众出行需要的客运工具滑竿的来历；火炉重庆的夏天生活趣事、传说。抗战轶闻中，写了设在鹿角场的日军战俘营发生的故事，也写了精神堡垒是如何改称为解放碑的历史过程。地方物产中，介绍重庆火锅的最初形式、由来，是如何逐步演化的；白市驿板鸭最先是如何制作出来，后来的加工工艺又做了哪些改进；土沱酒是如何打开销路的。

但是，龙门阵不是说历史，它本身是一种民间流传的口头文学，是人们在茶馆酒肆里吹的夸夸牛，是人们茶余饭后的摆谈内容，是人们热天院坝歇凉时交流见闻的资料。这些口头文学在流传过程中，对同一个事情，内容情节上，有的会大致相同，但更多的是出现各种不同的版本，且常常会超越时空，把不同的时代、人物掺和在一起，甚至还有神话人物、故事穿插其中。当然，龙门阵中间，也有一些是得到认可的历史事实，比如龙门阵中的一些地名、楼宇。今天，有些名称已经不再存在，但过去却曾有过。当然更多的龙门阵内容，只是民间的传说，这一点，是需要说明的。

重山重水重庆府

CHONGSHAN CHONGSHUI
CHONGQING FU

从旧时官署说道门口

　　现今的重庆城（渝中区）有两个以旧时的官署命名的地名，一是巴县衙门，一是道门口。重庆城有三千年的历史，有国都，有郡，有道，有州，有府，也有县，这些都、郡、道、州、府、县的治所都在今渝中区，为何只留下了这两个地名呢？

　　巴国虽说没留下一个地名，却有巴蔓子墓留到如今，也算是巴国都仅有的一个遗迹。到了元末，明玉珍在重庆城建立大夏国，都城也设在重庆（巴县）城。明玉珍死后，葬于今江北城。大夏国因为几年就没了，与国都有关的地名当然一个也没留下。不过，在南岸的长江边，有一座大佛寺，却是大夏国都察院一个叫周兴的官员奉旨修建的。抗战时期，国民政府迁来重庆，定为陪都。国民政府门前的一条街，曾命名为国府路。五十年代初，改国府路为人民路。

　　除了国都，还有巴郡、永宁郡、南平郡。永宁郡的时间很短，复为巴郡。南平郡时间也不长，没几年又并入了渝州。这些郡治也都在今渝中区，也没留下过相关的地名。

　　重庆城还设过总督衙门，但时间很短，还都借用原有的建筑。比如清顺治年间，四川总督李国英的总督府，就设在相对完好的石灰市。清康熙九年（1670年），川湖总督又设在重庆试院，很快又改为川陕总督，移驻汉中。因为时间太短，同样也没有留下有关督府的地名。

　　还有州。梁武帝太清朝设楚州，西魏改楚州为巴州。几年后，又恢复为楚州。隋代改楚州为渝州，唐代及宋代为渝州。到了宋徽宗年间，在渝州的赵氏宗族赵谂图谋不轨，想造反，结果被平定伏诛。朝廷以渝州从此恭顺大宋之意，改渝州为恭州。

　　南宋孝宗淳熙十六年（1189年）正月，封其子赵惇为恭王。二月，孝宗内禅，赵惇登基，是为光宗。光宗以恭州为潜藩，升为重庆府。自此重庆得名。这些州府的治所，都在今渝中区，经历了数千百年，可都没有留一个地名给后人。

　　辛亥革命后，重庆府衙门成了蜀军政府的财政部驻地。1913年，袁世凯下令全国废除府制，重庆府遵令撤销。"府"是一级政权，"重庆府"的"府"没有了，"重庆"两字就没有附着点。重庆府没有了，只剩巴县还在。只好改回来叫巴县，重庆城又成了巴县城。官方文书上，不再出现"重庆"两字。但在民间，叫巴县城的有，叫重庆城的也有，反正都是一个地方。好在刘湘在几年后设立了"重庆商埠督办"，又恢复了重庆一名，这是题外话。巴县官方为了集聚财力，就把重庆衙门这座官产对外拍卖。巴县总商会与各商会商量，集资组建了一个大同公司，并拍买下了这座官产。于是，大同公司将府衙以及附属的行台、经办署等建筑，改建成了商业场。今天的西大街、西二街、西三街、西四街一片，都是原重庆府衙所在地。

　　为什么这些国、郡、州衙门没有留下地名呢？想来与战乱有关。明末，张献忠攻入重庆，杀了从陕西逃来的瑞王，道、府、县的官员，将诸衙门放火烧了。致使史籍被毁，后人无从知晓前朝史事。且民众十有九死伤，流离失所。清四川总督李国英到任后，方补筑通远门一段城墙，又命重建府衙。随后复建巴县县衙、重庆镇总兵署等。

　　到了今天，重庆被叫了800多年，却没有一个以重庆府衙为名的街巷地名。本来在重庆府衙前，有一条新丰街，是根据丰瑞楼和新丰楼两座计时用的谯楼而命名。这条街，与重庆府有些关联，但在重庆建市、扩建街道时一并拆除。新丰街也并入了南干道，抗战中，命名为林森路（今解放东路）。至于今天有重庆村一名，与当年的重庆府没有丝毫关系。

重庆以前为巴县。巴县之前有垫江、江州县之名。江州县在周时就有，南朝齐永明五年（487年）年改江州县为垫江县，县治仍驻今渝中区。到了北周保定元年（561年）改垫江县为巴县。一千多年来，巴县衙门驻在下半城，就没动过。直到抗战爆发，国民政府迁都重庆后的1939年，明令重庆市为陪都，为行政院直辖市。巴县政府此时尚属四川省管辖，这时才从下半城迁往土桥，最后定驻鱼洞。巴县政府迁出巴县衙门后，经历了数十年，大堂、二堂建筑多已毁坏拆除，现今还保留的一座残破的后堂建筑，成了市级文物保护单位。据说准备维修复建，作为旅游景点。除此以外，还留下一条巴县衙门街，至今仍在。

道门口，是明、清朝川东兵备道衙门的所在地。在元代、明代以及清代，都有道一级政权。重庆府在元朝时改称为路，属四川南道；明代属上川东道；清代属川东道。时而叫分守道，时而叫分巡道。但是，这些道台衙门只是省级督抚衙门的派出机构，并不是一级政权。

为什么要设立叫川东兵备道这一座衙门呢？明代，重庆镇总兵为了整饰文案，整顿军备，设了一个中军守备，冯世修为中军守备，以辅助总兵管理军中事务。可以说，这可能是兵备道的雏形。明代的武官，大多没读过书，或者仅仅粗通文墨。打仗虽说勇猛，冲锋陷阵、排兵布阵尚可，但一接到上锋传来的公文，就有点看不懂。战后要写个奏章，也说不到点子上，因此常常误事。朝廷觉得长此以往，总要出点事。于是就让朝中大臣下到各镇、卫总兵处，帮忙去整理军中各类文书档案，帮忙出主意，商讨军中事务。这些人并不参与军中的指挥和带兵打仗。他们所做的事务是临时性的，一旦事毕，就要离开军中。过一阵子，军中的事务又会死灰复燃，乱成一团。

重庆镇总兵马文升，考虑到军中老是这样子，总不是个办法，必须设法改变。他设想，在军中设一个副佥，来掌管军中这一类事务。佥，是全部的意思，副佥，是辅助主官管理军中事务的副职。他为此写了一个奏章上报朝廷，得到了皇帝的批准。这个副金，即为整理兵备的道员，亦称兵备道。重庆镇从这时候开始设立的这个兵备道，成了全国第一个。而王乾章，则是这个兵备道的第一任道员。

清随明制，也沿袭官署的设置。清康熙八年（1669 年），在东水门内的重庆府城隍庙一侧，修建了川东兵备道衙门。同时也指令川东道台兼管军备，称为川东兵备道。

川东兵备道管的是川东一带数十个县，比重庆府管辖的范围大得多。因此在重庆城内，它是最大的一级衙门，建有大堂、二堂、三堂以及厢房、偏房、庖厨、茅房等建筑。一般官署多坐北朝南，大辕门进去才是照壁。川东道道台衙门也不能免俗，道台衙面江背山，算是坐"北"朝"南"。受地形的限制，大堂朝向"南岸"，面对着南岸的龙门浩，实际是朝向东方。大堂面对的照壁背后，就是莲花街，开不了大辕门，只好设东西两座辕门。东辕门对着的是大十字，即打铜街与陕西路、东正街交会处。东辕门是主要通道，与大十字之间的空坝子，就叫道门口。这个名称一直叫到现在，也有三百多年了。西辕门对着府城隍庙外的巷子，出门经巷子出状元桥。

莲花街、状元桥是今解放东路靠道门口的一段。今天的市第一人民医院这一片，大致就是原来的道台衙门。

辛亥革命推翻了清朝的统治，重庆民众也起来响应，重庆成立了蜀军政府。之前，清川东道台已经逃走，道台衙门也名不副实。蜀军政府的行政部，就进驻了川东道台衙门。蜀军政府与成都的大汉军政府合并以后，将行政部改为行政司，又改叫川东宣慰使、观察使、道尹等等，走马灯似的换着名称，但都驻在道台衙门。最后道尹也不设了，道台衙门又空了起来。后来的四川省省长邓锡侯把省政府设在道台衙门，随后不久迁往成都。刘湘以四川善后督办的身份来到重庆，因为实力有限，占的地盘也不大，只有巴县、璧山两县，人们嘲之为"巴璧虎"。为了扩充实力，他看到这道台衙门空着的，就把这一座官产接收过来，准备改造为一个市场。

道台衙门的建筑格式与市场的要求完全不一样，加上衙门已经破烂，于是全部拆了。空地中间的一块地，被世界书局购得，建了一座大楼。四周修建为宽阔的街道和房屋，用作商场营业场所。没几年，这座砖木结构的大楼被火神光顾，遭烧得精光。这家书商损失惨重，再也没钱重建。还是一家银行接了过去，改建成一楼一底的楼房，作银行的营业场所。以道台衙门改建的商业场，因为是第一个，就取名为第一模范市场。

川东道台衙门没了，却留下一个道门口的地名。

旧时民谣说重庆

小时候，常常一到晚上就跑到茶馆听说书。听书人一茶一座，咱没得钱，进不了茶馆，就只好站在茶馆门外听。说书人讲的《杨家将》《三侠五义》《薛仁贵征西》之类，讲得好，听起安逸。也有游走于城乡的说唱艺人，唱清音的，打"赤膀膀"唱道情的，打金钱板的，也到茶馆讨生活。

我记得有一个打金钱板的，说唱了一段说重庆城的唱词，把旧时重庆城的城门、有名的街巷、景观、特点都唱了出来，很有意思。一些民谣、鼓书也说过类似的唱词。这么多年过去了，唱词早忘了多半，已经记不全。近些年，在一些书报杂志上，偶尔看到一点，就收集起来。在整理时，删去了重复的词句。对残缺的词句，也按原有风格，狗尾续貂，做了一些补充和调整。声明在先，水平所限，难免谬误，敬请批评并指正。

本土方言民谣唱词全文。

鼓板响，说一声，请客雅静，
听我把，重庆城，说个分明。
巴子国，都江州，人少得很，
沿水岸，聚群居，多重渔猎。
秦张仪，城江州，城小门少，
沿城墙，走一圈，半个时辰。
蜀李严，挖后山，欲通舟楫。
诸葛亮，说劳民，连说不行。
南宋朝，抗蒙哥，临战应变，
彭大雅，筑砖城，不过五门。
明洪武，戴指挥，因循旧址，
兴土木，开塘口，改筑石城。
依山势，踞隘口，城楼雄伟，
设炮台，守两江，汤池金城。
城墙长，十七里，条石来砌，
跑一圈，数一下，十七城门。
九门开，八门闭，九宫八卦，
上半城，下半城，硬是分明。

重庆城，大得很，依山就势，
数百年，川之东，第一名城。
说城门，道城门，开门九座，
八临江，一通陆，听我唱明。
朝天门，大码头，迎官接圣，

只因为，洪武爷，坐在金陵。
千厮门，码头多，嘉陵之最，
纸和盐，棉花包，雪白如银。
临江门，木材多，树料齐整，
只就是，粪码头，臭得死人。
通远门，官山坡，坟多得很，
天天有，锣鼓响，在埋死人。
南纪门，菜挑子，涌出涌进，
瓜果菜，品种多，新鲜水灵。
金紫门，有一座，无头土地，
正对到，绿营兵，镇台衙门。
储奇门，药材好，医人治病，
找郎中，开方子，买药就成。
太平门，府县署，都设此地，
酒楼多，湖广菜，海味山珍。
东水门，会馆多，香火正盛，
正对到，真武山，古庙凉亭。

闭门八，从不开，封堵邦紧，
走不通，过不去，却都有名。
西水门，联朝千，几步就到，
洪崖门，广船多，杀鸡敬神。
定远门，坝子大，舞刀弄棍，
金汤门，打枪坝，枪声惊人。

凤凰门，川道拐，宰房成街，
人和门，火炮响，总爷出巡。
太安门，太平仓，积谷备荒，
翠微门，挂彩缎，五色鲜明。

说完门，唱街景，有圈有点，
挂了一，漏了万，只说有名。
较场坝，有沟道，跑马射箭，
落魂桥，穿杨箭，一箭伤人。
春秋操，绿营军，好不齐整，
众教头，振精神，训练兵丁。
坝周围，谈生意，乾坤袖里，
摸拇指，讲价钱，赚金赚银。
三牌坊，豪商多，数之不尽，
鱼市口，到冬至，要斩犯人。
鼓楼街，设漏壶，时辰极准，
午时炮，一声响，全城听闻。
黉学街，县文庙，书声琅琅，
头悬梁，锥刺股，只为功名。
状元桥，冯与蒲，魁甲金殿，
大宋朝，巴县城，只这两名。
桥上头，卖绉绫，还卖绸缎，
东升楼，紧挨到，二府衙门。
木牌坊，卖毡毯，又卖毡帽，

道门口，脂粉铺，专卖女人。
陕西街，上中下，繁华得很，
大字号，大买主，票号兑存。
过街楼，小蒸笼，又粑又滚，
蒸羊肉，烧肥肠，曲酒醉人。
朝天驿，来的客，非官即贵，
接圣街，大钱庄，纸换金银。

沙井湾，盐井坡，乌龟眼睛，
长安寺，打五更，不得安宁。
三元庙，不撞钟，只准敲磬，
西湖池，有一坨，太湖石奇。
千厮门，有土地，鸡毛贴紧，
点香烛，求保佑，多是船民。
木匠街，卖铜器，也卖冬笋，
新街口，针线铺，彩线头绳。
打铜街，手艺人，制锅铸鼎，
小酒杯，大脸盆，啥都得行。
崇因寺，第一山，有眼古井，
水井中，关得有，烂谷草精。
望龙门，望的是，龙门小浩，
后伺坡，看得见，大河半城。
大梁子，裁缝铺，皮衣冬帽，
神仙口，银匠铺，专包赤金。

泰子斋，点心好，各式糕饼，
转过弯，就是那，中营衙门。
米花街，卖布匹，都是捆捆，
船运来，马驮去，批发乡邻。

走大街，穿小巷，店铺挨紧，
难的是，坡坎多，道路不平。
道冠井，水甘甜，泡茶品味，
总土地，掌管的，全是矮神。
关爷庙，偃月刀，生铁铸定，
桂花街，杨柳街，街窄难行。
都邮街，分上下，街长得很，
广南货，花色多，人在挤人。
华光庙，一座楼，风光得很，
会仙桥，走三步，通城有名。
治平寺，罗汉寺，挨得很近，
罗汉堂，塑佛像，五百来尊。
药王庙，众病家，求药治病，
筷子街，种类全，价钱相因。
东岳庙，织绫子，机声阵阵，
十王殿，供的是，十殿阎君。
大阳沟，菜市场，菜多得很，
可就是，地面脏，多不干净。
府文庙，祀木主，圣人孔子，

夫子池，人称是，学宫衙门。
魁星楼，鬼踢斗，掌管文运，
秀才郎，盼的是，金榜题名。

石板坡，神仙洞，清静得很，
香水桥，一条沟，直通河心。
九尺坎，本就有，千年古景，
炮台上，架的是，铁炮将军。
洪崖洞，三伏天，凉快得很，
三教堂，嫩豆花，远近闻名。
大井湾，小井巷，打有水井，
扶桑坝，地势宽，扎过军营。
五福宫，山顶上，全城望尽，
天官府，明太师，蹇义出名。
骡马店，栈房多，赶马客住，
莲花池，有一座，巴蔓子坟。
佛图关，咽喉地，上省路径，
夜雨寺，香火旺，求签敬神。
真武山，铁桅杆，永镇巴郡，
老君洞，供的是，太上老君。
觉林寺，报恩塔，有求必应，
慈云寺，僧与尼，同念佛经。
弹子石，玄坛庙，江边看景，
龙门浩，塔子梁，舀鱼扳罾。

水中市，山上城，景说不尽，

大小河，围到起，雄壮山城。

民谣唱词中的多数地名随着城市的发展，或合并、或消失，早已不见。一些地名今天仍在，但其街巷、功能、形态与过去已经全然不同，这是要注意的。

话说东大路

通远门至上桥

现在到成都以及川西方向，有全方位立体的交通方式，飞机、高铁、国道等等，很方便。但在旧时，不外乎水陆两条路，可是个费时又费力的事情。可以乘船，但是走水上，太慢，坐船的人少。还有走陆路，走的人多。有钱的人骑马、坐轿子、乘滑竿。更多普通百姓只有步行。到成都一趟，一般要走十多天。重庆到成都这条路线，多是走东大路。

东大路指哪条路？指旧时重庆经内江到成都的成渝驿道。照说的话，成都在重庆的西北方向，重庆去成都往西北走，为何叫成东大路？这好理解。成都在重庆的西北方向，远的不说，在明清时，却是省级督抚衙门的治所，是上位。重庆是府，属省级督抚管辖，处下位。对成都来说，往重庆方向走，是往东南，故古时的成渝驿道就叫成东大路。就是今天，铁路公路的叫法都是一样，从北往南、从东往西地叫。比如京广线（北京是中国的政治中心，往各个方向，都以京字打头）、沪渝线、成渝线等等。

旧时重庆往成都的东大路很长，约1100里。我能说的，只限于渝中区、九龙坡区（原巴县）境内的这一段。这一段路要经过哪些地方？有些什么故事？我把我在书上看到过的，小时候听老人摆过的，以及一些走过的地方，做了一下整理，分成几段来说。这回说的，是通远门到上桥这一段。还是一句老话，龙门阵是摆起来耍的，不必去考证，当不得真。

先从通远门说起。重庆城在明初洪武年间，重庆都指挥使戴鼎"因旧址筑石城"，有城门十七道，九座开门，八座闭门。通陆路的只有通远。通远门正门西向，门额上写有"克壮千秋"四字。有瓮城，城门向北，瓮城门的门额上，写"通远门"三字。二十世纪二十年代末，修建马路，拆除了瓮城。瓮城门上的"通远门"三字也就没有了。而正门上的"克壮千秋"四个字，也因数百年的风化，也看不清楚了。后来在维修通远门时，就将"通远门"这三个字刻在了正门原"克壮千秋"的位置上，即今天看到的样子。旧时的通远门城墙外，不是沟沟就是坡坡，偌大的一片荒野，都是官山坡，是埋死人的地方。一度也是官府在此行刑斩杀犯人的地方。因此民谣唱道："通远门，锣鼓响，看埋死人。"

数百年积存的坟墓，一层压一层。开发新市区、修建马路时迁坟，迁了43万余座。

通远门是成渝东大路的"起点"，从通远门出来，经过瓮城，出门转身向西。顺着城墙，就是今天的兴隆街。旧时，到了晚上，城门是要关闭的。普通行旅在路上耽搁了，进不了城，只好在城外等天亮开门。一些人看到了商机，就在城墙下修了简易客栈，让进不了城的人歇脚。不承想生意越来越好，渐渐地客栈酒馆多了起来，形成了一条小街。因此以生意兴隆之意，取名为兴隆街。

过了兴隆街，要经纯阳洞（今天的观音岩菩提金刚塔附近），这纯阳洞说是洞，其实只是在石壁上凿打的一座神龛，供的是吕洞宾吕纯阳。因为在路边，还是有些香火。进入民国后，有人募捐，在神龛外建了一座小瓦房当神殿。再后来，因此地离城近，地势又较高，看得远。一些绅商又集资建了一座小楼，以作登高观景之处，雅称为观阑楼。

从纯阳洞上坡，是号称"蓬莱洞天"的神仙洞。神仙洞是一座道观，大致在枇杷山原博物馆一带，早已不存。这座道观为何取名神仙洞？虽有老人看到过这道观，对它的来历却不晓得。二十世纪七十年代初，因工作需要，笔者经常到图书馆翻旧报纸查找资料。图书馆有老职工就住在神仙洞，他也搞不清楚这名称的来历。

从神仙洞再上去一点，就到枇杷山的高处，有一座横跨在大路上的简易铺子，卖些茶水、斗笠、草鞋等杂货。铺子上方写着"两腋生风"四字。这间铺子叫茶亭。古时交通不便，亲朋好友很不容易见一面。临别时，主人家把客人送到这里，才依依不舍地告别。是以旧时的茶亭一般多是亲朋分别之处。这间茶亭还有一个功能，它是有门禁的。铺子的大门上，设有木栅栏。按官府的门禁要求，按时开门关门。官府的告示规定得很清楚，根据通远门关门开门的炮响，这茶亭也就关门开门。行人不得违反，若有违反，是要捉进衙门打板子的。

茶亭往下一点，就是今天的三院里头，有一口大铁锅，锅底朝天，倒盖在一块柱状的石头上，叫作"盐锅骑石"。这口生铁铸的锅有好大？口径五尺多点，厚度差不多有半寸。这锅用来做干什么？都不晓得，有说是煮盐的盐锅，但无法证明。这锅二十世纪五十年代还在。五十年代后期，这口铁就遭弄去化了铁水，没有了。

再往下一点，路旁连到有几座坟堆堆，名叫鞑鞑坟。鞑鞑坟埋的不是死人，而是"鞑鞑"。什么叫"鞑鞑"？重庆人晓得，是人的辫子。现在还有人说"这婆娘脑壳上的鞑鞑好长"。古时的男人都蓄长发，明代以前，男人的头发多挽成一坨，束在头上。明末清初战乱频繁，时时都在打仗。据说，士兵杀仗，把敌人杀死了，要把这些灭了杆的人脑壳砍下来带上。仗打完了，交上人脑壳，也就是首级，才算战果。可是首级那么大一坨，个把两个挂在腰杆上还好说。多了，杀起仗来，绊手绊脚的就不方便。也有腰杆上的人脑壳用脱了，人家捡了去，还成了人家的功劳。因此改变了一下方式，把死人的头发、辫子割下来卡在腰杆上。到了战后，各人去数辫子就行了，方便。尤其是在清代，男人必须留辫子，当然除了和尚。没有辫子的男人，遭官府抓到，就要以造反论处。后来收上来的辫子多了，也没地方放，就找到这个地方埋了，就成了鞑鞑坟。

三架坡，一坡梯坎直上，看起来吓人，走起来累人。因此修路时，就把这坡梯坎顺着山势转点弯，在转弯的地方，设了三层歇脚的平台。这一坡就是三架坡，坡脚就是飞来寺。飞来寺早就没有了，但在二十世纪八十年代，今枇杷山正街往三院走的转弯处，还有一座小院，院子门额上写有"飞来别墅"四个字。

再往下就到了两路口。原两路口菜市场大致就是旧时两路口的位置，已经拆了，建重庆中心。原来的山城电影院，就在上场口。

从场口出来下坡，就该分路了。往左走，经教门厅、上遗爱祠、佛图关、石桥铺。往右，经大田湾下牛角沱过河到江北，或沿嘉陵江到磁器口。在两路口左行上坡，大路靠长江一侧，是一些回教徒的坟墓，右侧则是天主教等洋教徒的坟墓。因是教门墓地，统称为教门厅，在今市 30 中一带。再上坡，是遗爱祠，今鹅岭公园。遗爱祠前的街，叫遗爱祠正街，七十年代改称鹅岭正街。遗爱祠，是因光绪年间的巴县知县国璋，在任内爱国爱民，有德政，在他离任后，巴县乡民为他建的祠堂，以作纪念。

过了鹅颈项，就上佛图关。佛图关大家说得多，不再说。

出了佛图关，下到七牌坊。清乾隆至清末，这里陆续建起钦表贞节慈孝的七座（原有九座，抗战中，被日本飞机炸毁了两座）牌坊。

旧时崇尚节孝，地方上有孝子贞妇，得到了众人公认。地方乡绅贤达就会向官府申报，上奏朝廷，请求皇帝降旨表彰。当时宣传手段有限，为了让民众都了解某人的节孝行为，因此将牌坊立于场口或者大路之上。节孝牌坊是奉旨而立，牌坊上方正中都刻有"圣旨"两字。因此通过牌坊时，有文官下轿、武官下马，步行而过的规矩。二十世纪六十年代后期，七牌坊全部被毁不存。尚存的一些石碑现立于大坪转盘的花园之中，供民众参观。

出了七牌坊不远，就是茶亭，这座茶亭离通远门十余里。清代一个福建茶商，来到重庆做生意，在城里开有店铺。为了向成都客宣传推销闽茶，选了这个当道的地方，设了这一座茶铺。除给过往行人卖茶水茶叶外，也免费提供普通行人喜欢喝的老荫茶，茶亭因此得名。这里也是人们送别至亲好友之处。把最好的亲朋送到这里，也就尽了主人家的惜别之情。茶亭名至今仍在，在石油路，有茶亭社区。

歇台子是东大路的一个歇脚点。清代，这里路边的台状坡坎上，有卖饮食、茶水、撑花、草鞋等旅行用品的店铺，形成一条小街。赶马的、挑担的，到了这里，歇下脚，喂下马再走，故名歇台子。

再往前走，就是石桥铺了。清道光年间，这里曾叫石龙场。因这里小河沟上有一座小石桥，也有众多店铺，故而改名石桥铺。但是，这"铺"还有一个含义，即明清时这场上设有官方通信站"铺递"。铺递，是驿站的一种。古时交通主要以水运、陆邮为主。除江河水运设水驿外，陆路各地都设有驿道，相当于现在的国道，由官府出资修建。陆上交通设驿站，任命驿丞负责管理。驿站编制内有司兵、有马匹、马夫、杠夫若干。驿站内设有客栈、食堂，给过往官员、公差提供住宿、饮食服务，并且有护送官员、官物的职责。

铺递主要用于军事通信，编制有铺兵马匹。石桥铺这个铺递，就属于这种性质。战争期间，还设有"急递铺"。铺兵骑马送信，一站接一站，站站换马、数站换人，日夜不停。小说中"五百里加急"说的，就是铺递中的"急递铺"。明清时期成渝西路次冲的铺递中，佛图关是第一站，第二站就是石桥铺。旧时，石桥铺一条街，两三里长，行人川流不息，很是热闹。不过，现在老街似已全部拆除。

二郎，曾有二郎庙，设有幺店子。六十年代初，笔者曾随邻居大伯步行到杨家坪，经过二郎。大叔指着路边一间破旧的房子，说这是二郎庙。那时笔者也才是半截娃儿，对这二郎庙根本没注意。

过了二郎，下坡就是上桥。上桥，是清水溪上的一座小石桥，因在小街的上方，故名上桥。上桥也曾设铺递，叫车歇铺。从这里开始，就要翻越中梁山了。人们到了这里，已是中午。一早从城里出来，大家都饿了。尤其是赶马的马夫，抬滑竿的轿夫，挑担子的脚夫，都要在这里吃饷午，歇下气，好翻凉风垭。因此街上小馆子有好几家，一到午时，家家打拥堂。听老人多次说过，这些馆子卖的，多是蒸笼、红烧、烩菜、豆花、连锅汤等大锅菜，就如今天的快餐。行旅到此吃饭不用等，来了就吃。店家也不用忙天火地地一锅一锅地小炒。大家都方便。

从上桥出来，就要上山，几里路的长坡，爬上凉风垭，才算结束。一路下山，就是白市驿了，这是下回说的了。

上桥至白市驿

前一个帖子说了通远门至上桥一段，这回接着说。这一段从上桥说起到白市驿。

上桥在中梁山东侧的山脚下。旧时的上

桥，不过是驿道旁的几户人家。行旅一早从通远门出来，大约四十里路，行走要半天。到了这里，已是中午。人们要在这里吃个饭，歇下气，才有力气爬山。有了这个商机，就有了几幺店子，形成一条小街，由此兴旺起来。三十年代，白市驿机场建设时，有一条公路从机场引出到山洞，与成渝公路连接，叫山白公路。行旅开始转走公路进城。驿道行旅逐渐减少，最后上桥冷落下来。这是后话不提。

行旅在上桥打过尖、歇了脚，开始往西上山，这山是中梁山。中梁山，三岭两槽，是华蓥山的一条支脉，其中一段叫歌乐山。这一坡上去五六里，有长的缓坡，行人称为懒洋坡。也有陡峭的石梯坎，数百步的"百丈梯"，直到坡顶的石垭口。过了石垭口，路沿着山腰往上缓行。路两边，一边是陡坡、峭壁，一边是深涧悬崖。步行约一里，才到二郎关。

《巴县志》说二郎关："二郎关城西四十五里，自车歇铺（上桥）石蹬而上，五里许抵山巅，复傍崖曲折行，万仞深壑，一门洞开，为佛图关之锁钥。"二郎关，因有二郎庙得名。历史上，二郎关战时多有军队把守。军兵除驻在关上及营寨外，一部分还驻在二郎庙里。

站在二郎关上，前面是深不可测的峡谷。左右两座高峰对峙，关在高峰之间，驿道从关中通过。两山夹峙，依山筑垒，有一夫当关，万夫莫开的雄险。因此"据此险隘，纵西路有警，渝州未易攻也。"关旁的石壁上，刻有"郎关直道"字样。

二郎关在哪里？建于何时？二郎关在中梁山东岭的骆驼峰下。至于在什么年代建关，我不知道，但不会晚于明朝。

明朝天启年间，永宁（今川南叙永一带）宣抚使奢崇明起来造反，派遣他的女婿樊龙，部将张彤领兵攻占了重庆。随即将捉拿到的四川巡抚徐可求以及在重庆的道、府、县、总兵等大小官员二十多个，一并砍了头，一时朝廷震动。

四川石柱女总兵秦良玉，奉朝廷之命带兵围剿奢崇明叛军。秦良玉领兵到了重庆外围后，在白市驿、马庙等地与奢崇明叛军恶战，奢崇明叛军不敌，往重庆城败退。秦良玉率军乘胜追击，夺取龙洞关，占据了中梁山西、中两岭，进逼东岭二郎关。在秦良玉军连续攻击之下，奢崇明叛军被打败。叛军统帅黑蓬头也被活捉，当了俘虏。这几仗，秦良玉军斩获无数，取得大胜。重庆渝西三关，已经夺得两关，接着，秦良玉率军乘胜进攻佛图关，随后收复了重庆。

清康熙年间任重庆镇中营游击的浙江人鲁岱，有一天率部路过二郎关，站在关上，他仔细观看了关前关后的山川形势，有了新的认识。他在诗中写道："严关今不闭，自古岂虚名。峻岭碍云路，危峰触玉京。佛图郊已近，此地戍非轻。未雨终难必，绸缪空复情。"

进入民初，四川军阀混战。邓锡侯的第一军与杨森的第二军，在二郎关一带打了两天两夜。杨森不敌，二郎关失守。邓锡侯占领二郎关，直趋佛图关，夺下重庆城。据说就是这一仗，二郎关因此被毁。《巴县志》1937年将二郎列入古迹，称"按关已毁"。关毁了，二郎庙还在，不过也损坏不少。据当地老者说，二郎庙在五十年代初，尚有殿房和偏房，虽说破烂，尚可住人。有私塾先生在此办学，以殿房为教室，招收学生。后因政府办了公办小学，私塾招不到学生而停办。先生走后，二郎庙无人管理，不久亦因失修垮塌无存。

出了二郎关，经过中梁山的东槽。东槽稍平坦，有良田村庄，但不宽，只有一里多

路就到了中梁山的中岭下，一坡石梯坎往上，到了中岭的山垭口，就是凉风垭。上山的路到此就算结束了，往前就是一路下坡。行人爬了这一坡，到了凉风垭，肯定累了，必定要在这里歇脚。因此这里有数家幺店子，卖点吃的茶水、饮食。这里有一种又好吃又经饿，又还便宜的东西，最为下力人喜欢，就是烤红苕。

凉风垭一带出产红苕，是当地的主粮。但红苕到了热天，就要烂。为使红苕不烂，家家都挖有地窖，以窖藏红苕过夏。红苕在炉子烤熟，论个卖，五十年代初，烤红苕是一分钱一个。尤其是到了冬天，垭口风大，冷。此时捧着个烫手的红苕，一口咬下去，又香又甜，那是安逸得很。有时人多了，烤熟的红苕卖完了，老板想多做生意，总会招呼："各位坐一会，一会儿就粑了。"因此有一句俗话："凉风垭的红苕，坐一下就粑了。"

下力人经常走这条路，到了这里，都要歇气，打个幺台。经常走，就同老板一家熟了起来。下力人中，也有喜欢扮灯的。听到老板这句话，看到老板娘，说："老板娘来坐一下嘛，我的没有粑。"老板娘对这样的荤话，是见惯不惊，反要讥讽一句："老娘坐不坐，

你都是粑的。"

三十年代后期，白市驿飞机场开建，由成渝公路山洞接出一条经凉风垭到白市驿的支线山白线也建成。以后，到成都方向的行旅大多改走公路。通远门经上桥到凉风一段行人逐渐稀少，上桥因驿道而兴，也因公路的开通而冷落下来。

从凉风垭歇过脚，开始下山。这一段路虽说不长，却是十来里的长下坡。下行一里左右，就是三百梯。（公路要展线，沿山腰盘旋而下，走公路要远得多。）这一坡梯坎，陡不说，几百步梯坎，中间只有一个拐拐可以歇脚。俗话说，"上坡脚杆软，下坡脚杆打闪闪"。对于挑着担子、抬着滑竿的下力人来说，上坡下坡都一样艰难。笔者在小时候，也多次走过这段路，因为好奇，就一步一步地数，真的有三百多步梯坎。

三百梯下到西槽，就是官山沟。官山沟这里有农家院子，住了几户人家。这本来没啥，但路边的石灰石小山下，有好多座坟墓，还有一个天然的溶洞。小时候不懂事，听说这洞里有野人。吓得我们不敢走大路，要走到农家院子，绕过这山洞。

再往前，数百米的石板路平坦，靠龙洞关不远，这是一条数十米长的小街，有几家幺店子。后因新开了一家大点的店子，卖点茶水吃食、灯笼斗笠，因此叫新店子。五十年代后期，这新店子尚有一家小馆子，给过往行人提供方便。笔者那时上初中，暑假，机场通信班要维修电话线路。电话班长之子是我同学，让我同他一道当小工。就在新店子住过一夜，吃的是很少吃过的菜。

又走一两百米，就是西岭的一个垭口，旧时设有关隘，名龙洞关。《巴县志》载："龙洞关关据山垭，龙开飞蝶，二山环拱。关下高深奇辟，难以丈度。"龙洞关是重庆城西的又一座重要关隘。城外有佛图关，中梁山东岭上有二郎关，与此西岭的龙洞关环环相扣，互为犄角。因此《巴县志》说道："自浮图关至此，三关叠嶂，守者得人，可收丸泥之功。"可见这三关的重要。

龙洞关早已毁坏，只留下一点痕迹。民国《巴县志》说："石门垣见。"据说，修建山白公路时，公路要从关口通过，剩下的城垣也被拆除。五十年代，关口旁边山坡上，尚有一座方形大砖砌成的碉楼。碉楼两层，门对公路（这一段路是由驿道改建的），四壁有射孔。楼顶是平的，有对称的数个箭堞。我进去看过，木质楼板、楼梯全部没有了。五十年代后期，龙洞关下建白市驿铁厂，这座碉楼的大砖拆去修了炼铁高炉。这座碉楼是过去的关隘的建筑，还是抗战时修建的，问过一些白市驿的老人，也搞不清楚。从关口往下走数十米，驿道沿着山腰到凉亭子（公路因地形限制，在驿道上方）。

凉亭子位于离龙洞关里许的山腰间，几棵大黄葛树立在路旁。这里有幺店子，设在一座像寺庙式的房子里，直到五十年代中期，这幺店子，也还有人居住，如有人要吃饭，也卖。二十世纪五十年代后期，这里没有土地耕种，人就搬走了。小时候，这里是我们经常去耍的地方。记得房子一边靠着白沙质山岩石壁，有一股浸水从岩壁上浸出来，水很好喝。水量也将就，有筷子般粗细。浸水处插了根竹管，接水流入石板砌的大水缸。房子的门朝西，进门是饭堂，摆有五六张桌子，正中墙上，挂有一块红色的木牌。这是县衙门制作的，写的大致是封山禁火之类的告示。但字迹已经模糊，很多字都看不清楚。印象最深的，现在还记得的，就只有"巴县左正堂"这五个字。

又往下走一里多，就到了观音阁。这座观音庙不大，庙旁有根大黄葛树，遮着坎下的大路。五十年代，观音阁已没有香火，住进了一户人家。这家的老人在大路边摆个茶摊，卖老荫茶。五十年代后期，龙洞关下一片建起了铁厂，观音阁这一段路被围进了厂区。观音阁下来数十步梯坎，就是平坦的驿道了。山白公路在这里与驿道合二为一，经枣子堡，不过一里多两里路，就进入白市驿的下场口。

上一个小土坡，就是一座贞节牌坊。牌坊建立于清乾隆年间，是表彰清进士董经之妻周氏贞节的。此牌坊今日仍在，为文物保护单位。

白市驿，因成渝东路从镇中通过，往来行旅众多，形成白天犹如赶场的样子，因此称白市场。明清时在场上设有驿站，派有驿丞管理，因而取名白市驿。这是后话，下一个帖子再说。

白市驿

上个帖子说了上桥至白市驿这一段。因为白市驿在旧时是重庆到成都驿道上的第一座驿站，就单独用一个帖子来说。

由重庆城出来，翻过中梁山，大约六十里，

就到了第一个驿站白市驿。这六十里，看似不长，却是一般行旅一天的路程，原因就是要翻越中梁山。到了这里，已是傍晚，必定要在此住宿一夜，第二天才好上路。

先说白市驿的由来。成渝东大路经过白市驿，明清时设有驿站。那时成渝两地之间的货物运输，除大综的利用水道船运外，零星货物、人员交往多走这条驿道。因此大路上有赶马的，挑担子的，抬滑竿的，更多的是背包打伞、用脚来走的。从早到晚，人来人往，川流不息。一到傍晚，家家栈房灯笼高挂，迎接住店的客人。冷酒馆、饭馆、茶馆、烟馆更是座无虚席，比白天还热闹。栈房旁边的烧腊摊、卤菜摊，点起亮油壶，忙得起火。一些卖草鞋、草帽、叶子烟、灯笼、蜡烛的杂货铺也开着门，等着买主。天还没亮，饭馆、面馆就开始发火、办菜，为赶早起程的客商做早饭。一天到晚，如同赶场天，因之称为白市场，就是说，一到了白天，就像赶场一样。由于驿站设在这里，就取名白市驿。

旧时的白市驿是什么样子？二十世纪五十年代之前的情景印象，笔者因为太小，没有多少了。但五十年代初期的白市驿，还历历在目。加上大人所说以及后来听到的龙门阵，还是可以说一下的。

观音阁到白市驿这一段，驿道改建成了公路。到了离场三四百米地方，才分开。在五十年代以前，在这分开的地方，就设有一个占地数百平方米大小的汽车站。车站不大，就一排三间平房。每天有几班车开往七星岗，后来改到牛角沱。车是烧杠炭的美国车，因无汽油，用杠炭制瓦斯气。为与五十年代后期的汽车站区别，称为老车站。

白市驿就一条街，也不长，大约两里路。从北往南，分为下街、中街、上街。中街地势约高一点，两头矮。这样分，是因为梁滩河的上游从南往北经过白市驿，故街的南端是上街。

从老车站前行数百米，上一个小土坡，就是白市驿的下场口。场口立有清乾隆年间为表彰进士董经之妻周氏的石牌坊。牌坊已有两百多年，今为区级文物保护单位。

经过牌坊，进入下街，有间栈房和一间马房。栈房住人，马房住马，有喂马的马厩，当然，赶马的人也在这里歇息。

我家斜对面就是栈房，老板的娃儿同我一样大小，常在一起耍。因此，我常到栈房玩。当年的栈房与今天的客栈是有很大区别的。

下街这间栈房的住客，基本上都挑担子的挑夫。五十年代初，在驿道上走的客商还很多，天天晚上，栈房都要打挤。栈房门面只有一个开间，进深却有五间，一个天井。门面一边是柜台，柜台后面是主人家的房间。柜台另一边摆着几条长板凳。靠墙壁是一条巷子，巷子一侧是房间，一排通铺，一个铺可以睡十个人，这种通铺有三间。最里面一间，隔成了两间"上房"，是商家押运货物的伙计住的。"上房"不过一张床，一张方桌，两把椅子而已。天井有一个大灶，用来烧供客人用的热水。茅房也设天井一侧，与猪圈共处。

栈房只住人，不卖吃的。但挨着栈房就是小馆子。客人写好号，出门吃晚饭。下力人吃得简单，先来一个单碗，再要一碗豆花、一个帽儿头（帽儿头是米饭的称呼，就是一个大碗装满米饭，再用小碗装一平碗饭，倒盖在大碗之上，取走小碗后，这碗饭的外形就像一顶毡帽，因此俗称帽儿头）就成了。

栈房往下点，是条河沟，河沟上有座石板桥，长约两丈，宽一丈二三。桥板是六条大条石搭成的，条石厚两尺左右。（现小河沟已改成暗沟，桥埋在街面之下。）过了石板桥，有两家板鸭铺子。鸭铺子对面，是禹王庙，

后改建为粮仓，取名万石仓。

进入中街，有原区公所。区公所有前后两进，中间是一块大坝子，种有花木。后进的南侧，是一个广场。五十年代建有一座戏台，名解放台。广场南侧，街背后有一排平房，是区公所的食堂及宿舍，紧挨着的是粮站。据老人们说，这些建筑，就是当年驿站的馆舍。是否就如老人们所说，不得而知。

粮站过去点，就是中街与上街的分界。名叫宪兵坝儿。机场修建后，白市驿一带驻军较多，也驻有美国空军人员。为了维护机场安全，在街上驻有一队宪兵，这个宪兵驻地，当地人就称之为宪兵坝儿。

中街到上街是平缓的下坡，百十米后到河边改平。上街紧挨着小河，年年涨水，年年上街遭淹。当年房子多是木柱竹照壁的瓦房，水一淹，就出问题。水一大点，一冲，靠河一侧的房子常被冲垮。屡修屡垮，后来干脆就不再重修，成了半边街。

上场口，矮桥子河沟上，有一座三墩四洞的石板平桥。桥小无名，今已埋在街道之下无存。

在白市驿，不能不说一种特产，那就是板鸭。白市驿板鸭在川东、川西很是行销，也

销往下江的南京、上海。五十年代，板鸭也是受到乘飞机的各地旅客包括苏联人的喜爱。

白市驿板鸭当年是前店后厂的作坊式生产，尤以下街陈、刘二家生产的最好。板鸭棕黄色，特别的香。板鸭干，少含水分，蒸食最好。因为干，因此有俗语说："白市驿的板鸭，干绷。"

这里说两个白市驿解放前的小故事，是依稀尚有的记忆和大人过后讲的。

先说飞机场。五十年代中期以前，白市驿飞机场不是现在的长条形样子，而像一支"手枪"。跑道南北向，大致与今相同，但是，候机楼、停机坪却在现机场对（西）面，形同一支手枪。"手枪柄"的"扳机"位置，是停机坪和候机室。候机室旁边，有一个水池叫"水泡子"。建机场时，将一条小河改建成涵洞，上端就形成一个数亩大小的池塘，当地人取名水泡子。"手枪柄"大致东西向，有五六百米长，宽一百来米，除了停机，也有一条跑道，但较短，起降小型飞机。

五十年代中期，机场改建，将"手枪柄"这一块废弃。利用今机场的东侧，以小河沟这界，倒石桥西的一片水田，新建停机坪。停机坪用条石铺成，再分配好停机位，以固定飞机。1960年7月的一天夜里，白市驿一带下了暴雨，引发山洪。洪水冲向停机坪，淹过了机轮。机场的警卫部队、地勤人员，全部跑去给飞机加固，所幸飞机未受损失。

在倒石桥西边新建了一座一楼一底的候机楼。楼下是办理登机手续的地方，有餐厅，小卖部。每到周末，餐厅也是举行交际舞会的地方。笔者的同学，有好几个是机场工作人员的子弟，笔者也曾多次随他们去舞会看热闹。楼上是招待所，有数间客房。那时航班少，常因各种原因停飞。因此设招待所为候机的旅客提供住宿。常有苏联专家在此过夜候机。

倒石桥以东，建有民航的办公楼，飞行员楼，家属宿舍，围成一个大院。

原机场"手枪柄"这一块上千亩的土地交给地方，改建为农场。笔者上中学时，曾去参加割麦子的义务劳动。"水泡子"以前去不了，鱼多。废弃后，也就成了钓鱼的好地方。

六十年代中期，白市驿机场再次改扩建，向南北方向加长了跑道数百米，跑道和滑行道也各有加宽。原来泥结石的跑道、滑行道也改用钢筋混凝土。停机坪、候机楼也进行了改建和扩建。

五十年代，机场停的飞机，大多为美国产的"DC3"、苏联的客机，以及苏联的"安二"双翼机。

大人们摆的龙门阵中，有一个国民党军打架的事。

刘邓大军入川，前锋沿川湘公路已到白马山，正向防守这一带的国民党军攻击前进。国民党军已是兵败如山倒，一接触就溃散。可驻白市驿的国民党兵听信上司的宣传，却像无事一样，照样逛街，惹是生非。

当时驻白市驿的有国民党军的胡宗南的中央军、罗广文的川军，内政部警察第二总队（内二警），还有宪兵。

离我家数十米远街背后，有块坝子，是赶场天卖杂粮的市场，因此叫杂粮市。这天是闲天，不赶场，可坝子一角围了不少人，在掷骰子赌钱。坐庄的是街上穿趿片鞋的滚龙，在地上铺了一块破竹席，就架了墨。押钱的有平民，也有几个穿川军服装的丘八。一看就晓得，这些丘八是罗广文的兵。丘八们都输干了，想翻本，又没得钱，就要了赖。要赖不成，就扯掉了竹席。这下安逸了，庄家不依教不说，几个赢了钱的下江人正赢在兴头上，看遭断了财路，哪肯甘休。下江人

是内二警的，穿的是便衣。因此一把抓起一个干精火旺的丘八，就是一顿毛捶。几个丘八见状，也一同出手，与下江人打了起来。

这时又有几个兵过来，看服装是胡宗南的中央军。这几个兵看到丘八与下江人打架，不想管。但看到地上的袁大脑壳、十二圈、红红绿绿的"花纸"，眼睛亮了。这些兵冲上去就按到打，也不管是丘八还是下江人。胡宗南的人多，一边打，一边捡钱。捡还不算，看到庄家的钱口袋，一把抢过去后，一哄而散。

丘八挨了打，哪个服气，下江人也遭打了，更不服气，于是回去诉苦，邀约一帮人，提了枪，冲到胡宗南兵驻的民房门口。丘八这边近，先到，下江人也换了衣服，拿着家伙赶了来，要胡宗南的兵出来说话。胡宗南的兵虽然心虚，但骄纵惯了，也硬着头皮操起了家伙。三方都有家伙，尤其那胡宗南的兵，手头都是美国的汤姆森，让罗广文的兵和内二警自叹不如。因此，也只是打嘴仗，谁也不敢先动家伙。先是由国骂开头，随后就是各地的方言骂。骂到兴头上，也不晓哪个动了手，顿时三方打了起来。手锤枪托，一哈就听"哎哟"连天。此时，有宪兵赶到，朝天开枪，才镇住这帮人。白市驿的人爱看热闹，

在杂粮市人家打架没看够，又跟到去看人家动家伙，完全不怕血溅在身上。

还有一个故事。这个故事发生在老车站。1949年的11月30日凌晨，解放军的前锋部队已抵进石板场，与当地保安团交火。前锋部队先期派出的侦察分队早已进入了白市驿周边，有三名解放军的侦察兵，就摸到了老车站。

老车站一边是小土堡，一边是水田。离老车站百多米的地方，有国民党宪兵的检查站（今白市驿三角碑），设有钢筋水泥地堡，有宪兵把守。三名解放军侦察兵摸到了老车站，因不熟悉地形走上了公路，被宪兵发现。这些宪兵已是惊弓之鸟，发现公路有人影，就开了枪。三名解放军战士突然遇袭，立马退出公路，一人在后边掩护，开枪吸引敌火力。两人分开下到水田，以田坎作掩护，向地堡摸去。冬水田水深泥稠，行动困难。前面一名战士已抵进到离地堡20多米的地方。因为在水田里活动，总有点水响，敌人的机枪火力不断地向水响声的方向射击。这三名解放军战士不幸全部牺牲。天亮后，白市驿机场已为解放军所占领，白市驿获得解放。解放军部队将这三位烈士就近安埋在老车站旁。

因这三名战士所属的部队已继续执行另外的任务离开，后续部队无法知道这三名战士的姓名，因此称为无名烈士墓。

九十年代后，白市驿城市建设得到发展，老车站一带需要开发。因此，地方政府将这座无名烈士墓，以及五十年代初期因飞机失事而牺牲的九名空军飞行员烈士墓（飞行员烈士墓原在黄金桥，今市农校附近），一起迁到小地名为火石壁的山坡上安葬，立有革命烈士纪念碑。

白市驿至走马岗

前面在话说东大路中，已经说了三个帖。分别是通远门至上桥、上桥至白市驿、白市驿。这个帖子要说的，是白市驿至走马岗一段，也是话说东大路的最后一段。

白市驿已经说了，不再说。

从白市驿上街出场口，驿道在平坝上向西（三十年代后期修建白市驿机场，将驿道截断而南移了一里许），离场口五里的地方，当年在路旁立有一块石碑，刻有五里字样，又有幺店子，故叫五里碑。

五里碑往前不远，大约一两里路，有一块高大的神道石碑立于路旁，叫大碑。白市驿至走马山岗这段，这大碑是值得细说一番的。

这块大神道碑有点来头，史载就连张献忠路过这块石碑时，听说神道碑上所记之人是邓某某，也赶忙下马，设案祷告一番后，才上马走路。为什么张献忠这等人物，路过这神道碑也要祭奠？是因为他害怕这神道石碑上记的这个人，这个人叫邓玘。

邓玘，字明宇，巴县人。邓玘从小就有宏大志向，要为朝廷出力。掌拳枪棍、刀马弓箭，虽不说强悍，也要一个人来比。可是命运多舛，投效无门。为了生活，就来到巴县衙门，当了一名轿夫。后因事被诬挨罚，离开县衙投军。关于邓玘的传说中，有一个故事，是这样说的。

明末，农民军起，明朝廷岌岌可危。邓玘投军后，他从一个小兵做起，因作战勇猛，屡立战功，被提升为带一两百人的守备。南征北战十数年，靠军功，已经升任麾下近万人马的总兵，此时驻防湖北荆门。

张献忠带兵攻占襄阳后，进行了短暂的休整。邓玘得到了这个消息，做了一个出人意料的决定，说，他要去把张献忠砍了。他带了一队人马，夜间秘密出发。他选择偏僻小道，昼伏夜行，来到离襄阳四十里外的荒野。

找了个僻静的地方，才下令休息。这天下午，他召集部下做了布置，要大家遵令而行。他个人则换上农军服饰，单枪匹马前往襄阳。

他探得张献忠在三圣宫看戏，于是牵着马来到三圣宫外。他的部队以前驻扎过襄阳城，总兵衙门遭农军放火烧了，他的大帐就安在三圣宫，地形熟悉。在宫门外，他把马拴好，跟着其他兵将进了宫。三圣宫里，四周插满了火把，把一个院坝照得通亮。万年台上正演着秦腔，这是张献忠从陕西带出来的戏班子。邓玘观察了一下，心里有了底。院坝里，中间坐满了看戏的农军士兵。三圣殿大门外走廊，摆了一张八仙桌，桌上摆有大块卤牛肉、烧鸡、酒碗、酒坛。面向万年台，一个中年男子坐在太师椅上，同过去看过的画像一样，是张献忠。左右各坐了一人，可能是部下大将。张献忠背后，站了十来个亲兵护卫，围成一个半圆，把张献忠护得严严实实。走廊往下，有几步阶梯，下面放了一排八仙桌，坐着农军头目。这些人后面又站了看戏的士兵，围了一层又一层。

邓玘不慌不忙，从众头目背后，来到张献忠八仙桌子的梯坎下。装着看戏，伸起脑壳又看不到，就上了一步梯坎。就在上这一步梯坎时，见张献忠等人都在看戏，并没有理他，护卫们也没有拔刀阻拦。说时迟、那时快，邓玘"嗖"的一声，拔出腰间大刀，几步蹿到桌前，隔着八仙桌，一刀砍向张献忠。张献忠正聚精会神在看戏，哪会想到在千军万马之中，有人敢来行刺。这时见一人举刀砍来，心想我命休也。但他不愧是沙场老将，久经战阵，心喊我命休也，身子却是往后一倒。邓玘刀已砍到半路，见张献忠身子后倒，只好再把手往前伸。大喊一声："张贼拿命来，我乃大明总兵邓玘也。"这一刀，张献忠本该命赴黄泉，但他身体往后一倒，离刀就远了一点。虽说邓玘把手往前伸了一点，但就差了这么一分。这一刀从张献忠额头上划下，在脸上经过。等到护卫们醒豁过来，张献忠已是满脸鲜血，连人带椅倒在地上。

众护卫一边拔刀护卫主人，一边搜寻刺客。邓玘见一刀已经砍倒张献忠，也不想耽误，立马转身，挤进看戏人群之中，从宫门出来，骑马出了城。

八仙桌两边大将，突见张献忠遇刺，也起身拔刀，搜寻刺客。只见一个人挤进了人群，但四周都是穿农军衣服的，一时间哪分得出哪个是刺客。台上锣鼓喧天，唱得正欢。台下众兵将只顾看戏，哪听得到背后有人高喊杀人行刺。故邓玘砍完一刀，挤进人群，也没有人注意。

几个护卫也看到了这个人影，想起身追，却听张献忠说了话："扶我起来。"大伙见张献忠没死，顿时放下心来。只听张献忠说道："不要声张，我死不了。"指着左旁的将领说道："你点一千精兵马队，往荆门方向追击，如追到此人，定要活捉，他是荆门总兵。如果有敌阻挡，切不可攻击。"又指着右旁将领说："你点一万人马，跟在后面。如敌主动攻击，不要恋战，速回撤以保襄阳。"护卫中有带金疮药的，立马取药为张献忠敷上包扎好，张再退入三圣殿内休息。按张献忠的吩咐，手下将领一边传令，派出大批探马出城，打探明军动静，一边悄悄调集人马，加强城防及三圣殿的保护。戏演到深夜才收场，看戏的农军陆续回营，根本不晓得发生过张献忠遇刺这么大的事件。

果然，张献忠的追兵追出二十里，就有明军冲杀出来。这时又传来张献忠的将令，说襄阳左右两侧发现明军，试图偷袭，要追兵回援防守。天亮后，张献忠得到探马报告，昨夜明军故布疑阵，实际仅有千余人马，不待天明，就撤走了。从此，张献忠对邓玘的从容、勇猛、计谋就有了很深的印象，有了一种害怕他的感觉。以后，一段时间里，张献忠都避免与邓玘作战。

邓玘死后，张献忠如释重负。虽说挨了邓玘一刀，却恨他不起来。张献忠后来攻重庆，在往白市驿的大路上，得到探马报告，说路旁有明总兵邓玘的神道碑。张献忠得知后，下马来到碑前拜祭，说道："将军若在，献忠安得过此？"然后传令不准污损邓玘神道碑，不准骚扰当地百姓，违令者斩。（清乾隆巴县知县王尔鉴编《巴县志》载："今县西白市驿前十里，有邓都督神道碑，矗立道旁，乡人称为人碑。献忠行军过此，曾下马瞻拜。"《巴县志》载邓玘传记中，有张献忠观剧时被邓玘砍伤的记载。）

白市驿与走马岗之间，有五里碑、大碑的地名。到今天，五里碑地名仍在使用，曾为五里村名。至于大碑，笔者五十年代曾多次到走马岗，曾路过叫大碑的地方。当时的大碑还立在那儿，但不知道这大碑的来历。六十年代，白市驿到走马的公路修通。行人多改走公路，驿道相应失去作用，久无人走，现多已荒废。以后，就没有听说过大碑了。

前几年，在走马岗，问起大碑一事，结果让人喜出望外，大碑仍在，于是去探看。一家院子背后，依稀可辨的驿道旁，有一座高大的石碑耸立在菜土里。基座上，石碑高三米多，宽一米多，现厚二十多厘米。数百年的风风雨雨，石碑风化严重，碑上之字已辨认不清。

再往前数里，就是走马岗（今走马镇）。因境内有一座山的山势如同一匹奔走的马，因此取名走马岗。清初，在岗上逐渐形成集市，取名走马场。清时，一度设过铺递于此，故又名走马铺。如：清嘉庆七年（1802年），巴县曾奉令添置"走马岗、车歇铺之腰站马匹、夫役"。走马岗从东到西一条街，现存有一些清代建筑，已列历史名镇。走马岗的故事，在网上有多位朋友写过帖子，做过介绍，故此帖不再多说。

出了走马岗，经数里路到达缙云山（当地人称西山）脚，上山几里路，路旁立有三座石碑。一座石碑是清道光二十八年(1848年)立的，是地方乡绅为时任巴县知县朱凤耘立的德政碑；一座是奉旨表彰贞节妇蒲氏的节孝碑；一座是当地民众捐资做善事的功德碑。这三座石碑立在驿道旁，因此取名三道碑。三道碑以及这一段古驿道，今列为市级文物保护单位，立碑保护。

　　再往上就是与璧山交界的老关口。上山到了老关口，下山就是璧山县来凤驿。与凉风垭一样，老关口因公路的修建而逐渐冷落，渐渐消失在人们的记忆中。

　　话说东大路巴县境内这一段，说到这里，也算结束了。但还有几句话想说一下。

　　前几年，本地某报曾报道过三道碑。文中写道，当地有管文旅的人为记者介绍情况，说是当年骑马从重庆到成都，最快的，只要8个小时就能到达。重庆到成都500余千米，马一小时能跑60千米？况且，上山下山，坡陡路窄的石梯坎，马能够跑？敢跑？这人说话想当然，记者也信以为然，这不是笑话吗？

传说九龙坡

  重庆九龙坡，是非常出名的地方。贯以九龙，或九龙坡字样的，既有九龙坡区、九龙镇等行政区域，也有九龙花园、九龙湾等地名，还有九龙坡区人民医院、九龙坡港埠公司，九龙坡集装箱码头等企事业单位。九龙坡这地名是怎样来的呢？

  据《重庆市地名词典》："九龙坡……境内王坪山岩上'镌有九龙滩古迹五个大字，滩在江心，有九石翘首若龙'，因名九龙滩。后设店铺，称九龙铺。又因地处长江北岸，呈斜坡地形，遂演化为今名。"这五个字的古迹怕是看不到了，据说其位置大致在今滩子口江岸一带。

  这九龙坡是由九龙铺演化来的，九龙铺又是九龙滩演化来的，那九龙滩又是从哪里来的呢？这个过程中，流传过许多故事，其中就有这样一个神话故事。

  好多好多年以前，朝廷腐败，灾荒连年，天下民不聊生。

  这王坪山下住了一家人，这家人姓王，一家共十人，一个老汉，九个儿子。妈在生了第九个儿子后不久就去世了。这老汉领着大的几个一边耕种田土，一把屎一把尿地把小的几个拉扯大。由于家贫，大儿子已经快四十了，小幺儿也十七八岁了，还全是光棍。虽说如此，一家人还是笑笑和和地过着日子。这家人对人也厚道，外人有事，只要说一声，一家人都去帮忙，所以邻里关系也处得非常好。

成都府有一个阴阳先生，一天傍晚坐在自家门前喝茶，突然看到锦江河头五彩霞光闪烁。阴阳先生一看，不禁一惊，立马起身想看这霞光出在哪里。可这霞光一闪，就顺流而下。阴阳一看，立马明白，这霞光是在指引自己。好在这阴阳先生孤身一人，也不用做什么准备，进屋抓起装罗盘的劳什子口袋就走。霞光像通人性，阴阳先生不来，它不走，阴阳先生一来，它就顺着岷江往下游走。也不晓得走了好多天，这一天，阴阳先生来到了一座小山下。看长江中霞光依旧闪烁，就是不走。阴阳先生明白了，这霞光停留的地方肯定有一眼真正的好穴位，有人得到这穴位，后人就要发达。但穴位到底如何，还得看仔细了才晓得。于是想在这附近找地方歇下来，把穴找准了，看清楚了再说下文。

这阴阳先生抬头看了看，这土坡下有一户人家，就上前拍了拍门。开门的是王老汉，就问有什么事。阴阳先生说道："请问主人家贵姓？我是成都府的人，是个阴阳先生，我在成都看见一个好穴位，追踪到了这里。我想在你们家借住一段时间，把这穴位找准，请主人家行个方便。"

王老汉一听是外乡的阴阳先生，心想："人出门，总不能背个房子走嚛？与人方便，自己方便。"就说："先生，我免贵姓王，你等一下，我去同我的儿子商量一下。"说着进了屋。

一会儿王老汉出来，双手一拱，说道："先生，我同儿子们商量了，我们家人多有些拥挤，如果你不嫌弃的话，就请进吧。"

阴阳先生随主人家进了屋，看屋里头整整齐齐地站了九个男人恭候在一边。王老汉介绍道："这是我的九个犬子。"这阴阳先生一看这九个儿子，一个个气宇轩昂。心中不禁一动，难道这好穴位应在这姓王的一家？

阴阳先生掏出一块银子，对王老汉说道："我在你们家住，会给你们添麻烦，这里先谢了。我在这里多不超过七七四十九天，少则七天也就够了。这点银子，请主人家拿去买点油盐酒醋。"王老汉推辞了一阵只好收下。

这阴阳先生每天都要出去。有时白天出去，傍晚回来。有时晚上出去，天亮了回来。更怪的是有时半夜才出门，中午回来。这一来一去过了一个多月，阴阳先生人瘦了，精神也不如来时那么好，遭累垮了。这天是十五，下午，阴阳先生对王老汉说："你去买点肉，打点酒，今晚做点好吃的，我有事情给你说。"

晚饭过后，阴阳先生把王老汉叫到门外院坝，看了看月光下的长江，说道："王老汉，你们一家是好人，这一个多月，你们给了我很好的照顾，我再次谢谢你们。现在，我把一件大事给你说，你要听好。我从成都追下来，是为我自己找一处好穴位。可这个穴位我看过后才晓得，这穴位不旺当代旺后人。我无儿无女孤身一个，命又不硬，不敢用。这穴位我已经找准了，在江中间，就留给你。你看仔细了，江中那月光闪闪的地方就是了。"接着阴阳先生把这穴位的重要性，怎样使用，注意的事情一一交代明白。最后，阴阳先生说："为找这穴位，我已经费尽了心血，现在已经油尽灯枯，活不过今夜。我口袋里还有一点银子，我死后，就请你在后山上随便找个地方，把我埋了就是。千万不要忘了我说的话。"

说完，这阴阳先生往地下一坐，就断了气。王老汉依言把阴阳先生埋在了后山上。

过了一年，这天晚上，王老汉突然觉得心慌意乱，心中一默，晓得那阴阳先生说的事情来了。于是把九个儿子叫到身旁，交代后事。王老汉说："今天是十五，你们看那江中，月光闪闪的地方，看准了没有？"九个儿子回答说看准了。王老汉说道："看准了就好，不要搞错了。我可能活不过今夜，现在给你们交代后事。我死后，你们把我送到那月光闪闪的江中，那河底下有一个洞子，你们把我放入洞中。在河坝上捡九坨大的鹅石宝来，从那个洞子开始，往下水方向，按老大、老二的次序，每隔十丈丢一个到河头去。丢完鹅石宝，要立马回家。回家后就不能再出院子门了，在家缝九套麻衣麻衫麻裤。等七七四十九天子时交丑时时，你们披麻戴孝出门，分别到九道城门外等着，卯时一到城门一开，你们就冲进城去，捉拿知府知县，就地处决。然后就说你们是九龙王，百姓会拥护你们的。切记，切记，不能忘了时辰，不能提前，也不能延后。"

王老汉说完就咽了气。九个儿子大哭一场以后，依老汉遗言将他放入江中洞子，丢下去九个鹅石宝。

　　九弟兄回家后，一边守孝，一边赶着缝制麻衣。一晃四十多天过去了，老大把几个兄弟叫到一起，说道："今夜子时一过，我们就可以到城门口去等，晚饭多煮一些饭，有啥吃的东西都找出来，吃饱了好进城杀贪官，做大王。"随后，老大把哪一个到哪道门，进城后汇合的地点等等又一一说了一遍。

　　晚上，九弟兄饱吃了一顿，穿戴整齐，等到子时一过就要出门。老幺最小，耐心也最差。亥时一过，子时到了。老幺就喊大哥走得了。大哥没同意，说还要等。又过一阵，老幺又说走得了，见大哥不开腔，只好再等。眼看子时过了一半，老幺实在等不得了，又嚷嚷说走得了。几个年轻点的兄弟也跟着说，子时都过了一半了，是该走得了。这几弟兄一说再说扭到说，把大哥心也说动了，心想："这子时已经过了一半多，等一会儿就到丑时了，早那么一会儿，怕没得什么哟？"大哥这么一想，就说道："那好，我们就走，记到哈，到了卯时城门一开，就往里冲。"

　　这九弟兄一出门，把个土地菩萨惊醒了。这九兄弟自己不晓得，如果过了子时出门，他们自己看自己是人，别人看他们，就是九条龙了。如果按时辰出门，这九条龙出来，就是一朵祥云飘出去，土地菩萨不会晓得。就是晓得了，土地菩萨也晓得这是天机，是不敢泄露的。可是，他们出门时子时还没有过，丑时还没到，也就是说，这九条龙这时还不算是真的龙，是似人似龙，还没有变全，就像是妖人。他们一出门，一股杀气冒了出来，当然就惊动了土地菩萨。

　　土地菩萨一看这九弟兄出了门，一脸杀气，晓得要出大事。九兄弟此时尚是凡人，进了城，也冲不进衙门。自己赴难不说，贪官污吏也杀不了。官府还要连带追究其他人责任，累及百姓，使百姓遭受血光之灾。土地菩萨慈悲心怀，要救百姓于水火，只有阻止这九弟兄的行为，而唯一的办法，就是牺牲这九弟兄。不过，还是先听听重庆城的城门土地的意见再说。

　　于是土地菩萨赶紧联络九道城门的土地，把这九弟兄一事说了，问还有没有既让百姓免受血光之灾，又能让九弟兄不死的办法。九门土地想了想，回答说不得行，这命中注定了九弟兄的命运，天命不可违呀。土地菩萨见九门土地也没法解救九弟兄，只好说，那你们马上托梦给知府、知县，让他们拿人。

自从王老汉被安放在江中洞子里以后，城里就出了怪事，鸡不叫了。一天不叫大家不在意，两天不叫大家没感觉。可多天不叫，大家就觉得奇怪了，以为有哪样不祥之事发生。知府、知县见灾荒连年，四乡人心浮动，就心惊胆战。鸡不叫了，连城里的人心也浮动起来，更感到心慌。于是到处求神算卦，访僧问道。有得道的高僧、求仙的道长，掐指算了出来，但见是天机，也不敢开口说破。知府知县，惶惶不可终日地过一天算是一天。

这夜打了四更，知府迷糊中突然得了一梦，一矮人拄着拐杖走进后堂，向他一揖，说道："今日卯时，城门开时，九道开门均有一披麻戴孝的年轻人进城，他们是一家人，九个亲兄弟，也是九个妖人，可差人捉拿。辰时一到，就在较场坝开斩。方可解百姓的血光之灾，切记切记。"

知府一觉惊醒，不禁冷汗淋漓。想到这时四乡不稳，民情激愤，不如按梦中所示办理。于是一面派人请知县来府商量，一面派出捕快兵丁赶赴各城门城待命。派出的人还没有出门，知县却先到了。一见知府，就向知府禀报说刚做的梦，说的竟与知府的梦一样。知府大惊，晓得这是神仙保佑，立马烧香磕头拜谢神仙。

卯时到了，城门打开，九弟兄分头从各城门进城。刚进城门，就见有捕快兵丁拥上来捉拿。九弟兄立马大声喊杀，往城里冲。但人单影孤，哪是捕快对手。捕快捉了九弟兄，拉到较场坝等待辰时到来。街上百姓看这九人，个个披麻戴孝，腰间隐约有一蟒蛇缠绕，都以为是妖人，因此人人喊杀。

知府等官吏早就在较场坝等候，看到九兄弟带到，也隐约看到九人腰间有恶蟒缠绕，立即叫大刑侍候。九兄弟因为早出了门，此时还是凡人，这大刑一上，九兄弟就吃不住了，把事情一一说了清楚。辰时一到，知府朱笔一点，九兄弟顷刻就成了刀下之鬼。

知府见九兄弟已斩，想到他们老汉的穴位尚在，如果有人晓得了，怕又是一个祸害。于是派了一众衙役捕快，带了乌鸡狗血，当天晚上来到江中泼了下去。

这以后，城里的鸡又开始叫了。那江中的九坨鹅石宝也慢慢从水中冒了出来，形成了一座滩。就像是九个龙脑壳，望着天上，像是在咒骂老天的不公。

慢慢地，这王家九弟兄的事被传开了，这个滩就被叫成九龙滩。以后，这岸边上大路边，开了几家幺店子，称为九龙铺。慢慢地这一带人家多了，田土开在了坡上，人家也住在了坡上，这一带就被叫成了九龙坡。

千里为重

　　题目"千里为重　重山重水重庆府"，是一副对联的上联。这上联是哪个写的？是明朝的开国皇帝朱元璋。《楹联漫话》一书中，提到了这副上联。有没有下联？作者又是哪个？有下联："一人成大，大邦大国大明君。"作者还是咱们重庆巴县人。

　　话说在先，朱元璋写过上联，重庆人也回答了下联，《楹联漫话》书上有载。但是在什么时间，这重庆人是谁，却语焉不详。笔者早年曾听我家老汉说故事，他师爷曾说过一个龙门阵，似乎与此有点关系。不过龙门阵摆的是民间故事，似不必去追索探究。

　　朱元璋夺取了政权，为明朝开国皇帝，国号为大明，年号为洪武，定都南京，习称洪武朝。朱元璋坐了江山，经过十数年的整理经营，天下始得太平。这之后，他喜欢微服私访，以察民情。

　　这天他独自一人，出宫去夫子庙看热闹。他出身贫寒，这些年到处征战，没有好好地玩过。现在天下太平，大小事情，有人处理，也不必操多少心。听说夫子庙热闹，他还没有去过，因此就到了夫子庙。东游西逛，不觉得就到了午时，肚子也饿了。想想天天山珍海味吃多了，他就想吃过去喜欢的酱牛肉，换个口味。于是信步就走进一家小酒馆。此时小酒馆座无虚席，靠最里面一角的一张桌空着，一年轻人在喝豆豆酒。朱元璋径直来到这桌前，拱手说了声："请了。"也不等别人说话，就坐了下来。喊了声："一壶状元红，一盘酱牛肉。"酒保应了声："好咧，马上就来。"

一会儿，酒菜上齐。朱元璋端起酒杯，刚想喝，却一眼瞧见这年轻人愁眉苦脸，想是有啥事不开心。于是放下酒杯，问道："请问朋友，有什么事不开心，能说说吗？"年轻人见朱元璋发问，只好叹了一口气，回答道："真不好意思，打扰客人雅兴了。"想了一下，叹了一口气，接着道："唉，不说也罢。"端起酒杯一饮而尽。朱元璋反正没事，正想找人说说话，也想了解一下民间疾苦。见这年轻人欲言又止，就更想晓得这人有啥事。于是说道："听口音朋友不是本地人，出门在外，总有些难处。如若不妨，请说出来听听，说不定我能帮上一把。"

年轻人听到这话，才抬起头来看了朱元璋一眼，见此人虽说一身布衣，但很干净又得体，面目不怒而威，似是贵人。想到眼前正是作难之时，倘若有人帮上一把，渡过难关，以后发达了，再行相报就是。于是想了想，才说起了事情的由来。

原来这年轻人姓江，上面有两个姐姐，因之取名三郎，是四川重庆府巴县的人，住在上半城的江家巷。父亲年轻时也是秀才，但后来屡试不中，几次下来，已是灰心泄气。戏称自己是江郎才尽，再也不去考举。为了养家糊口，只好在夫子池摆个测字摊，替人测个字，写点家书，挣点小钱。三郎见父亲辛苦为了全家，决心好好读书，为父亲争气。到了十八岁时，参加院试，一举过关，被录入府学，成了秀才。待得三年，乡试在即。临行前，他父亲把他每次考举的得失，一五一十地说给三郎，要他在考试中注意。三郎到了成都，牢记父亲嘱咐，上了考场，小心谨慎。打开试卷，认真审题后，才提笔一挥而就，发挥得淋漓尽致。三场下来，果然不负家人期望，榜上题名前五，是为五魁首。二十多岁，已是举人，当然春风得意，一家人高兴自不必说。第二年年一过，江三郎收拾行李。在东水门找到一艘回江苏南京的苏货船，到南京赶考赴春闱。不料这艘苏货船沿途靠岸要卸货，为了多找点钱，又要揽载。卸货又揽载，就耽误了时间。等船到了南京码头，已是傍晚。

按例，报名截止是开考前二月的最后一天，这天的未时前，就是报名截止时间。虽说"秀才不出门，能知天下事"，但三郎头次出这样的远门，人生地不熟，进了城，找了一家客栈住下，又问清了到考场的去向才安睡。第二天一早，就赶往考场报名。一路之上东问西问，吴语话不好懂，说了半天也不得要领，跑了不少冤枉路。好不容易赶到报名点，已是午时正，还有半个时辰就到了未时了。三郎暗自庆幸，却被门官拦住，说是报名已经截止。三郎大急，与门官争了起来。此时，又有几个考生匆匆赶来，同样不能进去报名。争吵之中，一位官员出来，喝问吵吵什么。众考生一拥而上，围着这官员述说缘由。

这官员很不耐烦，好在还是听完了，才对门官说了一声："收下他们的报名公文，让他们考。"门官回了一声："副主考大人，明白了。"这官员走时，又说了一句："让他们考也考不起。"果然，会试三场结束，这几个考生无一上榜。众人得罪了考官，名落孙山，只能唉声叹气，一筹莫展。三郎更是愁闷，

加上盘缠将用完，一时不晓得怎么才能回家。只好来小酒馆喝闷酒，以借酒浇愁。

朱元璋听罢，想门官没到未时就拒报，是他不对，该罚。但你等举子，为何不知路途艰险，早点出门报名应考？这考官也是，人家连考都没考，你就说人家考不起？他说话固然不妥，可是你等的文才是不是就很优秀？考试中，答题有没有失误？如有错误，怨考官有何道理？看眼前这年轻举子，自称江三郎，莫非同他爹一样，真的是"江郎才尽"？朱元璋心头有点不悦。但又想，人不可貌相，怕是他真有点才学，临阵怯场，也是有的。不妨试上一试，看此人才学如何，如果真有才，不妨给他个前途，也是笼络了一个人才。就说："原来是江三郎朋友，既是会试落第的举子，不知朋友能对否？"江三郎听罢，说了声："能对。"

朱元璋见江三郎说能对，略一想，上联有了，说："三郎朋友，你说你是重庆府人氏，我就以重庆为题出上联。千里为重，重山重水重庆府。可能对？"

江三郎一听，再看朱元璋，似笑非笑，好似在看他笑话。心中一激，有了。口中立马说出下联："一人成大，大邦大国大明君。"

朱元璋见三郎才思敏捷，张口就来，对得来又很得体。他想，这江三郎又不晓得我是谁，就赞我大明朝是大邦大国，我还是大明君。就是拍马屁，也拍得恰到好处。一时心花怒放，高兴起来。说道："三郎好文才，我帮你回家。"说完递过手中折扇，说道："我姓洪，有个朋友某人在礼部当差，明天你找到礼部，把这扇子交给我朋友某人，他会给你盘缠，你就可以回家了。"

第二天，江三郎去了礼部衙门，将扇子交与门官，说是有姓洪的人让他来找某人。门官看看是个书生模样的青年人，心想这是来托门子的。不过榜都发了，现在来有什么用？想归想，还是进门将扇子送到侍郎的书房。这侍郎就是会试的副主考，接过扇子，打开一看，是洪武爷常用的一把。听说是一个青年书生送来的，连忙吩咐快请进来。江三郎进了书房，一见是副主考，吃了一惊，心想莫不是姓洪的要这副主考再羞辱他一次。

副主考见这青年，似曾相识，一下却想不起来。就问道："这朋友贵姓，洪某人为何要让你拿扇子来找我？"江三郎见问，回答道："学生免贵姓江，名三郎，重庆府巴县人氏。"接着把同洪某人一起一边喝酒一边作对联的事说了一遍，却不好说与副主考在考场报名时发生的事情。最后不好意思地说："洪某人让我来，是想借点盘缠，好回重庆。"

副主考一听，慢慢想起来了，这人是在考场外见过面的，副主考当时还说过"考也考不起"的话。副主考在阅卷时，看过江三郎的试卷，本来觉得不错，录个贡生也说得过去。但想此人冲撞他这个上官，心中有气，因此批落。现在洪武爷让江三郎拿了扇子来找他，似有怪罪之意。再细一想，要是洪武爷怪罪，就不会让江三郎来找他。猜到朱元璋的意思，解铃还要我这个系铃人。我误了这个人才，我还得改过来。于是说道："江三郎，你先回客店住着，回头我就把盘缠送来。"

副主考立马查了下重庆府任官，见某县官任期将到，就要出缺。又想，这江三郎得了皇上的赏识，是皇上推荐，拿了扇子来找的我，功名上怎么着也得考虑。虽说金榜已经发了，不可更改，但还有五贡，把他列入恩贡岂不合适？于是写了一个条陈上奏，把江三郎列入恩贡一榜，拟任重庆府某县候补，待出缺时补任。第二天传来洪武爷口谕，准。副主考亲自到客店，向江三郎宣布了洪武爷口谕，把任职公文交付江三郎。取出一封银子，递给江三郎，说道："洪武爷说你对联对得好，是个人才，特赏赐你白银五十两，作为回家盘缠。"

江三郎此时才明白，这出上联的人竟是洪武爷朱元璋，立马跪下，朝天而拜。

鹅岭公园纪事

以前说了个遗爱祠的故事，这遗爱祠就在今天的鹅岭公园，鹅岭公园门前的街，以前就叫遗爱祠街。后来云南巨商李氏家族买下这片地，修了座花园叫礼园，五十年代，这礼园又改成了今天的鹅岭公园。这回就说这鹅岭故事。

从地图上看，两江环绕的渝中半岛犹如一个鹅头，而鹅岭这里恰好是鹅的脖子，因此这里的古地名就叫鹅项颈。而这鹅项颈虽在佛图关下，相对重庆城来说，却又是一座高峰，因此又叫鹅冠峰。

鹅项颈左嘉陵、右长江，两江距离不足 1 千米，大自然的鬼斧神工造就了这么一个形胜之地，让人们生出些大胆梦想，决心要在这"半空鹅岭出高台"的地方做个前无古人、后无来者的大手笔出来。

先有三国时期的蜀大将李严，在他镇守江州（今渝中区。需说明的是，江州，亦江洲，地名。古时"洲"同"州"，并非为一级行政机构，只是江水中间的一个岛子）时，就觉得江州虽三面环水，已经是金城汤池，但若佛图关失守，江州亦将陷入困境。为保万一，他突发奇想，决定把鹅项颈挖断，让两江连通，使江为护城河。主意一定，即刻征派民工开工挖掘。开工以后，才派人向诸葛亮报告。诸葛亮一听，有点生气。以江州人丁太少，工程太过浩大，财力不够等理由，这才把工程叫停了。《华阳国志》有这段记录："护都李严欲凿后山，自汶江通入巴水，蜀相诸葛亮不可乃止。欲凿处，斧迹犹存。"（《华阳国志》）

一千多年过去了，这个大胆的设想又有人接了过来，想接着干。二十世纪二十年代，四川军阀杨森驻守重庆，他灵光乍现，提出要实现李严的设想，把鹅项颈挖个缺缺，让长江和嘉陵江连通，使重庆城成个江心岛。他的这一想法一提出来，就遭到市民的强烈反对，说杨森吃饱了胀傻了。

明清时代，有钱人喜欢修些庄园花园，一做别墅，二又可以邀约文人墨客来谈诗作对。鹅项颈虽是形胜之地，但当时人口不多，又离城较远，故还是荒山野岭。清末教案事发以后，这地方才引起人们重视。

清末，重庆有一个显赫一时的巨商李耀庭，是云南昭通人，以赶马驮盐贩盐起家，经过数十年打拼后，以经营钱庄而富甲西南诸省。这时已经年迈，不想再动。他的儿子李湛阳、李和阳兄弟接过了其父的庞大产业，苦心经营，生意做得比他老汉还大。两个儿子有点孝心，想找个好地方让年迈的父亲养老。

英美教会之前想在鹅项颈修建教堂，被市民阻止，引发教案，教堂因此半途而废。为这事，知县国璋也丢了官。百姓感其廉洁公正，筹款在鹅项颈驿道旁建了一座遗爱祠，以颂扬国知县的德政。

李家兄弟也看中了鹅项颈这一片地方。出重金于清宣统元年（1909 年）买下了鹅项颈这一片地盘，开始建造别墅花园。

花园定名为"礼园"，这样他们的老汉就有个安静舒适的环境养老了。

这座花园别墅以江南苏杭园林为蓝本，又根据鹅项颈的山林特点，地形精巧设计、着意布置。楼台周围，点缀着奇花异草，名木佳卉。亭榭之间，有莲池绳桥、曲径通幽。整个园林既有小桥流水、玲珑剔透的江南特点，又不失西南重庆高山大河、气势恢宏的大气。这精巧布局、陈设豪华的礼园，让重庆城内外各私家园林为之失色。

礼园建成后，除主人在此居住以外，还常常接待重庆城的军政官员，社会贤达。一时间，达官显贵、名流时彦轿来马往，盛极一时。

礼园的主人李耀庭是一个很开明的绅商，辛亥革命时期，他曾经用巨款资助孙中山先生的革命事业，为此，孙中山先生还特别亲笔题字"高瞻远瞩"，将这条幅赠送给李耀庭，以表谢意。

袁世凯窃取革命果实，复辟称帝，遭到全国人民反对。云南蔡锷将军组建讨袁护国军，讨伐袁世凯，初期一度受挫，也受到礼园主人邀请，到礼园暂避。

清朝邮传部大臣盛宣怀，不顾国家利益，出卖了铁路主权，被四川名士赵熙弹劾，朝廷将赵熙撤职罢官。对这等刚直不阿的斗士，礼园主人派专人去邀请赵熙长住。

到了抗战爆发，国民政府迁来重庆，礼园更是冠盖云集。

蒋介石、宋美龄夫妇来到重庆，初期就借住在礼园的飞阁。以后有林森、于右任、孙科、宋子文、白崇禧等国民党要员也时常到礼园小住。

除了中国人，抗战时也有一些国家的大使住在礼园。比如英国驻华大使卡尔，在礼园内就住了四五年。土耳其、澳大利亚两国的驻华大使馆，也一度设在礼园内。

1949 年 11 月底，重庆解放。西南军区领导机关有一段时间设在礼园，刘伯承、贺龙、李达等西南军区首长也常到礼园办公。

1957 年，周恩来总理出访欧亚 11 国，回国途中在重庆停留。周总理知道重庆人民的文化娱乐场所比较少，也非常关心重庆人民的文化休闲及场地建设。在与重庆市领导谈话时，周总理提议把位于鹅项颈的礼园加以扩建，建成一个供市民休闲、游玩的大众公园。重庆市政府根据周总理的提议，迅速拟订了扩建方案开始建设，并于第二年（1958 年）建成开放。公园位于鹅项颈的山岭上，因此命名为鹅岭公园。

笔者当年也数次去过鹅岭公园，坐在悬崖边的石凳上，静看嘉陵江上点点白帆。那时园内松树很多，都是脸盆大小。夏日，一阵风来，松涛阵阵不绝于耳，那真是浑身凉爽，令人心旷神怡。今日鹅岭公园的瞰胜楼，是市民及游客登高观景的好去处。

渝中一号桥

重庆渝中区有一座桥，取名为一号桥。

一号桥是渝中区北区路上的一座重要桥梁，建成六十多年来，一直默默地为城市交通做着贡献。

为什么此桥取名为一号桥，而在渝中区内，现在却没有二号桥、三号桥？这就是要说的故事了。

要说一号桥，就要先说旧时重庆城的交通。

最后一次筑重庆城的，是明朝洪武年间，驻重庆的指挥使戴鼎。戴鼎"因旧址砌石城"筑了一座周长 2660 余丈的城墙，建有象征九宫八卦的十七道城门。在九开八闭十七座城门中，九座是开门，八座是闭门。九座开门中八座在江边，有舟楫之利。唯一的陆门，是处于城内高处七星岗的通远门。走陆路出城到川西、川北，只能骑溜溜马、坐滑竿，或者开动双脚走，这在旧时是没办法的事。

重庆旧城是建在两江夹峙的山上，不能像平原城市那样，正南齐北、方方正正地以十字、井字的形式布置街道。从江上看，正是"烟火参差家百万，波涛上下浪三千""烟月一舟渡，江灯万户明""水国舟中市，山轿树梢行"的重庆城。"一亭明月双江影，半槛疏光万盏灯"，确实壮丽无比，让人流连忘返。可是从高处看，"城是一座山，山是一座城""城在山上，山在城中"。特殊的地形，使得城内的街道只能依山就势，既狭窄又短小。弯弯曲曲不说，还得爬坡卜坎。从码头下船，那一道道长长的石梯坎，往往让外地客望而生畏。

到了近代，开始有了火车，其他地方开始修建马路（在当时，就叫马路）。同外地比较，重庆就显得落后了，不能适应社会的发展。于是，在二十年代后期重庆筹备建市时，就有了改造旧城、拓展开发新区、修筑马路的打算。改造旧城，拓展开发新区，就必须将通远门以外的一大片官山坡开发出来。这一片官山坡比城墙围着的旧城大一倍多，有了这一片土地，旧城拓展、开发新市区就有了建设用地。

1927年，重庆改商埠督办公署为市政厅，由刘湘部师长、商埠督办潘文华出任市长。

潘文华上任后，开始动员迁移城外的坟墓，经过几年时间的努力，一共迁走坟墓43万余座。与此同时，也开始按规划实施修筑新市区马路。

按第一任市长潘文华的规划，要改造旧城，拓展开发新区，首先要修建三条通城外的马路，即中区干路、南区干路、北区干路。中区干路由朝天门经七星岗、两路口、上清寺到今天中四路的曾家岩；南区干路从过街楼经陕西街、道门口、储奇门、南纪门到菜园坝，在燕子岩处往山上修一条支路接中区干路；北区干路从炮台街经临江门、黄花园到大溪沟，与1927年开建的以大溪沟为起点的渝（重庆）简（简阳）马路，即（成渝）马路相接。

这些干路，是先修城外，再逐步改造城内旧式街道。最先动工修的，是南区干路与中区干路。其他中、南干路这里不说，只说北区干路。

北区干路也准备先城外后城内，但工程难度大，于是先开始改造城内。一头从炮台街经觐阳巷东南接今之民族路，一头经书院街、下石板街、上石板街接临江门。最先修通的是上、下石板街一段，后改称临江路。后陆续完成了书院街、炮台街一段，后改称沧白路。从临江门出城后，沿城墙外下行接通黄花园、大溪沟。设计有两座桥，一座在大溪沟，暂名一号桥。一座在一座山与华一坡之间的山沟上，暂名二号桥，是旱桥。因此拆除了临江门一段城墙，出城后，工程就遇到了难题。

临江门城墙外，马路要沿着城墙向下往西。这一段都是悬崖绝壁，路随山转，坡度也大。临江门一侧是一座山，山下是太平桥到地母亭的一条山沟，沟里有小路可上通远门。沟对面是华一坡。在沟深岩陡的山沟里，要建一座旱桥。工程上说，是一段险工。马路要沿着城墙外往下修，就得挖半边、填半边。挖还好说，把靠山壁的一侧土石挖脱些就行。因是岩石壁，只用条石做一道不高的挡墙就行，施工难度相对不大。填方就得从岩下往上修筑护坡堡坎，再填上泥土。这一段数百米长的护坡堡坎，从高度上说，低的七八米，高的十多二十米，需要的石料不是小数。好在重庆城到处都有岩石，可采的石料到处都是。

工程开始后，就近开了几个石塘口采石料。采购了大量楠竹，搭好了施工脚手架以及抬石料的上下栈道。一时间，开山石匠开塘口、采条石，号子连连，铁锤叮当。数百

抬工两人一对，喊着号子，抬着条石运往工地，施工现场倒是红火了一阵。但好景不长，工程进行了一段时间，各路军阀又开打了。为了充军费，地方财政开始入不敷出，工程经费逐渐困难。工程也只是修修停停、停停修修地拖着，看不到多少进度。

抗战爆发，国民政府迁都重庆，号召全民抗战，这个工程也就基本上停了下来。

抗战胜利后，国民政府想到重庆人民为抗战做出了巨大的牺牲，理应对重庆人民做些回报。因此，为陪都重庆做了一个城市的恢复发展建设规划。但国民政府这时想的，是尽快"还都南京"，好去接收，哪里还有精力来做重庆的事。这段路也就拖了下来，时修时停，一直没有正式复工。

之前，大溪沟至富城路一段已在1947年8月完工。到了1948年，民众一再呼吁当局重启道路建设，不得已，当局始计划复工建设。工程虽说复工，但此时的物价飞涨，一斤钱买不到一斤米。原来计划的经费根本不够，工程又只好修修停停。

这段线路中，在临江门外的跨越太平桥、地母亭之间的山沟上的二号旱桥，是关键节点。由当时的中国桥梁公司设计，亦由中国

桥梁公司承担建桥工程。这座旱桥设计长 80 米，车行道宽 9 米，两侧人行道宽各 3 米。考虑到洪水时嘉陵江水的倒灌，马路的纵坡不能太陡，因此设计桥高为 22 米。这座两台四墩五孔的平桥，由条石砌成桥台、桥墩，桥梁用钢筋混凝土浇筑而成。这在当时，算是高档的了。可是，工程一开始，就遇到经费问题。1946 年国民党发动了内战，国民党军队从全面进攻转到重点进攻，最后到连吃败仗，节节败退。在国统区，经济几近崩溃。金圆券、银圆券的发行，更使物价成千上万倍地飞涨。此时的工程预算经费连人工费都不够，工程当然也就拖了下来。直拖到 1949 年 11 月 30 日重庆解放，这座桥还有一个桥墩没有搞完。

1949 年 10 月 1 日，中华人民共和国成立。11 月 30 日，重庆解放。面对国民党留下的这一烂摊子，重庆市人民政府以人民利益为重，迅速开始了城市经济恢复工作。先开始恢复公用设施建设，以解决企业恢复生产、工人失业的问题。北区干路临江门城外一段以及一号桥的复工建设也列入议事日程，并且很快组织施工队伍进场复工。

临江门城外这段工程复工后，经过近一年的建设，一号桥于 1951 年 5 月 31 日建成竣工。北区干路经过 22 年的建设，终于全线建成，实现通车。

这座桥是重庆城解放后建好的第一座市政桥梁。之前的大溪沟一号桥此前已改称为四维桥，因此重新命名，将原北区干路的这座二号桥命名为一号桥。

老重庆

相传恺撒征服埃及后，携美人和战俘若干凯旋罗马，罗马万人空巷，"恺撒万岁"响彻云霄。恺撒由此君临天下、目空一切。其时，唯有他的马夫转身对他耳语：

"殿下，荣耀终将消失！"

荣耀终将消失，大概因为荣耀只是道具。

由此，我想到重庆。

素面朝天的重庆最重庆！

最重庆说到底，就是老重庆。老重庆就是二十世纪八十年代中期，抑或大规模旧城改造前的重庆。

老重庆以不足 9 平方千米的渝中半岛为核心。重庆直辖前，渝中半岛叫市中区。

市中区天生丽质、多山、多坡坎，被两条大河托起。春秋多雨、夏天闷热、冬天干冷。一年 365 天，有近 200 天被浓密的灰雾罩起。天色以麻麻亮（微明）和烘烘太阳为主。木板、夹壁墙、砖混结构的房屋依山就势，层层堆码、错落有致、密不透风、遮天蔽日；街头巷尾游贩吆喝、泼妇骂街、锅瓢碗盏声不绝于耳；奇闻轶事车载斗量，市井民俗、恩怨情仇铺天盖地。

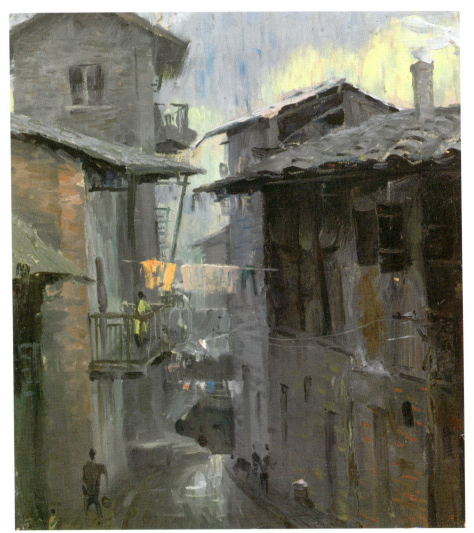

渝中区·双溪沟民居（油画）　1981年

渝中区·枣子岚垭邮庄巷（水粉） 1978年

渝中区·一号桥（水粉）　　1980 年

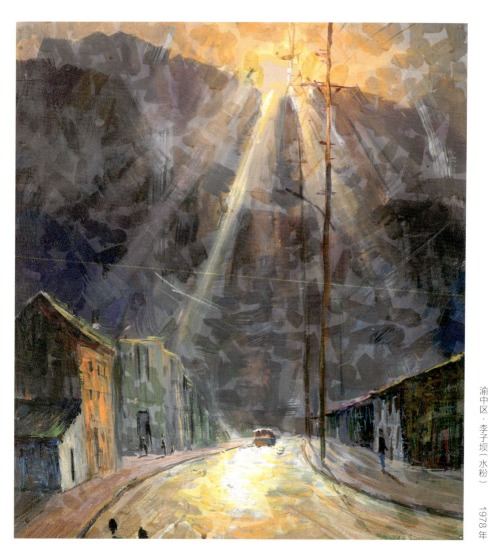

渝中区·李子坝（水粉）　1978年

渝中区·两路口（油画） 1981年

渝中区·较场口（水粉） 1979年

渝中区·大溪沟河边（水粉） 1979年

北碚区 · 小三峡（水粉）　　1980 年

旧时名物只留名

JIUSHI MINGWU
ZHI LIUMING

旧时重庆八景

　　人们都喜欢好的风景，祖国大好河山，到处都有壮丽的景色。现在交通发达，各地发展旅游业，就是让民众都能游览观看。尤其是那些著名景区，一到节假日，那是人满为患。手机、相机咔咔响声不断，为的就是留下这美妙的景色。

　　旧时人们也喜欢风景，文人们更喜欢游山玩水。不但喜欢，也能造景。一个地方不咋样，也要这景那景地弄几个出来。因此各地都有十景八景之说。重庆城本来就有很多大山大河，雄伟壮丽，当然也不例外，亦号称有巴渝八景，最多时竟有十二景之说。

　　清乾隆以前，重庆有八景，为：金碧香风、洪崖滴翠、龙门浩月、黄葛晚渡、佛图夜雨、孔殿秋香、觉林晓钟、北镇金沙。

　　时任巴县知县的王尔鉴，在细品这八景后，觉得这八景中后三景太过平淡。如孔殿秋香，是指府文庙（临江门内重庆市第二十九中学）的桂花。孔庙在各府、州、县都有，桂花也是常见花木，到了秋天，都要开花，没啥稀奇。又如，觉林晓钟，是指南岸觉林寺的钟声清远。王尔鉴认为觉林寺有晓钟，其他寺庙的晨钟也很响，老远都能听到，不算独特。再如，北镇金沙（原江北城，时为巴县江北镇），是指江北嘴的地形。他也认为，渝州连接江山，到处都是美景，好的地方多了去了，为何取江北嘴这一小点地方？于是就把这三景取消，另用字水宵灯、缙岭云霞、歌乐灵音代替，又把金碧香风改为金碧流香。再加上海棠烟雨、华蓥雪霁、云篆风清、统井峡猿四景，凑成巴渝十二景。

这十二景是：

金碧流香、洪崖滴翠、龙门浩月、统井峡猿、字水宵灯、黄葛晚渡、海棠烟雨、缙岭云霞、云篆风清、华蓥雪霁、佛图夜雨、歌乐灵音。

后人认为统井峡猿、缙岭云霞、云篆风清、华蓥雪霁四景离城有点远，往来不大方便，因此，这四景在宣传上逐渐淡化。重庆普通市民中能知晓的风景，还是八景。这八景是：金碧流香、洪崖滴翠、龙门浩月、字水宵灯、黄葛晚渡、海棠烟雨、佛图夜雨、歌乐灵音。

金碧流香

金碧台是个古迹，列入《巴县志》（向楚版）古迹中。"明制置使余玠，因旧址累为台，曰'金碧台'。""台在县北府署左岩石上，崇因寺侧，峭壁秀削，江城一览。每清风徐来，香馥袭人衣裾，台之左右并无花木也。"

有了这个金碧台，就有了巴渝八景中的第一景：金碧流香。

"金碧流香"的金碧台在哪里？在太平门内，当年重庆府衙的背后山上。

重庆得名于南宋孝宗皇帝时的淳熙十六年（1189年）。

这年孝宗皇帝封他的第三个儿子赵惇为恭王，封地恭州（巴县城，今渝中区）。二月，孝宗内禅，让位给了恭王，赵惇即位，是为光宗。

光宗将封地恭州潜藩升格为府，取先封王、后登基称帝"双重喜庆"之意，名重庆府。府衙一直在太平门内的中大街，直到民国初年数百年间，虽经多次维修、重建，基本上没啥挪动。

民国初年，政府发布通告全国撤销府制，废府存县。重庆府裁撤，已废，只存巴县。

此时重庆府一级政权已不存在，"重庆"两字就没有依附的地方，因此重庆之名就有些名不副实，重庆城就变回了巴县城。但是"重庆"两字毕竟喊了数百年，因此习惯上大家还是把巴县城叫成重庆、重庆城。好在没过几年，刘湘设重庆商埠督办，又恢复了重庆之名，以至于1927年开始议及设市时仍以"重庆"命名。

重庆府撤了，原府衙一片房屋、土地就空了起来。这些房屋地皮还值几个钱。于是当局就把这处官产卖了，改建成了商业场。解放以后，这里一度是市工商联的办公地址。

当年府衙的后山叫巴山、金碧山，也就是现在大梁子（新华路）上面的长安寺（长江索道站）、二十五中一带。

对于金碧山，古人有这样的描述："巴山顶名金碧山，左岩上有金碧台。""巴山之顶名金碧山，即县学后山之祖峰也。府署左岩上有金碧台，明郡守张希召于台上建金碧山堂。俯瞰江城，饮虹览翠，每轻风徐来，馥馥然袭袂香流，寻之并无花木，岂心清闻妙香耶？""妙香吹不断，台踞石城脊，山外有夕阳，璨璀金与碧。"这就是当年的巴渝一景"金碧流香"。

这里说的县学，就是巴县文庙，太平门内重庆二十六中便是。

金碧台，名字好听，自是文雅，当然是文人墨客聚会、以文会友的地方。金碧流香，香从何而来？众文人当然要探讨。古人说，这金碧台没有多少花树，可是却有阵阵香气袭来。书上是这么说的，不像是假的。说是真的？一众文人反复讨论，可又没有哪个能把这香气的来源说得清楚。就连大清乾隆年间的巴县知县王尔鉴，在吟诵"金碧流香"的诗中，也没有说明白，只说怀疑这香气是从月宫里飘来的。他的诗是这样写的：

"巴山耸秀处，金碧有高台。何处天香至，疑是月窟来。江环千嶂合，云度九门开。每一凭栏眺，清芬拂草莱。"

对于这香气的由来，有人却是另一种说法。清奉节知县姜会照到了重庆，也慕名游览了金碧台。把前人关于金碧台的说法也逐一考证了一番，对香从何来也说不出个所以然。他只好按自己的想法说：

"风满林亭月映苔，心清自有妙香来，何人讳却真邱壑，漫说王褒望祀台。"认为只要"胸有万卷书，妙香心中来"。

曾任川东道的张九镒，也常在金碧台上

与友谈诗作对。对于这金碧台，也有称颂之辞，他有点赞同天香说，写道：

"饮虹瞰江水，照出金碧岑。芙蓉千万叠，爱此一峰深。岚翠泼高阁，天香吹素襟。悠然坐缥缈，加入檐葡林。"

当年这金碧台是文人墨客经常聚会的地方，无论是风和日丽的三春，或是天高云淡的金秋，城内城外的乡贤、才子都要相约来此地，一来是以文会友，二来也是闻闻这"天上月宫"飘下来的香气。

清道光年间的重庆知府王梦庚，看过前辈张九镒的金碧流香一诗，对金碧流香这一景亦很是神往。和着张九镒的诗韵，也写下了一首诗，以表达自己的情感和疑惑："渝江水阔阔，金碧浮层岑。好风吹不断，万斛天香深。崇台接高阁，空翠驱烦襟。何待人贲隅，八树夸成林。"

同任何事物一样，金碧流香这一景致也有衰败的时候，它逐渐淡出了人们的视线。清巴县乡贤周开丰对金碧流香一景的没落，也很无奈，不由发出了感慨："金碧遗基在，闲来步夕阳。轻飔何处至，虚谷异花香。无意偏清妙，移时合渺茫。杏坛原咫尺，宁止接甘棠。"

还是周开丰，对金碧台的消失有点伤悲，他的诗写道："古台余废址，土花绣寒碧，不见香风吹，但看秋草积。"

上文说了金碧山在现长安寺二十五中一带。这长安寺本来不叫长安寺，而叫崇因寺，建于宋熙宁年间（1068 年）。相传山门外立起的牌坊上，有苏东坡题写的"第一山"。庙门上，"崇因寺"三个金字闪闪发光，写得清清楚楚。但进香的善男信女仿佛对这三个字视而不见，却称其为长安寺。为什么呢？传说这寺里后院厨房有一眼水井，与县西数十里之外的一户人家背后的山洞相通。这山洞叫长安洞，因此这井也就叫成长安井，当然了，这寺大家就跟着叫长安寺了。

长安寺原来的规模很大，香火也很旺。寺中这眼水井也流传了很多的故事。其中一个故事说，一个道爷在路途中，发现一根烂草精在兴风作浪，祸害百姓。于是做法将此精收了，放到长安寺这眼水井里。烂草精苦苦哀求放了它，道爷见妖精也可怜，就答应说，只要听到重庆城打五更，它就可以出井，获得自由。百姓听说后，怕这烂草精出来再祸害人，就商定不打五更。从此重庆城内各坊各厢的打更匠，就不打五更了。

洪崖滴翠

这"洪崖滴翠"一景，地处洪崖门。洪崖门是重庆城九开八闭十七道城门中的一道闭门，处在临江门与千厮门之间，地点就在现今沧白路。这一景，虽然在重庆老巴渝八景的城内景点中排列第二位，但影响却不如其他景点，也是消失得最早的一景，为什么？等下再说。

先说这"洪崖滴翠"，清乾隆巴县知县王尔鉴介绍这"洪崖滴翠"时说："洪崖洞在洪崖厢，悬城石壁千仞，洞可容数百人，上刻'洪崖洞'三大篆字，诗数章，漫灭不可读。城内诸水越堞抹额而下，夏秋如瀑布，冬春溜滴，汇入池入江。石苔叠翠，池水翻澜，夕阳返照，五色陆离，莫可名状。至若渔舟唱晚，响答岩音，又空色之别趣也。"说的就是这洪崖洞的大概情况。

大凡是景的地方，定会有文人骚客写诗吟诵。"洪崖滴翠"一景，也引来不少人的诗作。

王尔鉴王知县对于在他管辖下地盘上的景点，从来就不吝啬笔墨，他称赞这"洪崖滴翠"时说："洪崖肩许拍，古洞象难求。携得一樽酒，来看五色浮。珠飞高岸落，翠涌大江流。掩映斜阳里，波光点石头。"

清嘉庆举人罗学源说："古洞郁层崖，云深无觅处，譬彼武陵源，屡被桃花误。浓翠滴空濛，茫茫积烟雾，拍肩怀古仙，徘徊不忍去。"

还有张九镒，是川东道台，对这"洪崖滴翠"一景，在赞叹之余，也有他自己的看法，他写道："手拍洪崖肩，洪崖渺何处。洞壑认仙踪，多为传记误。清气抹山光，非烟更非雾。四面空翠来，沾衣扑不去。"

奉节知县姜会照到了重庆，也到洪崖洞游览了一番，过后也有诗说："飞来何处晴如雨，漠漠高旻色映空，自是仙崖张画景，岚光一片裹清风。"

诗人们对"洪崖滴翠"是赞赏有加，他们可不知道，这一景点在后来却是消失得最早的。

据老人们说，洪崖洞不是洞，只是一个比较大的凹岩腔。重庆城的地质基本上是一层砂岩，由一层俗称"石谷子"的页岩重叠而成。岩上（今沧白路）是一大块厚实的砂岩，这层砂岩之下，就是一层"石谷子"。由于岩石材质不同，加上流水的冲刷及自然风蚀，岩下"石谷子"的风化快得多，这一层就凹了进去，相对地，砂石岩就凸了出来。因洞在半腰上，虽然有水从洞口往下流，洞子里还是比较干燥的。

重庆城虽说在明代就有了九开八闭十七道门，有了上半城与下半城之分，但上半城却少有人家，还有很多荒坡、农田。尤其是明末清初的数十年间，上半城人家不多，往洪崖洞飞流直下的水很清亮。到了乾隆时期，重庆城人口增加了很多。到这里游玩的市民不少，望江北，城廓烟树；瞰嘉陵，千帆竞风。

再后来上半城的人烟逐渐多了起来，有了住家户的院子，形成了一些小街小巷。往洪崖洞流下的水，夏天雨多，还算干净。一到冬春时节，雨水少，只有生活污水流下，就有些臭。入住的人越来越多，原来的荒坡田地都建起了房屋，街巷连通交错。人多了，生活用水也越来越多，排出的生活污水也多了。到了后来，一年四季的水都是脏的，都是臭的。水经香水桥后顺流岩下，虽桥名香水，看似喷珠吐玉，却是臭不可闻。这么一来，谁还愿意到这里来闻臭气？到洪崖洞游玩的人也就慢慢地少了。

上半城成了气候，人多了，叫花子帮也多了。一些叫花子看到这半岩上洞子空旷，

干燥，能够挡风遮雨，也不怕臭，就住了进来。后来一些船拉二、挑水卖的下力人，没地方住，就在洪崖洞河边倚山就势，层层搭建起了吊脚楼。后来这些吊脚楼搭到了炮台街，还成了商铺，洪崖洞也被这些房屋遮挡。虽说有石梯坎可从江边经洪崖洞爬到炮台街，但去观景的人却越来越少。"洪崖滴翠"这一景也就淡出了人们视线，只留在过去的记忆中。

"洪崖滴翠"虽说是淡出了人们的视线，但洪崖洞却仍然名声在外，这是因为崖上有一条街——沧白路。

沧白路是由炮台街、书院街、香水桥街合并而成的。炮台街是因为在崖上设了一座炮台，架设了一门大炮"二将军"（此炮已经收藏到重庆博物馆去了）守卫朝天门。书院街是因为东川书院建在这里（清末，东川书院改称重庆府中学堂，后迁到两路口骆家花园）得名。民国建市时期，重庆城开始修建马路，其中有一条叫北区干道，要经过洪崖洞。这样，炮台街、书院街、香水桥街就拆的拆、扩的扩，后与民族路、临江路打通，这样就成了一条马路。

1943年，国民政府为了纪念辛亥革命先驱杨沧白先生，将这条马路命名为沧白路，

并建有杨沧白先生纪念堂，即沧白堂（原市政协驻地）。沧白路靠江一边，还建有辛亥革命蜀军政府都督张培爵纪念碑。

前些年，为了改变城市面貌，市政府对旧城进行了大规模的改造，其中也包括洪崖洞。洪崖洞也因此获得了重生，成为重庆城新的旅游景点、网红名片。

现在的洪崖洞，从沧白路往下到嘉滨路，建起了仿古的楼台街道，成了重庆城有名的仿古文化美食街。每天到这里游览、寻访美食的中外游人络绎不绝。洪崖洞已经成了重庆的一张城市名片，吸引着中外客人到此一游。

龙门浩月

这次说八景之中的第三景，叫"龙门浩月"。要说"龙门浩月"，就得先说点题外话——望龙门。望龙门在渝中区解放东路，东水门与太平门之间。说到望龙门，一些年轻点的朋友会以为是老重庆的一道城门，其实不是。

老重庆九开八闭十七道城门中，没有望龙门。东水门与太平门之间是一道闭门，叫太安门，大约就是望龙门的所在。为什么会出现望龙门呢？其实这望龙门，是看龙门浩的一个地方，也就是站在长江北（应该说是

西）岸重庆城内，"望"得见长江南（应该说是东）岸江边上的龙门浩。以后，有人把这"望"得见"龙门浩"的地方，简称为望龙门，成了重庆城内的一个著名地名。

再说龙门浩。涂山脚下的长江南岸，有上下两列石梁顺江立在江水中。石梁与江岸边隔成了一条水道，涨水时没入水中，水退了又显露出来，重庆人把这种水道叫作"浩"。

古人介绍说："大江对岸涂山麓水中二巨石，宋绍兴中刻有'龙门'二字。""浩在太平门大江对面禹庙前，水中有二石，各大书楷行'龙门'二字，皆宋绍兴中刻。石断处可容艇子出入，曰龙门。龙门右有大碛曰黄鱼岭，江水西南来，必扫碛澳徐折而出，水脉横涌江心，回旋圆转，其形如月。浩即港，巴人谓小港曰浩也。"这就是龙门浩的由来。（旧"龙门"石刻已经损坏，在南滨路修建以后，重新在石梁上刻有"龙门浩月"四字。）

明人朱嘉征在《龙门滩》一诗中，描述了龙门浩的形势，他说：

潇瀁发几江，觜沸龙门首。江光何潋滟，晴峰出其右。岩壁林如黛，骞亏结户牖。或黄或丹朱，结绿亦时有。了了崖上林，向云相与久。此是龙门滩，巴峡锁其口。咄哉古

人言，扁舟落吾手。"

这诗里说的龙门滩，就是龙门浩。"龙门浩月"也成了重庆巴渝八景之一。

清朝乾隆年间的巴县知县王尔鉴，对巴渝八景都有诗题咏，对这"龙门浩月"也不例外。他的"龙门浩月"诗是这样写的：

"石破天开处，龙行俨禹门。魄宁生月窟，光自耀云根。雪浪盘今古，冰轮变晓昏。临风登彼岸，涂后有遗村。"

之前，清巴县人周开丰对龙门浩月也有题咏，他写道："水亦岷江派，山仍夏后村。何缘邀月影，别自映云根。秋扫黄鱼脊，波回玉兔魂。神功遗迹杳，此地问真源。"他认为这龙门是："水元龙所宅，郁碑此其门，风涛回地轴，云雨达天阍。"

还有清人王清远也说龙门浩："江边石巉巉，中断俨龙门，浩月谁其勺，千秋一水浑。"

清人张九镒对巴渝八景也有题咏，对于龙门浩，他写道："石扇划地轴，一涧流淙淙。谁将青玉镜，挂在苍鳞龙。俯看波上下，波静影相从。举头问清影，银蟾隔几重？"

对于这"龙门浩月"一景，历来是文人墨客争相题咏的所在，留下的诗词题咏是很多的。以后的巴渝十二景、巴渝八景，均有

龙门浩月这一景。可见这龙门浩月在重庆地方名胜中所占的地位。

随着重庆的发展建设，龙门浩月也逐渐淡出了人们的视线。

至于望龙门这个地名，却因为望得见龙门浩的这个关系而保留了下来。

东水门原来是过江的重要渡口，后来逐渐让给了望龙门。望龙门就取代了东水门，成了重庆城到南岸的重要渡口。以前到南山，从望龙门过河是最便利的。过了长江，对面就是龙门浩，上岸是上新街。爬莲花山上清水溪，就到汪山了，再过去就是南山。也可以走黄桷古道，上黄桷垭，走南川、贵州。以后有了轮渡，枯水时趸船就靠在龙门浩石梁外面。从南岸进城，等船时就在这石梁上，如果春秋时节，天气好的时候，在这石梁上等船，在过往的船只中看看江景，在水中洗洗手脚，很有一点享受。笔者以前也曾无数次从望龙门过河，去南岸、南山。回城时也常在石梁上候船，现在回忆起来还是很有意思的。

二十世纪四十年代，重庆市政当局在望龙门开辟了重庆第一条客运缆车，是当年轰动一时的大事。一时万人空巷，都挤到这里

乘坐缆车。

八十年代以后，随着长江大桥的修建竣工，公交汽车开通以后，人们多选择方便快捷的公交车。轮渡作为过江必备和重要的运输工具，已逐渐被大桥替代，慢慢退出了运输市场。而与望龙门轮渡配套的缆车，也因此停运而废弃。虽说现在见不到这缆车了，但其遗址还在，成了市一级文物保护单位，给我们留下了些许思念。

今天，东水门大桥雄立在龙门浩月上空，从桥上望龙门浩，只有一江清水。只有三峡大坝放水，龙门浩的石梁才会显露出来，供游人在岸上观赏。

字水宵灯

天色渐晚，每当我站在窗前，看见的就是那渝中、江北五颜六色闪烁的霓虹、万家灯火。

这十多年来，窗口外的视野里，一座座大楼拔地而起，楼越建越多、楼越修越高。五彩斑斓的夜里景象，也从少到多、从简到繁，天天出新、月月有异。

"渝城之景本奇观，向夜何当更远看。灯火万家悬一叶，秀色重重真可餐。"这四句诗，

说的就是重庆城的夜景，字水宵灯。为清乾隆时期进士、巴县乡贤龙为霖所写。这是巴渝八景中的第四景。

那是初春二月的一天，龙为霖邀约了几个朋友，准备到涂山澄鉴亭谈诗论文，再看看重庆城的夜景。

哪料得到，这天半夜天气突变，倒春寒来了。寒风怒号，江上波高浪急；冻雨绵绵、却是路断人稀。过江的渡船都是小木船，这种风浪，驾船的艄翁哪个敢冒险过江？龙为霖一行人上午来到江边，为风浪所阻，过不了江。因此他回去以后，不无遗憾地写了一首诗，就是上文中的四句。

字水宵灯，这是重庆城老巴渝八景中的第四景，历来就是令外来旅人游客称奇的景色。到了今天，由于灯饰工程的不断建设更新，重庆夜景更是让人赞不绝口，尤其让外地客流连忘返。古时候的"字水宵灯"一景，也因此得以发扬光大。

要说字水宵灯，就得先解释这"字水"两字。清人王梦庚说："水如巴字三折，县因得名，重屋叠层，宵灯交错。"这水如巴字三折之"水"，即嘉陵江。嘉陵江从北往南，曲曲折折，如同古篆文之"巴"字。嘉陵江因

此也得名巴水、巴江，县也因水得名巴县。但"字水宵灯"的"字水"，已非专指嘉陵江一水，而是泛指，包括长江在内了。所以有明人倪斯蕙撰联说："窗临巴水真成字，家对龙门好著书。"这对联把嘉陵江、长江都写上了。龙门即龙门浩，在长江南岸江边。

重庆夜景之所以美不胜收，得益于重庆城的地形及建筑形式。重庆城建在一座山（华蓥山之支脉歌乐山一余脉，旧城五福宫至大梁子长安寺一线）上，两江环绕，城建在山上，山耸立城中。山是一座城，城是一座山。街道建筑依山就势，叠屋重居，对平原城市如成都来说，重庆城就是一座"立体"的城市。

古人对于重庆的认识，也是见仁见智的，有着不同的看法。有人说重庆城是"水国舟中市，山桥树杪行。"是一座美丽的山水城市；有人说重庆是一座"一片石头二水环，天铺城阙破愁颜"的易守难攻的汤池金城。

对于重庆城，他们看到的是，"山作城墙岩作柱，水为镇钥峡为关"，是固若金汤的关隘；对城市的街道，他们也曾"层城缓步望渝州，雉堞危崖拱上游"，是春秋游玩的胜地。他们换了一个角度，乘船从江上来看，才知道重庆城那"山从城内起，殿倚堞边开"的雄伟壮观；"城郭大都依壁岸，人家一半住烟岚"的险峻；"旷野惟看树，高城不见人"的神秘。

这么一座"立体"的城市，建筑依山就势，层次分明，本来就让人神往了。一到了夜间，万家灯火，两江流彩，岂能不让人赞叹？你看，夜幕降临，华灯初上，"带火帆樯斜背郭，上灯楼阁半街山"，这山城夜景就让人陶醉了。更何况那"灯火万家悬一叶，秀色重重真可餐"了。这秀丽的重庆夜景，让人恨不得一口吞下肚了，带回家中去，然后吐出来细细观赏，慢慢把玩。

而文人墨客们，面对这"满城霓虹两江灯"的瑰丽夜色，往往会诗兴大发。眼见这"夹岸波灯人隐见，横江烟雾月朦胧"如同梦境般的景色，必定要登上高处城楼，"乘月欲穷千里目，隔江遥见万家灯"，去体验那"楼台高下光相荡，烟雾横斜气自蒸"的感觉，去观赏那"一亭明月双江影，半槛疏光万户灯"的美景了。

清人周开丰，是康熙举人，他把重庆城的夜景比作"神灯"，他赞颂"字水宵灯"，说："绕城皆是水，不夜自为天。星系青天上，灯明绿水前。光辉饶灿烂，波浪共澄鲜。谁诧姚江异，神灯作记传。"

清人奉节知县姜会照，有次来到重庆，见到如此夜景，不禁叹道："万家灯射一江连，巴字光流不夜天，谁种榆河星历历，金波银树共澄鲜。"

清乾隆年间川东道台张九镒也有诗赞重庆夜景，他说："结字不用书，江形会意领。日夕万家灯，银树翻波影。水月与镜花，静者发深省。何如不夜春，一片光明锦。"

清乾隆年间巴县知县王尔鉴，对这"字水宵灯"一景，有着绝妙的描述。他说："渝州凿崖为城，沿江为池，《华阳国志》所谓'重屋垒居'也，没夜，万家灯火齐明，层见叠出，高下各不相掩。光灼灼然俯射江波，与星月交灿；阴晦时更见波澄银树，浪卷金花，终古不能流去。余尝南上涂山，北登一阳观（弋阳观，原江北城内，早已拆除）遥望，光辉灿烂，水天一色。"

他诗中写道："高下渝州屋，参差傍石城。谁将万家炬，倒射一江明。浪卷光难掩，云流影自清。领看无尽意，天水共晶莹。"

自从重庆有了电灯，重庆城的夜景更加明亮、更加好看。尤其是近二十年以来，重庆城进行了大规模的灯饰工程建设并不断地

更新升级，城市夜间扮得更加美丽。现在，每到夜晚，江上有张灯结彩、霓虹灯闪烁的游船，载着游客在江上穿梭。更有众多外地游人来到南山一棵树，观看难得一见的重庆夜景。面对重庆城艳丽的景色，人群中时不时要爆出一阵阵惊呼。他们把这满城灯火、两江霓虹、流光溢彩的城市，比作梦幻中的天上人间，久久不愿离去。

有游人对重庆城，也对重庆城的夜景赞叹不已，他写道：

银盘高悬，繁星闪烁，朗朗夜空，一朵白云轻轻飘过。

宽街窄巷，危城吊楼，三千年里，历史经城门洞穿过。

一门朝天，两江汇合，流光溢彩，灯火从江水里流过。

山上大城，水中闹市，满城霓虹，我们在梦幻中走过。

重庆的夜景，必将在未来的时候更加璀璨，"字水宵灯"，也因此会更加灿烂辉煌。

黄葛晚渡

这个龙门阵说的是，巴渝八景之五的"黄葛晚渡"，这一景也早已淡出了人们的视线。

要说这一景，必须要先说南城坪。南城坪在哪儿？南城坪就是南坪，现今南岸区的南坪，过石板坡长江大桥就到了。

南城坪是老早以前的叫法，这个叫法在宋朝时就有了，因为此地有一关隘，名"南平关"。《宋史·忠义张钰传》："大兵会重庆，驻佛图关，以一军驻南城，一军驻朱村坪，一军驻江上。"这南城就是南城坪，有南坪关。《读史方舆纪要》载："城南隔江有南平关。"明代熹宗天启元年，永宁宣抚使奢崇明反，攻重庆。石柱宣抚使女官秦良玉带兵救援。"良玉遣弟明屏，侄翼明等发兵四千，倍道兼行潜渡重庆，（扎）营南平关扼贼归路。"有关必有城，加上此地相对开阔、平坦，故叫南城坪。

明末清初的战乱，南岸这一带也十室九空，十分荒凉。清朝统一天下，人口逐渐恢复，后来才慢慢有了人家。一姓马的人家来到这里，在路边开了一间幺店子，人称马家店。所以到清末，这店还叫马家店。以后人家多了，形成了一个小场，为马家场。进入民国后，为巴县第三区的马家乡。因地处黄葛渡口附近，又是通往贵州云南的要道，巴县当局在1935年将马家店改了名，把以前的南城坪取掉一个城字，叫成了南坪场。

南坪坡坎下，就是长江的一个重要渡口黄葛渡（石板坡长江大桥南桥头下游一点就是原来的渡口。长江大桥的建成，使这一渡口失去了作用。南岸滨江路的建设，使这个渡口彻底地消失了），河对面就是重庆城的南纪门。

在巴渝八景之中，有"黄葛晚渡"一景。古人对这一景也有介绍：《蜀中名胜纪》说"涂山之足，有古黄葛树，其下有黄葛渡"。黄葛渡地处黄葛峡："黄葛峡在县西南，江面宽阔，中隔珊瑚坝，非如他峡之险。""南纪门外大江对岸南城坪有黄葛古树，偃盖渡傍。江横大洲曰珊瑚坝。舟子曲折行乃达彼岸。雨余月际，遥睇江烟苍茫间，舴艋往来，飘如一叶，亦佳趣也。"

对于"黄葛晚渡"，古人写有很多的诗来描述和赞颂。比如清乾隆进士罗式昭就这样写道："岷水东经黄葛渡，横江一叶畏人多，何如向晚登城望，似有鱼舠杂棹歌。"

最早吟诵"黄葛晚渡"的，是宋朝的余玠。余玠是理宗朝兵部侍郎、四川安抚制置使兼重庆知府。在元蒙兵攻击四川、重庆时，在他的主持下，四川各地开始筑城抗敌，兴建了如合川筑钓鱼城、江北多功城等十余座城。宋军凭借这些城堡有力地抵抗元蒙兵的进攻，使南宋朝方能艰难维持数十年。

余玠的题咏《黄葛晚渡》写道："龙门东去水和天，待渡行人暂息肩，自是晚来归兴急，江头争上夕阳船。"

清人张九镒描述"黄葛晚渡"说："江村图画中，夕阳半明灭，老树旁屈盘，垂荫几千尺。去棹破残霞，回帆挂新月，四顾但苍然，长啸江天碧。"

清道光重庆知府王梦庚也对"黄葛晚渡"作了描写，他写道："归鸦夕照衔，渐入平羌灭，黄葛覆江滨，断岸高千尺。忽惊清影浓，遥山上明月，咿哑柔橹声，长空天一碧。"

主讲东川书院的周开丰是康熙年间的举人，他吟诵"黄葛晚渡"，又是一番情趣，他说："渝江秋色老，野渡暮生寒，天水苍茫合，烟岚缥缈看。悄无人共语，似有艓横滩，极目层城上，风高更倚栏。"

巴县的父母官、乾隆年间的巴县知县王尔鉴对这"黄葛晚渡"也有一诗，他是这样说的："野渡沙洲晚，江寒古木幽。迷离无过客，仿佛有行舟。两岸苍烟合，长天碧水秋。乘槎者谁子，风送乱星流。"

也有无名人说"黄葛晚渡"："古树荫津渡，黄昏行客呼。暮色锁两岸，夕阳金波浮。渔歌自唱晚，钓客独下罟。江烟苍茫间，隔江看五福。"

黄葛渡是重庆城到南岸的重要渡口，也留下过不少的故事传说，比如金牛过江，等等。

黄葛渡的江对面就是南纪门，南纪门城外一度设有接官厅，以便云贵来往官员在此过河时，临时在此休息。河边以前也有几条街，其中有条宰房街，以宰牛羊为主，以供重庆城内民众食用。重庆火锅之毛肚火锅的由来，传说就与这条街有关。

至于江中的珊瑚坝，二十世纪二三十年代，川军总司令、四川省省长刘湘，相继在广阳坝、珊瑚坝修建了飞机场。有了珊瑚坝机场，南纪门外也因此有了个飞机码头的地名。但因为珊瑚坝海拔低，一到洪水季节，机场就要被淹，所以使用率不高。值得一提的一件事是，抗战时期的1938年12月18日，汪精卫出逃当汉奸，就是从这个机场上的飞机。重庆当年还修建了白市驿机场，九龙坡机场（现成渝铁路重庆南站）等机场。

海棠烟雨

"溪邃怜香国，山容映海棠。轻烟笼晓髻，细雨点新妆。绢秀宁工媚。幽清却善藏。每望望江屋，独立临苍茫。"这首诗是清朝乾隆年间的巴县知县王尔鉴写来赞美南岸海棠溪烟雨景色的诗。"海棠烟雨"，是老巴渝八景中的第六景。

说这一景，得先说海棠溪。

长江南岸的海棠溪，是南山下面的一条小溪沟。"太平门对岸，旧多海棠，烟雨之中，娟秀独绝。"王尔鉴在"海棠烟雨"一景的小记中介绍说："海棠溪在大江对岸涂洞下，左黄葛渡，右龙门浩。溪水出南坪山坞，沿壑带涧，曲折入江。江水涨时，兰桡轻棹，直溯溪源。两壁石崖秀削。溪边昔多海棠，骚人每觞咏其间。""相传壁有蜀汉徐庶诗刻，没灭不能读。""溪之右结为高阜，竹树阴森。""时当春晓将暾，淡烟微布，细雨如丝，溪流映带。其山娟秀，绰约如□姬十五，闲立于素绡帷中，含睇而笑。烟雨神情，此山为独擅也。"

海棠溪是条小溪沟，南山上的水汇入后，流到了山下的长江边，才渐渐宽了一些。枯水时不过一丈多宽，而到了长江涨水时节，江水倒灌，回水形成数十丈宽的"大河"。传说旧时小溪两岸种了很多海棠树，一到花开时节，碧水红花，煞是好看，故人称此小溪沟为海棠溪，这是海棠溪得名的一个说法。

又有传说，每年桃花水发，江水倒灌，"三五之夕，月光激射，江波喷发"，浑红的江水与碧绿的溪水相拥，形成朵朵海棠花状的浪花。引得文人墨客大发感慨，遂称此溪为海棠溪。这是海棠溪得名的另一个说法。

有诗人在城内眼望着满目苍翠的南山，眼望着山下那烟波浩渺的长江，那朦朦胧胧的海棠溪，很是神往，他写道："山腰官阁傍云栖，岚影江风入望齐。一勺泉流黄葛树，三间屋对海棠溪。"

清人乡贤周开丰对于海棠烟雨，有这样的描述："群山皆玉削，幽趣独棠溪。春暖舒微步，朝来觅小蹊。名山涵镜里，残月隐楼西。窈窕殊难肖，含情带雨啼。"

姜会照是四川奉节知县，每到重庆，都会关注巴渝八景，对海棠烟雨一景，他也有诗作："拂岸风来袭袂香，烟鬟雨髻女儿妆，溪山妖媚真如此，不枉嘉名是海棠。"

川东道台张九镒对巴渝八景都有赞诗，

他把"海棠烟雨"这一景，比作美人，他说："名山衬名花，绰约如美女，有时眉黛颦，垂绡坐红雨。写态不写神，山神讵我许。借山咏海棠，笑与少陵补。"

海棠溪及"海棠烟雨"，为文人墨客所赞美，也为平民布衣所关注，每到桃花水发，市民在踏青之余，也赶到海棠溪，观赏那状如海棠花的溪水。

海棠溪与大江汇合处，原有小船在溪上摆渡。过河过水，总不方便。到了清同治六年（1867年），地方乡绅出面募捐，修建了一座跨越海棠溪、长十丈的一孔石拱桥"通济桥"。有时大河水涨大了，这通济桥也会被淹没于水中，无法过这条小溪。

海棠溪也是重庆城重要的渡口之一。"出储奇、太平两门，渡江抵海棠溪，川、黔往来要道也。城中居民数万户，日需米薪杂物数百千石，亦多由此道贩运而来，以故伫立唤渡者，踵止相接。"因此这个渡口每天过往行人、货物很多。当时船只有限，过渡的人多了，划船的船大心就野了，想方设法弄钱。四文钱过河的，非十文不渡；免费的随身行李，也要收货钱；对过河的货物，更是巧立名目，收取额外船钱。而且这些船夫全然不顾过河

人的生命安全，船船超载。只能装十个人的，偏要装十五个。就连洪水季节，也超载不误，冒险航行，往往造成船毁人亡的事故。过往行人商贩个个叫苦连天，也有人向巴县衙门告状。清道光十四年（1834年），巴县知县杨需终于"大会绅耆，规设义渡"。

此时，巴县有一个廖姓乡绅，答应出资九千二百八十八两，后来增捐四千七百一十二两，凑成一万四千两。杨知县又将觉林寺恶僧所有罚没的部分三千八百余两，将这一总银两作为"基金"，购置木船三十六艘，设置义渡。又雇请船工，免费为过河行人商贩摆渡。过了一段时间，由于经费不足，后来官府规定，以二十艘船渡人，不收船费。十六艘载货船酌量收取过河钱。再后来，"略取渡资，以便行客"。规定过河人每人收取过河船钱四文。

廖姓的后人眼看先辈的义举被损害，因此向县、府、道反映，后来由都察院回复："海棠义渡，仍照旧章。"

到了民国，市长张必果要接收义渡，廖氏子孙据理力争，"呈请省府，以义渡成立，系人民自由捐资，市府接收，于理未合，省府当谕以管理之责仍由县绅，监督之权移归

市府,分明界划,可谓持平。讼争当有已时也"。事情就此了结。

二十世纪二十年代后期,地方当局购买蒸汽机轮船作为过江渡船,一时引起轰动。此后,机器船逐渐替代渡河木船,成为主要的过河船舶。

二十世纪三十年代,川黔公路修通,海棠溪开设了汽车轮渡。海棠溪码头作为川黔公路的起点,又成了重庆通往云贵的公路运输枢纽。原本人烟不多的南岸,因此繁荣起来。尤其是抗战爆发以后,国民政府迁都重庆,蒋介石以及一些政府部委搬到南岸南山、南泉等地,这海棠溪渡口就显得更为重要。川黔公路沿线,也成了迁建区。沿线一些居民点原来没有地名,为了联系方便,也以公路的里程碑代作地名的地名,如四公里、五公里等等,这些以公路里程碑为地名的地名,已经得到官方的认可,作为标准地名,一直用到现在。

海棠溪作为汽车及行人渡口,直到二十世纪八十年代初,石板坡长江大桥建成通车后,才结束其渡口码头的功能,完成其历史使命。

时光到了现在,南岸发生了翻天覆地的变化。随着城市的发展和建设,海棠溪这条溪沟逐渐被填,南滨路修好以后,海棠溪已不见踪影,只留下海棠溪这个地名,"海棠烟雨"这个老巴渝八景中的一景,也就完全消失了。

佛图夜雨

"君问归期未有期,巴山夜雨涨秋池。何当共剪西窗烛,却话巴山夜雨时。"这脍炙人口的诗是唐代大诗人李商隐写的,旅途中的作者在诗中表达了他缠绵的乡愁和对家人无限的眷恋之情。这首诗也描绘了川东的天气特点,就是多夜雨。特别是到了秋季,绵绵细雨下个不停,连绵数天。这雨,苦了劳作之人,却给文人墨客抒发情感提供了机会。

有人问,这李商隐的诗与佛图关有关?没有。与佛图关没关系,与夜雨寺也没有关系。先写出来,是个引子,引出个佛图夜雨来,而佛图夜雨历为巴渝八景中的第七景。

要说佛图夜雨,就要先说佛图关。

佛图关名的由来如下。因为关下岩石上有石刻佛像,故名佛图关。关上有仁清门、瑞丰门、泰安门、木洞门四道城门。后两道城门不常开,是闭门。佛图关又名浮图关,"地居高处,俯瞰山城如龟,仰望若天半然。夜半云雾四起，关若浮游两江间，因此清乾隆时又称浮图关"。

清乾隆巴县知县王尔鉴有诗题佛图关："凭眺古渝州，浮图最上头。四围青嶂合，三面大江流。破壁来清磬，凌云度壑舟。身轻无住著，俯仰信沉浮。"

佛图关建于何时？《巴县志》说："地极险要，建始不可考。"但是在三国蜀汉时期，蜀将李严却想在这里搞个大动作。他设了城垣，修了高三丈、宽一丈五尺的城墙。这还不算，他还准备把佛图关下鹅项颈开挖一个大缺缺，凿条大沟沟出来，把长江与嘉陵江的水连通起来。打算以两江为池（护城河），把江州城（今渝中区）弄成个孤岛。这事上报给了孔明，孔明觉得这厮心大，胆子也大。这些都不说，可那个工程实在太大，劳民又伤财，孔明就不同意，李严也只好作罢。据说在李子坝坡坎上，还留得有当年开沟打凿的痕迹。

佛图关是重庆三关之首关，历为军事要地，《巴县志》说佛图关"渝城三面抱江，陆路惟佛图关一线耳，壁立万仞，磴曲千层，两江虹束如带，实为咽喉扼要之区。佛图能守，全城可保无恙。关名石墙旧规宛在"。

王尔鉴对佛图关还有这样的描写："春风促马出城来，纵目佛图上九垓。江势曲随山势转，禅林高傍竹林开。雄关扼要吞吴楚，绣陌梯云群草莱。讵为耽幽恋灵境，踞崖览胜一徘徊。"佛图关之形胜可见一斑。

说了佛图关，现在来说夜雨。这夜雨并非诗中所说的夜雨，而是一块石头，这块石头就是夜雨石。

说的是关上有一块笋状的青石，天再怎么干旱，入夜后这块石头生凉，到了早晨，石头表面总是湿润的，颗颗露珠滚落石下，像是下过雨一样。石头下面有一个小坑，滴落的水珠汇集在小坑中，刚好得解关上人的口渴。

王尔鉴也有诗说这块石头："何处花霏雨，石灵露自生。江鼓云根动，山含夜气清。悬岩犹润竹，风动碎琼声。"

这夜雨石是怎么来的呢？这就有一个神话故事要说了。

传说有一年天旱，久不下雨，田里庄稼干死，关上竹木干枯，就连人们饮水也成了问题，要到关下数里以外找水，甚至到长江、嘉陵江去挑水。于是有人在关上烧香求雨，以后，求雨之人越来越多，祷告之声每天不绝于耳。

这一天，巫山女神要去昆仑山赴瑶池会，路过此地时，觉得有一股哀怨之气冲天而起。女神掐指一算，晓得旱魃受命正在这地方作怪。要解除旱象，还得要半个月。女神晓得天意不可违，但百姓实在可怜，不帮他们，女神良心上说不过去。心中一动，计上心来。

女神变成一个村妇，挎着竹篮走进了佛图关，来到求雨的人群面前。央求说，她是过路人，天气太热了，口渴难忍，请大家行个方便，给碗水喝。求雨人群中，有一位大嫂见村妇面色难看，似要中暑，忙转身带村妇来到家中，进屋端出半碗凉水，递给村妇。说一个多月了没有下雨，吃的水都是在嘉陵江里挑来的，就剩下这半碗了，要村妇不要客气，把水喝了。

村妇接过水碗，从怀里取出一个拇指大的玉瓶来，倒了一粒菜籽粒般大小的药丸入口中，这才端碗喝水。只见这村妇喝了一小口在嘴里，好像被呛着了，一口水又喷了出来，喷在路边的大石头上。村妇摇摇头，把碗递还给了大嫂。大嫂还要劝说，却眼前一花，村妇已不知去向。大嫂好生奇怪，只以为她走到哪里去了。寻了半天也寻不见，与众人说了，也不明所以。

第二天早上，大嫂出门，却发现路边的大石头好像被水淋过，湿的。石头之下的小坑，积满了一坑水，清澈透亮。她拿碗舀了一点水起来，尝了一下，甘美回甜。于是招呼街坊，将事情原委告诉了大家。众人得知，纷纷前来舀水解渴。这以后，每天都有一坑水供大家喝。有了这坑水，关上民众开始饮水无忧。大嫂这时才醒悟过来，那天来求水喝的村妇是神仙，是来帮助大家的女神。

因为这块石头在白天与其他石头一样，是干的。只有过了夜才出现水珠，就像天上下的雨，因此大家就把这块石头叫作夜雨石。

夜雨石的名声越来越大，传得也越来越远，每天来看夜雨石的人络绎不绝。这时有乡贤承头，集资建起了一座庙，以夜雨石之名，叫夜雨寺，供奉夜雨女神。有了这夜雨寺，看夜雨石的、上香的善男信女更多了，香火旺盛得不得了。一时间，这夜雨寺与城里的崇因寺、罗汉寺一样，成了重庆府的名刹。

可就在这个时候，却出了一件事，这事是"一守寺僧人，疑石下有至宝，凿坏无存矣"。让夜雨寺逐渐淡出了人们的视线。

原来修夜雨寺时，从外地来了一个和尚

挂单帮忙，寺建好以后，这和尚就留在寺里，做些杂事。哪想到这和尚六根不净，贪恋钱财，来这夜雨寺早有预谋。他以为这夜雨石中定有宝贝，想趁机盗宝。一天夜里，这和尚趁月黑风高，带上大铁锤来到夜雨石前，一阵乱锤，将石头打烂。和尚这才发现石头里面啥也没有，晓得遭了。这种事官府要追究，市民百姓要骂，一定会引起众怒。众怒难犯，还是三十六计，走为上计。于是这和尚连夜逃出佛图关，脱去僧衣隐姓埋名，从此不敢露面。

从此以后，关上连连出现树木枯萎、水井干涸的情况，佛图夜雨这一景观也就慢慢消失了。由夜雨石得名的夜雨寺，香火也就冷落了下来。

夜雨寺此后由于年久失修，多有破损。尤其是在二十世纪二十年代，四川军阀混战，寺庙大半被毁。三重大殿的前两重都毁于战火，最后一重大殿直到二十世纪八十年代尚有遗迹。

抗战时期，国民政府在佛图关办了一个中央训练团，培训军地中级以上官员，称佛图关中训团。来参训的各地官员都有，口音、见识、习俗、观念都不相同，难免生出些事端，闹出很多笑话来。重庆市民天生幽默，说"佛图关，糊涂官，佛图关训练糊涂官"。蒋介石后来听到了大为光火，下令把佛图关改称"复兴关"，解放以后又才恢复叫佛图关。

现佛图关职业中学一带，大概就是当年夜雨寺的位置。

歌乐灵音

"歌乐灵音"是巴渝八景中的第八景。"歌乐灵音"的出处，就是歌乐山。

一提到歌乐山，可能很多人马上就想到歌乐山烈士陵园，想到渣滓洞、白公馆，想到江姐、许云峰、小萝卜头。本文暂不写这些，只说关于歌乐山的来历，以及"歌乐灵音"的神话传说。

歌乐山的来历和"歌乐灵音"有好几种说法，主要的，有天籁说、有岩石说、有风铃说、有神话说。

《华阳国志》上说："相传秦李冰子二郎佐父导水，驻跸此山上，乐作如闻钧天之音，故名歌乐。"清《巴县志》志载："山崇五里，层岭密树，松杉翳日，清风倏来则万籁齐鸣，胜于鼓乐。"又云："登其巅、两江九门，宛在眉睫。响传歌乐，松泛清涛，风动谷应，松抛山面千里翠。""歌乐山群峰耸秀，松桧参天，风雨过之，如闻万籁。"这是歌乐灵音的一种说法。

清乾隆巴县知县王尔鉴赞叹这"歌乐灵音"时说：

"山回清音远，聿谁弄管弦。崖鸣风度壑，松韵雨霏天。迢迢吹笙客，俨来御鹤仙。昔曾赓雅调，云顶响流泉。"

明代时期，民众信佛，当地乡贤因此劝募集资，在歌乐山修建云顶寺。建寺过程中需要大量石头，用来打地基、做堡坎、铺梯坎、当柱石。采石工人在开采石料的过程中，突然发现石塘口的一面岩石上，有两块纹路奇怪的石头：一块像一只锅，另一块又像一面铜锣。于是就将这两块石头叫作石锅、石锣。后又各取一个字，叫锅锣石，石塘口这座山，就叫锅锣山。这又是一种说法。

这云顶寺建成以后，大殿屋顶飞檐四角上，各悬挂了一十二只铜铃。山风阵阵，吹动铜铃叮当悦耳，伴随松涛宛如仙乐。炎夏时节，附近人家常到此避暑聆听。这也有了锅锣铃音的这一种说法。

神话传说的歌乐山和"歌乐灵音"，是这样说的。

歌乐山，最早却叫葛萝山。古代，这一带山高林密，人烟稀少，野物众多。山林中，葛麻、松萝到处都是，这些藤藤网网，却给人们的劳作带来不少困难。上山打猎的猎人、砍柴的樵子，在这里付出的力气要比其他地方都多，于是就把这山叫成葛萝山。意思是说这里葛藤太多，打个兔子、砍挑柴火都困难。

传说很早很早以前，每天午时和子夜，山下罗家村的人都会听到山上传来弹琴声。这琴声宛如天上的仙乐，让人们听得如痴如醉。于是大家循声上山寻找弹琴之人，但往往一到山上，琴声就没了。人们反复寻找，都无功而返。

这一天中午，山上琴声又起。大家皆因多次寻找无果，不想再上山了。这时一个年轻小伙站了出来，说愿意单独上山寻找弹琴之人，并拜他为师。这人叫罗乐，是罗大娘的独生儿子，人聪明能干，又吹得一口好箫。罗乐说，这山上弹琴之人，我一定要找到，我要跟他学弹琴。如果我回不来，就有劳请乡亲父老帮忙照看一下母亲。说完就上山了。

罗乐循声上得山来，琴声已经停下来了，只有山风松涛之声。可这种声音让罗乐听来，就是天乐一般。罗乐在山前山后仔细寻找，不见人家，不见人迹。天黑了，罗乐仍然在山上寻找。半夜时分，琴声又响了起来。罗乐循声找去，终于找到一个山洞，琴声从洞里传出来。

罗乐轻轻走进山洞，借着星光，隐约看到洞内有一张石案，一位女子坐在案后，面对着洞口专注地弹着琴。石案前燃着一柱檀香，火星时明时暗，香气袭人。

罗乐是懂礼貌的人，他在香火中见到这是一个美丽姑娘，不敢唐突，慢慢退出石洞，坐在洞外聆听这姑娘弹的琴声。这琴声时而高亢明快，让人手舞足蹈，时而低沉缓慢，如倾如述，让人沉醉。慢慢地，罗乐情不自禁从腰间抽出竹箫，和着琴声吹了起来。

箫声在夜空中飘荡，而琴声已经停了下来。洞中的姑娘走了出来，站在罗乐身后不远处，静静地看着罗乐，听着这动人的箫声。罗乐一直吹着，根本没有注意琴声停了，也没注意有人站在身后。罗乐吹啊吹，直到吹尽兴了，才停了下来。这时，他才发觉琴声没了。转身想看洞口，却发现姑娘站在身后，不由得很是不安，连忙施礼道歉。

罗乐施礼说："我叫罗乐，是山下罗家村的人。上山来，是寻找师傅学琴的。不想在这里冲撞了姑娘，实在不好意思，请姑娘恕不知之罪。"

姑娘听后，笑了笑，说："你上山找我学琴，我早已知晓，何来冲撞？却不知罗公子的箫吹得如此之好。刚才的箫琴合奏，使我大功告成。况且，你能见到我，也是你我有这个缘分。不过，这个缘分也就是这一面之缘。罗公子，实话给你说，我是这葛萝山的葛萝仙子。百花姐妹们相约各修炼一种乐器，以便在王母娘娘的蟠桃会上演奏，为王母娘娘助兴。本来，我还得数月才能修炼成功，不想你的箫声与我的琴声一和，让我突然开窍，一通百通。此时我琴已练成，就将离去。念你我的这一面之缘，我把这首乐谱留给你。你放心，我已施法将琴谱与你的箫声和过，已融入箫声中了。今后你吹此曲，必然会引人入胜，让人视之为天乐。"

罗乐听仙子这一说，心中不免感叹不已。想自己一介凡夫，却与仙子有一面之缘，且学会天乐，是自己造化不浅。但见仙姑如此美貌，仅此一面就天人之隔，难免有些恋恋不舍，却又无可奈何。只好问道："仙姑所赠琴谱，可有名目？"

仙姑笑了笑，说道："我是葛仙用琴，你

是罗乐吹箫，就各取一字，叫葛罗好了。琴箫合奏，当是天籁之灵音，我看就叫葛罗灵音吧。"说完，长袖一挥，身体冉冉升起，倏然不见。

天亮后，罗乐下了山，见到众乡亲，竟已过了三年。众人听说罗乐遇仙之事，纷纷称奇。在众人要求之下，罗乐吹了一曲葛罗灵音，众人听得不知不觉就随歌起舞，愉悦之情难于言表。

以后，众人就把山叫作葛罗山，就有了葛罗灵音一说。

对于歌乐灵音，历来有很多民间传说，文人墨客也有不少题咏。曾任四川奉节知县的姜会照，游过歌乐山后，写下这样的诗句："万树松篁振响遥，一天风雨奏箫韶。红牙紫玉谁相虐，自有清音破寂寥。"乡贤周开丰对于歌乐灵音这一景，也有他的见解："兹山深莫测，度越众香林。天乐传虚梦，真灵奏妙音。瑟从湘浦汛，句向蕊珠吟。未读王乔赋，谁探造化心。"

要逐一说下去，一时半会儿也说不完。到了今天，歌乐灵音已经被其他新的景色替代，但过去的东西，却会给我们留下一丝痕迹，让我们怀念。

也说牌坊

　　牌坊，按汉语词典的解释是，牌楼形状的建筑式样，旧时朝廷为表彰忠、孝、节、义的人物而设立。

　　中国自古以来，对于忠臣义士、贞妇烈女、善良孝顺之人，都有表彰。如今日，有模范、有英雄、有先进。对他们的事迹，通过报纸、无线网络、电视等方式对外宣传，做到家喻户晓。旧时没有这些，只有靠建牌坊、立石碑来宣扬。如某某人是孝子、是贞节烈女，乡邻觉得应该表彰，就逐级举荐。地方县、州、府当局审核后，再向省级督、抚推荐，报朝廷表彰。皇帝圣批同意后，各地奉旨颁布表彰。为了让更多民众知晓，牌坊都建立在本地主要的大路、街道、场口上。牌坊一般都是四柱三门冲天式牌楼式建筑，多以石材为主要建筑材料，也有用木料来建的。牌坊有高，也有低。牌楼上刻有花鸟鱼虫、人物故事等浮雕。正面楼刻有表彰何人、事迹等，上檐有雕花牌匾，上书"圣旨"。两侧有牌坊奉旨年号、执行者等记载。四柱上，一般都有当地官绅名流为被表彰人题写的称颂对联。牌坊是最高一级的表彰形式，因为有皇帝的圣旨，故来往官员过此牌坊，都得文官下轿、武官下马，步行而过，否则就是对皇帝的大不敬。次一级的，也有奉旨立石碑表彰的，石碑也立于大道旁边，让人知晓。也有的石碑，不是奉旨建立的，而是由地方官府或是乡绅，为某人孝道、贞节、德政、仁义而立的碑。

牌坊全国各地都有，重庆亦然。重庆牌坊很多，《巴县志》载：牌坊"属官吏、功名者四十一坊；贞孝者六十九坊；长寿者四坊；德政者五坊。共计一百一十九坊，大都毁坏无存"。比如现在的解放东路太平门至解放西路金紫门一带，就曾有一牌坊、二牌坊、三牌坊、四牌坊、段牌坊等。这些牌坊，为了牢固，就是以石头建成的。但也有用木料建造成的，比如在今沧白路口一带，就曾有木制的牌坊一座，称为木牌坊。

今天的重庆，叫作牌坊的地名仍然有几个，一个叫新牌坊。旧时，在通往江北县人和场的大路上，有数座石牌坊。新牌坊是清代末期兴建的一座，为区别以前的牌坊，故取名新牌坊。后来，新牌坊成了地名，成了一个生产大队（村）的驻地，也少为人知。

在汉渝公路上，也不过是路边的一个院子而已。但二十世纪九十年代，在新牌坊附近，原五一水库周边，开始开发建设龙湖商住楼盘，新牌坊渐有名气。今天，位于今渝北区龙溪街道的新牌坊地区，众多的大型超市、高档饭店、宾馆，大小商铺林立。周围有众多市级机关单位，也有龙湖、嘉州城市花园等高档住宅社区，是重庆主城北部主要的商业繁华地区。

还有一个牌坊集中的地方在佛图关前后东大路沿线，据说有旧时牌坊二十余座。在今天的大坪。大路上连续建有七座牌坊，这里也叫成了七牌坊。清同治九年（1870年），川东兵备道台为姚觐元。姚觐元是浙江归安人，到重庆上任后，为振兴文教而不遗余力。他既劝农民种植桑树，教农民养蚕，又办缫丝厂，以增加农民收入。后来乡民为感谢姚道台的德政，将佛图关叫作姚公场。姚公场后来改称姚公乡，直到二十世纪三十年代中期。姚公乡管辖的范围包括大坪、化龙桥一带，七牌坊也属于姚公乡的范围。有朋友说，七牌坊是成渝东大路的第一个驿站。其实应该不是。一则《巴县志》上未记载，二则七牌坊离城不远，更在佛图关下，府县衙门不可能在此设立驿站、铺递之类的官办驿传机构。直到抗战以前，大坪七牌坊居民也很少，连幺店子都没两家。

据说七牌坊原有九座牌坊，都是清代后期所立，抗战时期因为日军轰炸毁坏了两座，后来又损坏了一些，五六十年代又毁坏一些。六十年代以后，牌坊全部没有了，只留下"七牌坊"这个地名。有老人当年见过这七座牌坊，曾抄录过牌坊上的文字，如对联等。老人说，牌坊上的字有些风化了、毁坏了；有的年月看不见了，有些对联的作者是谁，已经无法看清楚，就统叫无名者。这七座牌坊，有五座是表彰节孝的：余氏节孝坊、韩氏节孝坊、徐氏节孝坊、刘氏节孝坊、杨氏节孝坊。一座表彰善良乐于助人的：金陶氏乐施坊。一座长寿坊：淡氏百岁坊。这些牌坊每座都有多副对联，摘抄如下：

一、清光绪十四年（1888年）奉旨建立的旌表诰封奉政大夫陶民贤妻余氏节孝坊，由无名者题联："起北海波，有如古井；伐南山木，寿此贞珉。"

二、清光绪三十四年（1908年）建立的旌表邑处士李文芳妻韩氏节孝坊，无名者题联："苦节而甘，五十年黄鹄兴歌，化为燕誉；

坤贞者吉，二千石丹毫挥洒，恭纪鸾纶。"

三、清宣统三年（1911年）建立的邑处士陶庶咸妻徐氏节孝坊，巴县知县、知重庆府事耿葆奎题联："恨事不可复思，一千里外夷陵，之死之生，指江水盟心，千秋此石；皇天所以报德，二十年来苦节，哭夫哭子，倚威姑为命，寸草春晖。"

四、清光绪二十四年（1898年）建立的旌表朝议大夫陈坤麟妻余氏节孝坊，四川提学使吴庆坻题联："女史守遗箴，纶綍初颁，苦节远同巴烈妇；士林戴嘉惠，瓣香遥祝，芳名齐拜鲁诸生。"

五、清同治七年（1868年）建立的旌表节孝尹朝纲杨氏节孝坊，知县杨史清题联："纶音自天上颁来，守节全贞，大为泉台光面目；坊表由闺中办出，扶纲植纪，合将巾帼愧须眉。"

六、清光绪十三年（1887年）建立的诰封二品夫人巴职妇金陶氏乐施坊，无名氏题联："处金贵义贱之时，闻盛举，佐高资，是诚宜远赉纶音，式矜坊表；际道衰伦灭而后，以富媚，全苦节，也算得助扶正气，力挽颓风。"

七、巴邑处士石如意之妻淡氏百岁坊：无名氏题联："东郡婺星辉，百岁芳型矜寿母；

北堂萱草茂，六朝人瑞表期颐。"

这七座牌坊，有三座为官员之妻的牌坊，三座为处士之妻的牌坊。处士，是隐居在地方上、有才德而不愿做官的人，和读过书、有一定功名的人。多是官绅人家，一般百姓是没有资格称为处士的。

城内有三四十座牌坊，其中有一座叫榜眼牌坊，它的由来是这样的：明清科举考试中最高一级考试叫会试，举人参加考试后，被录取了就是贡士。在这之后的又一次考试，就是廷试，也叫殿试，是由皇帝在金銮殿亲自主持的考试。由皇帝钦点的第一名为状元，第二名是榜眼，第三名叫探花。榜眼牌坊，是为了表彰榜眼刘春而立。

牌坊立在文庙（临江门内重庆市第二十九中学）左侧。榜眼牌坊建于明朝万历年间。经过三四百年后，清朝道光年间，重庆府文庙修缮时，也将牌坊拆了重建。辛亥革命以后，因年久失修，才拆除了，但基座还在。有故老曾说，当年他看见过，牌坊挨着来龙巷不远。牌坊是没有了，但民众习惯上仍然叫那里为榜眼牌坊。直到重庆建市，开辟马路，榜眼牌坊的基座彻底消失，榜眼牌坊这一地名，才慢慢在民众心里淡化。

刘春祖籍在湖广兴国（今湖北阳新）。元朝末年，刘家迁入四川，定居巴县的柳市里。"里"为当时一级地方组织，柳市里即今日的华岩镇，旧时叫冷水场、冷水垭、人和场。刘春出自书香门第，官宦家庭。他的父亲刘规，是明朝宪宗成化五年（1469年）进士。曾经当过御使、山东巡按。刘春是明成化十九年（1483年）四川乡试第一名的解元，是为五魁之首。过了四年，明成化二十三年（1487年）春，刘春进京参加会试，三榜有名。参加殿试，廷对为第二名，被钦点为榜眼，很快被授予翰林院编修。明弘治年历任修撰、左春坊、左谕德、翰林院侍讲学士。明正德年间，历掌院事、吏部右侍郎、吏部左侍郎、礼部尚书等官。后又以兼学士入东阁管理诰敕等事。六十二岁生病，经医治无效去世，逝后被追封为太子太保。

在明代，刘春一家是人才辈出。古代，虽说朝廷三年一考以选人才，但全国地方那么大，府县那么多，参考的举子也不少，要考中状元，也不是那么容易的事情。在宋代，巴县传下来的，只有冯时行、蒲国宝两个状元。到了明朝，整个四川全省只出了新都的杨慎一个状元。刘春点为榜眼，已经是非常不容易的了。到清朝一代，四川全省也只有资中的骆成骧一个状元。巴县有过两爷子同榜中举，也有叔侄先后中举的。但刘春一家，举人就不说了，光进士就有好几个。

刘春中的是进士，廷对是第二名榜眼。他的父亲刘规是进士。刘春的弟弟刘台，是弘治五年（1492年）四川省乡试中第一名解元，同他哥一样，也是魁首。刘台是弘治九年（1496年）进士，当过广东提学。刘春的儿子刘彭年，正德九年（1514年）进士。刘春的哥哥刘相的儿子刘鹤年，是正德三年（1508年）进士。刘春的孙子刘起宗，是嘉靖十七年（1538年）进士。刘起蒙，是嘉靖三十二年（1553年）进士。刘鹤年的孙子刘世曾，是嘉靖四十一年（1562年）进士。刘起宗的儿子刘世赏，是隆庆二年（1568年）进士。

刘春刘台相隔几年都成了进士，这得到了地方贤达和乡邻的称赞。有好友杨廷和写诗赞扬刘春刘台说："君家兄弟好文章，经学渊源有义方。夺锦两刊乡试录，凌云双立解元坊。大苏气节古来少，小宋才名天下香。从此圣朝添故事，巴山草木也生光。"解元，是说二刘都是乡试中的第一名，元是第一的意思。

就是刘春的父亲，在刘春点为榜眼后，也写诗赞颂并给予很高的期望。诗中说："吾年廿五以生汝，今汝离怀廿五年。对策御阶夸独步，传胪金殿喜争先。皋夔事业诸书载，周召勋名万古传。寄语汝曹力珍重，寸心期不负苍天。"

在下半城，牌坊相对较多。从重庆府衙算起往西，陆续建有五座牌坊。依先后顺序，有一牌坊、二牌坊、三牌坊、四牌坊、断牌坊。这些是牌坊，也是以牌坊取名的街。一到四牌坊排到今储奇门十字路口，第五座牌坊建在储奇门十字以西，与前四座断开了，使五座牌坊分成了两段。因此将这第五座牌坊称为断牌坊，也称段牌坊。重庆建市，开辟马路，从状元桥直至菜园坝，修建起南区干路。牌坊挡路，就拆了，但地名仍在。抗战期间，为了纪念国民政府主席林森，将状元桥到南纪门这一段改称为林森路。但这条路较长，人们习惯上还是叫原来的街名，1946年版《重庆城地图》在林森路内，仍标出了以牌坊命名的各段街名。

解放以后，这些以牌坊命名的街改称解放东路和解放西路。一至四牌坊属今解放东路，断牌坊属解放西路。

看不见的古桥

　　东水门大桥通车了，南岸渝中又多了一座过江大桥。据说在国庆前后，连接渝中江北的千厮门大桥也要开通。重庆是桥都，桥建得多，小桥不算，单是在长江、嘉陵江的过江大桥，在主城这个圈子里面，也有十多二十座。这些桥，形状各异，千姿百态、雄伟大气。看到这些大桥，我们不由得感慨万分，我们的建桥工人真伟大啊。

　　今天说桥，不是说这些大桥，只说我们重庆城古时候曾经有过的、留下过名字的著名小桥。这些小桥早已经看不到了，甚至有的到了现在，连名字也没有了。有人问，说这些有什么用？没有用。只是想让我们晓得，当年城里有些什么桥。有人可能要问了，重庆老城建在山坡上的，没溪没河的，建什么桥？问得对。重庆城是建在山坡上，山上确实没有溪河，建什么桥？不过且慢，没有溪河，倒有山沟。山坡上有人，人要吃水用水，用过的水往哪里倒？往沟沟里面呀。天要下雨，雨水往哪里流？往沟沟里面呀。流水的沟沟，没有水，可以走过去。可是下了雨，水沟里有流水，怎么过？总得搭个板板嘛，这就是桥呀。重庆城内有很多条水沟，人们生活用过的水、雨水都进水沟里，汇入两江。这些水沟多是明沟即阳沟，比如后来的大阳沟。

要说的第一座桥，叫会仙桥。会仙桥在民族路，历来是商业繁华之地，名气大。抗战时期有皇后舞厅、心心咖啡馆，更使会仙桥声名远扬。早些时间不说，就上到了二十世纪八十年代，一路电车从交电公司（新世纪）站开过来，在解放碑下绕一圈，到会仙桥停下，这个站就叫会仙桥站。后来拆了民族路餐厅（以前的皇后舞厅），修了一座当年城里最高的楼，有50多米高，叫会仙楼宾馆。会仙楼拆了，却修了一幢目前重庆最高的楼——300多米高的环球金融中心。为什么叫会仙桥？以前已经有帖子说过了，现在不说。会仙桥是个什么样子？我没有看到过，但有人看到过，况且书上也有介绍。

家父曾给我聊过会仙桥。他说，他师爷当年家住在江家巷，每天都要经过会仙桥。会仙桥这条水沟，水是从袁家十字（今五一路、邹容路交会一带）流下来的。流水经香水桥（今临江路与沧白路交会一带），从洪崖洞流入嘉陵江。为了过沟方便，地方就集资修了一座小石拱桥，横在水沟上。水沟不过丈把宽，所以拱桥的拱也不高，每边上桥只有三步梯坎，所以叫上三步、下三步。过去有民谣唱道："上三步来下三步，桥边有座冷酒铺。""上三步来下三步，桥头有间油腊铺。"都说的是这会仙桥。师爷路过会仙桥，常常到冷酒馆坐一下，喝一个单碗才走。这里的沙炒胡豆、沙炒花生，又香又脆，吃起来化渣。酒也好，是江北水土沱的高粱酒。二十年代后期重庆建市，要开辟马路，就把水沟加了个盖盖，做成了阴沟。会仙桥也就拆了，变成了马路，不过会仙桥的名字却留了下来。

又一个是状元桥。状元桥在今道门口附近，解放东路上。道门口与解放东路之间，公路从北往南，到了道门口转向东，然后转南，接连两个拐拐，状元桥就在后一个拐拐处。又为何取名状元桥？在宋朝时，有两个巴县人先后中了状元。一个是冯时行，巴县梁滩坝（今北碚歇马镇）人，北宋徽宗宣和六年（1124年）殿试，获一甲第一名，就是状元。其故里后来被命名为状元乡，"状元乡"三字刻在一块石碑上，立于路旁。今在北碚至青木关的公路上，仍有状元碑车站之名。另一个是蒲国宝，巴县鹿角场人，南宋绍兴八年恩科状元。为了纪念这两位本县状元，巴县地方上筹款建了一座石拱桥，取名状元桥。桥有三孔，横在从长安寺、打铁街（今新华路索道站靠小什字一段）流下来的水沟上。重庆建市，开辟马路，状元桥一段地势低一些，为了保持马路平整，就要抬高路面，因此，状元桥就被埋在了马路之下。据说此桥前两年还有人看到过，展示过图片。现在解放东路包括状元桥一带很快就要拆除，如果碰巧，老房子拆了以后，状元桥还能重见天日。

还有一座桥在较场坝（今较场口得意世界）上，叫落魂桥。这座桥不是建在水沟上，而是建在马道上。什么是马道呢？冷兵器时代，兵士们用刀用枪（矛）、用弓用箭。步军练习刀刀枪枪，可以单练，也可作对厮杀，马军练习就得骑在马上，跑着练习。步马军在一起练，难免有冲突，容易发生事故。因此在较场周围，根据地势、地形挖了一条沟，叫马道。沟壁边上立着各式箭靶，马军用来练习骑马射箭。这样步军在坝子上，马军在沟里，互不干扰。马军中有箭术优秀的人，常常在跑马射箭练习中屡屡射中靶心。看热闹的民众都惊叹这人箭法高超，是箭箭落魂、百步穿杨的神箭手。因此，有好事的人，把马道沟上的人行桥叫作落魂桥。后来马道被填，修起了房屋，有了街巷，桥这地方还叫落魂桥。街坊们觉得这不好听，更不吉利，就取落魂桥三字的谐音叫成落虹桥。落虹桥这名字直到二十世纪二三十年代还存在，所处的街巷叫老衣服街。不过，得意世界已经建成数年，之前，较场这一片的老街巷也全部拆除了，落虹桥，是再也看不到了。

蹇家桥（简家桥）。蹇家桥是以明代"天官"蹇义之姓氏命名，在今五四路。巴县人蹇瑢，明朝洪武十八年（1385年）的进士，授中书舍人。有一天，朱元璋问他，是不是前人蹇叔的后代？蹇瑢诚恳地回答说，不是。皇帝朱元璋见其忠诚，赐蹇瑢名"义"。并且亲手写了一个"义"字交给蹇瑢，自此蹇瑢改名蹇义。在朱元璋身边工作了三年以后，按规定应该调动到另一个岗位。可是朱元璋说了，蹇义这个人用惯了，好使，再用几年。因此更加宠幸蹇义，天天召蹇义议事。惠帝继位后，按他的意思，破格升蹇义为吏部右侍郎。燕王起兵，蹇义迎接燕王入南京，被升为吏部左侍郎。没过几个月，又升为吏部尚书。到了明宣宗即位，更是恩惠有加，一是赐免死金牌。许诺蹇义本人若犯了死罪，可以免除死刑两次，其子孙犯了死罪，也可以免去死刑一次。二是赐建府第，宣宗亲自为蹇义绘图，在北京赐建了一座府第，让蹇义居住。这还不算，又赐他在老家巴县城修建了一座府第。特许用王爵规格，建厂烧制专用砖瓦。还亲笔书写中堂匾额"一个臣"，门联"祈天永命天官府；与国休戚国老家"。巴县城通远门内的天官府，就因这门联而得名。而今，天官府街仍在。

在这以后，纪念蹇天官的街道地名还有：天官街，今邹容路，八一路与邹容路交会一带；蹇家巷，在下半城三牌坊，今解放东路靠储奇门附近一带。蹇家桥，在今五四路。蹇家桥一头接来龙巷、鸡街，一头接戴家巷。抗战时期，日本飞机轰炸重庆。1939 年 5 月 3 日、5 月 4 日，日本飞机连续轰炸重庆城，今解放碑一带损失惨重，房屋、街道基本被炸毁。1940 年，蹇家桥、鸡街这几条街重建完工。为让国人不忘日本强盗的罪行，不忘国耻，当局把蹇家桥、鸡街合并为一条街，命名为五四路。解放以后，在五四路口修建电影公司大楼，挖地基时，挖出了一座残破的小石桥，按位置看，可能就是蹇家桥。

九块桥。旧重庆城最高处为五福宫，这一带的水流入一条水沟，这条叫五福宫水沟。水经火药局、九块桥流进凤凰台大沟，汇入长江。何为九块桥？因为这桥架在水沟之上，桥又是一条街，桥面是由九块长方形的大石板铺成，因此叫九块桥。九块桥是今天的马蹄街的一段，以前这一段中还有八块桥、四块桥并由此命名的街巷。八十年代，这一地区的街巷进行维修和扩建，用了大量的混凝土路板，原来的石板就埋在了下面，看不见了。

板板桥。板板桥在十八梯，横接在十八梯上。关帝庙街（今民权路）水沟，往十八梯下接瞿家沟，汇入响水桥大沟，入长江。板板桥的这条水沟上有一座小桥。为何叫板板桥？很简单，这条水沟上，有人用长条形的石板搭在水沟上，就成了板板桥。抗战中，面对日本飞机的大轰炸，十八梯这一带也没幸免。后来恢复重建了板板桥。再说菜园坝的桥。菜园坝，包括南纪门河边至兜子背河边这一带，背靠山坡，面临长江。坡上水往下流，就形成了多条水沟，虽说水沟不宽，也不长，但对行人来说，过条沟沟也有点费事。因此这一带的"板板"桥就多，而且有的以桥为街，当成了街名。

太平桥。在菜园坝滥泥湾，就是今天的长滨路珊瑚公园靠长途汽车站一带。据老人们说，当年这一带河坝，多是种菜的菜园子，没有几户人户。河坝上有从枇杷山流水下来冲出的水沟。到了热天洪水季节，一涨水，河坝被淹。退水后水沟里全是潮泥，表面上看，平平顺顺、光光生生的，却不想下面却有一沟烂泥巴。懂的人，绕道走，找人家踩过的地方走。初来乍到的人要过沟，不懂，一脚下去，常常被陷在潮泥里头拔不出脚来。于是有做善事的人，承头筹款修了一座平桥。桥是平桥，用了两块一丈多长的石板，搭在水沟上。有了这座五六尺宽的石板桥，进出南纪门就方便了，也安全了，因此取名为太平桥。以后，滥泥湾一带，也有了住家户，有了街巷，也依桥名。房子越建越多，屋基地就不够了。于是就有人把沟盖了，建起了房屋。慢慢地沟也堵塞了，不起作用，就把沟全部填埋。桥没有了，变成了路，但太平桥街却留了下来。再后来，街巷更多了，也依太平桥之名，取名太平桥正街、太平桥后街、太平桥河街。滥泥湾后来并入了珊瑚湾，长江滨江路修建，珊瑚湾这一片全部拆除。除了菜园坝有太平桥外，在临江门外，也曾有一座石拱桥叫太平桥，也叫太平桥街，位置大约在今一号桥的下一带。临江门、一号桥后来进行了大规模的旧城改造，已没有了丁点旧城遗迹。

菜园坝还有一座桥叫天星桥，位置大约在原铅笔厂一带，今菜园坝小商品市场。街道也命名为天星桥正街、天星桥后街，后来并入菜园坝正街。随着菜袁路的修建，江边建起了小商品市场、水果市场、皮革市场。菜园坝正街、铅笔厂、丝厂巷，都已拆除，菜园坝发生了翻天覆地的变化。

黄荆桥。黄荆桥在通远门内，石板搭在水沟上，因为桥边有一根黄荆树，所以取名黄荆桥。后来有了街巷，桥两头的街就叫成了黄荆桥街。黄荆桥街北与铜鼓台街、存心堂、潘家沟相连，南面接棉花街通走马街（今和平路）。因千厮门内也有棉花街，所以改名为棉絮街。旧城改造时，这一片大多拆除，建成了住宅区和日月光广场商业中心。

过去名楼

　　一说名楼，有人就想到今天会仙桥那里的环球金融大厦，据说有三百多米高。有人又要说，人家说的是旧时的重庆，那肯定是小什字的美丰银行大楼，当年这座楼可是出了名的。就连 1949 年 9 月 2 日朝天门那场大火（1949 年 9 月 2 日，下午三点多钟，陕西路赣江街 17 号一家油腊铺突然起火，大火迅速蔓延。从东水门往北烧到朝天门，从陕西街烧到千厮门，这一大片地区成了火海。经过 17 个小时的扑救，火势才被控制。这场火灾，使 37 条街巷、7 所学校、33 家银行网点、11 个机关单位、21 个货栈仓库、9600 余家住户被烧毁，4 万多人受灾，烧死烧伤 15000 余人，史称九二火灾）也没有把它烧垮。笔者说，都对。重庆城在各个历史时期，都有一些有代表性的著名楼房。不过笔者说的过去的名楼，是已经见不到了的名楼。

　　首先要说的是华光楼。华光楼在哪里？在重庆城今天最繁华的商业中心解放碑。再具体一点，就是今天五四路与民族路交叉点，基本上就是现今民族路的街上了。华光楼街横在今民族路中间，一头接鸡街（五四路），一头接大阳沟。当年上、下都邮街与会仙桥不是今天这样直的，是错开了的，是些弯弯拐拐。二十世纪三十年代，抗战爆发。日本飞机对重庆进行了长期的轰炸，今解放碑一带毁坏严重。四十年代初，当局为提振士气、坚定抗战决心、改善后方交通，把已经炸成废墟的今解放碑一带马路加以修复改建。这次改建，把上、下都邮街，会仙桥拉直，成了直街。这一改，华光楼就在马路中间，挡了道，因此只好拆除了残存部分，至此，华光楼消失。

华光楼最迟也是建于明代，因为在明代编的巴县城的坊、厢、街道表中，有一个忠孝坊。忠孝坊中，就有鸡街、会仙桥，华光楼也列在其中。华光楼是座什么楼？说是楼，其实是座庙，所以又叫华光庙。

华光庙规模不算小，但不是佛寺，不是道观，也不供孔夫子，不供忠义节孝，更不是洋教的教堂。那到底是个什么？是个麻麻杂杂的杂神庙子。按当年的说法，这华光庙是不正规、不正统的，是淫祠、淫祀。所谓淫祠，就是不该设而滥设的庙子。所谓淫祀，就是不该祭祀的，你去祭祀了。"非其所祭而祭之，名曰'淫祀'，淫祀无福！"说的就是求这种庙里的神，是没有用的。

庙子是个杂神庙，里面供的也是杂神，叫华光大帝。华光大帝这个神，据说与道家的五显神、五通神有点关系。可这五通神又是与奇谈怪论联系在一起的，官府历来对这个五通神不大感冒，因而对华光庙的活动多不予支持。清康熙年间，曾有人上奏朝廷，要求捣毁五通庙。

再说丰瑞楼。丰瑞楼又在哪里？今天太平门内，今四方街附近。当年重庆府衙就设于此地。丰瑞楼是座什么楼？是谯楼，就是城内用来计时报时的场所。

旧时为了计算时间，最先是根据太阳、月亮、星辰的相对位置估算。后来白天用上了日晷台，日晷台有一基座，平面上划有刻度，中心直立一根尖头指针。太阳光照在日晷台针尖，根据阴影在刻度的长短来计算时间。（文化宫以前有一座日晷台，是用汉白玉做成，很精致的。当然不是用来计时，而是展现一种古代科技文明。"文革"中有一些损坏。七十年代后期，在那儿要建一个鲁迅先生的雕像，就拆了。部件拆下来放在老图书馆旁边。后来文化宫改建，东西不晓得还在不在）但是，一到阴雨天，一到月黑风高时，就无法计时了。因此，又发明了漏壶计时。原理是，一个铜制的壶里，装上水（也有装干沙子的叫沙漏），让水从壶底的小孔漏出来。下面用有刻度浮尺的容器接收，经过观测浮尺刻度，来计算时间，这就叫"铜壶滴漏"。为了保持漏水流量的稳定，保证计数准确，一般采用双壶互连方式。丰瑞楼就是官方用来安置这"铜壶滴漏"的所在。据说，丰瑞楼上放的漏壶有六尺高，报时的牛皮大鼓直径也有四尺左右。

有了计算时间的"铜壶滴漏"，管理的人晓得了时辰，这还不算，还得要让广大民众知晓。于是就有了击鼓、敲钟、放炮的方式，利用声响来告诉民众，现在是什么时辰。因此这丰瑞楼有计时和报时的功能。

清康熙四十七年（1708年），重庆知府陈邦器在府衙前面建了这座报时用的谯楼，取名丰瑞楼。楼额上题有"寰海境清"四个大字。过了几十年，又一个重庆知府书敏来了，他见府衙破败，就决心修缮。在修缮过程中，他把府衙的朝向改了一下，由坐北朝南，改为坐西朝东了。这一改，丰瑞楼就歪在右面一边了。知府见了，觉得有点难看，决定再修一座谯楼，放在府衙的左侧白象街的北街

口。为了和丰瑞楼相区别，他把这座建在衙门左面的新楼取名为新丰楼。楼额上也写了四个大字：声闻四达。

楼修好了，可看起来还是不顺眼。书知府又将原府衙的东西辕门分别连通丰瑞楼和新丰楼，这条与白象街大致平行的街道一修通，就觉得顺眼了。府衙门口是个大地坝，开阔。这条街是跟新丰楼一起修的，所以取名为新丰街，但中间有大地坝隔开，所以又分为上新丰街、下新丰街。为了区别两座谯楼，就把丰瑞楼叫为老鼓楼。不晓得什么原因，这新丰楼是后建的，却先坏了。后被拆除，没有再建。老鼓楼也成了街名，叫老鼓楼街。

重庆建市，开始整修街道，上、下新丰街、老鼓楼街等被列入南区干路。南区干路从朝天门过街楼东口开始，经陕西街、储奇门、南纪门、南区路口，到菜园坝。这条线上的老街弯弯曲曲，在修建中，马路要切弯、拉直、扩宽，这丰瑞楼也只好拆了。以后，这南区干路就分为林森路和南区路。二十世纪五十年代，林森路又改称陕西路、解放东路、解放西路、南区路。丰瑞楼、新丰楼所在的地方，是今解放东路。

下半城丰瑞楼击鼓报时，声音传得不远。

当局又在月台坝设置炮台，早、中、晚放炮报时。早晨放一炮叫早时炮，中午放一炮叫午时炮，黄昏时分再放一炮，叫定更炮。

再说说鼓楼。这鼓楼在通远门上的城墙上，也是击鼓报时的所在。通远门不远处的五福宫，是全城的最高点，因此将鼓楼建在这里，是为了更多的人听得到报时鼓声。张献忠攻重庆，用炸药炸毁了通远门城墙和城门，进入城内。通远门被炸毁的城墙、城门，是在清代重新修复的。而鼓楼没有了，只在城墙之上留下一个鼓楼巷的地名。

还有一座楼值得一说，就是过街楼。过街楼就是楼房架在街道之上，楼里住人，楼下为街道的楼。这种楼现在也有，比如新山村轻轨车站附近就有一座，大楼横跨公路，楼下是设有车站的六车道。过街楼在今新华路到了信义街，转东向与陕西路连接的横道。当年，从朝天门码头上岸的旅客，进了朝天门后，进接圣街（今信义街）到过街楼，往上直行，经字水街、圣旨街（今新华路的一段）到小什字，走上半城。往东，经过街楼到陕西街，走下半城。过街楼是交通要道，热闹非凡，因此过街楼是重庆民众人人皆知的地方。二十世纪二十年代，拆城墙、修码头、辟马路时，朝天门城墙城门被拆除，过街楼也被拆了。

洪学巷旁说古迹

　　洪学巷位于道门口与望龙门之间，紧挨着二府衙街，有上洪学巷、下洪学巷之分，是解放东路两侧的巷道。在旧时，是下半城的重要街巷。

　　为何有洪学巷？是因为有黉学街。黉学街是旧时巴县县学即巴县文庙前的一条街。北接状元桥（道门口），南接新丰街（白象街）。黉者，古之学校也。因为是县学门口的街，故名黉学街，亦名县庙街。街东西两侧有巷，亦称为黉学名巷。重庆建市后，修建马路时，两侧的巷道均并入南区干道。抗战后改称林森路，二十世纪五十年代改称解放东路。而黉学巷存在到今。

　　为何今天叫洪学巷？据说，因"黉"字的繁体字"黌"笔画多，书写困难，而黉、洪同音，又改黉为洪，名洪学巷。

　　从隋代开始，中国开始实行科举制度，通过考试来选拔官吏。要培养人才，就得有学校。据说从夏朝开始，就建立了学校。以后有了各种不同类型的官办学校和私人学校，最出名的，莫过于孔老夫子办的学校。到了汉代，独尊儒家。从朝廷到郡、县，逐步开设了层级不同的学校，如太学、府学、县学等。隋唐以后，各府、州、县都设了学宫，多以文庙（祀孔子的孔庙，也称夫子庙）为学宫校址。

重庆城是府、县同驻一城，故有府文庙（今临江门内重庆市第二十九中学一带），也有县文庙（上洪学巷内重庆市第二十六中学）。学校的学生，先要经过府、县衙门组织的考试。合格者，再经由省级学政衙门主持的"院试"考试；合格者，方能录进府、县的学校读书，即为生员，也就是秀才。府、县一级学校培养的是"初级"人才，是为三年一次的省级"乡试"、京城的"会试""殿试"做准备的。以便朝廷开科取士，选拔官吏。

说到洪学巷，就得说一个《巴县志》称之为古迹的地方——巴字园。《巴县志》载："巴字园在县学前，原倪斯蕙别墅。"

巴字园的得名，是此园朝门上有一副对联："窗临巴水真成字，家对龙门好著书。"

巴字园的主人是倪斯蕙。倪斯蕙，字尔澹，别号禹同山人。虽说他住在巴县，但籍贯不是巴县，而是重庆卫军籍，就是军人家庭。其祖上编入军户，随军来到重庆，数代驻在重庆，属重庆卫军籍。其家庭和子女，也都跟随祖辈驻重庆，属于重庆卫军籍。明代军制，分驻各地的军队有所、卫两级。一府的驻军为所，几个府的驻军为卫。卫的指挥机关驻在某府，就称某卫。卫的兵士列入军籍，世代都是军人，平时屯田生产，闲时进行军事训练，有时要出服临时性的劳役；或服从上级调派，去驻守关隘、保护要地。到了战时，由朝廷指派统领将军，调集各卫、所人马，出兵打仗。

倪斯蕙虽说是军人家庭出身，他的祖上却崇尚儒学，以读书为本。先后有两人考进县学，取得过秀才的功名。不过一到乡试，却是屡考屡败，名落孙山，再也没有长进。

倪斯蕙从小天资聪颖，七岁发蒙读书，《三字经》《百家姓》《千字文》过目不忘。先生教的，他只看几遍，就能倒背如流，因此常得先生夸奖。到了十来岁，他就有了远大志向，决心月中折桂，金榜题名。于是倪斯蕙效仿古人，悬梁刺股，发愤读书。他读遍了四书五经、诸子百家，对其中的疑难之处从不放过，总是理解透彻方才罢休，尤其对应试学科中的生、冷、偏题目，更是仔细钻研。常常废寝忘食，忘乎所以。就是走在街上，一旦想起某段精彩文章还不太熟悉，他就一边走，一边大声朗读，以加深记忆。知道他的行人，说他真的在用功；不知道的，戏称他为书痴，甚至笑他是疯子。

倪斯蕙如此发愤，当然是满腹经纶。十八岁就取得秀才功名，三年后入省乡试，进了考场，文思泉涌、下笔如流。一举中魁，榜列五魁首。二十五岁那年，进京应会试，中贡士。殿试金榜题名二甲，为万历朝进士。随后被史部选定，派往湖北蒲圻县当知县。

倪斯蕙才干出众，到了任所，行李刚放下，就有人前来击鼓告状，说是冤枉。他立马升堂，仔细审案。审案中，他发现问题有些复杂，须得阅卷。新官到任，难免有许多应酬。为了这件案子，他谢绝了各种应酬，没有休息，马上调出案卷，一一审看。发现疑点，一边仔细研究案卷，一边请来当时的师爷，请他介绍当时的审案情况，以了解案子的来龙去脉。很快地，这件案子审理完毕，作出了公正判决，双方当事人也觉得公平。此案一完，他又将历年积案一一调出，依法审理，判决结案。短短十多天，他就把积案处理完毕。百姓称赞这年轻的知县是公正严明、断案神速的。就是那些来打官司的人，输了的也都

服气，说倪斯蕙精明干练，不但秉公执法，而且清正廉洁，称他是"倪不解担"。意思是说，倪斯蕙到任，连行李都没有放好，就把历年官司断完了。

在蒲圻三年，倪深得百姓赞许。因他有德政，任满后，调任吏部主事。后历任文选司郎中，再升为太常寺少卿。三十六岁时，倪斯蕙想到父母年事已高，就奏请皇帝，请求回家照顾，得准。倪斯蕙当了十年的官，回重庆时，全部积蓄仅有四百两银子。

回到重庆后，倪斯蕙家里住房少，有些拥挤。刚好县庙附近一户人家要搬家，愿意将小院低价出让。倪斯蕙见这地方地势稍高，视线开阔，看得见两江；且又邻近县学文庙，时时听书声琅琅，处处闻文墨飘香，是安家的好地方，就买了过来，改建为一座小院。小院里瓦房数间，梅竹几株，还有花圃小径，虽说简陋，却很是雅致。

新房落成，他搬了进去。这天一早，他推开窗户看江北，不由得感叹好一番景象。只见巴江碧水，白鹤翻飞；江北镇街，晨烟袅袅；朝天城楼，旌旗飘舞；两江交汇，遥遥相望。他来到院门，四周观望，又见一幅大千图画拥入眼底：涂岭群峰，山岚笼翠；

老君洞府，觉林禅寺；长江如带，波光帆影；龙门晨辉，历历在目。这如诗如画之景，让他顿时心旷神怡，不能自已。转头看朝门，却光光如也。心中一默，有了。写副对联在此，也不枉这大好河山。回身进屋，拿来笔墨，略略一想，在朝门木柱上写了起来。"窗临巴水真成字，家对龙门好著书。"并取首联之意，在门额上写上"巴字园"三字。他心犹不足，又在客堂门枋上写下一联："欲透江光堆石瘦，恐遮山色放墙低。"意思是，为了让我能看到这大好河山，宁可把假山堆小些，围墙做矮点。

最先看到这对联的，是县学的秀才学生。这些学生，天天路过这座小院。见小院一修好，就搬来了这么一家人。也不晓得主人家是哪个，当然也没在意。这些秀才年轻气盛，一个个心比天高，突然见了这副对联，初看也不觉得很好。

细看之后，才觉得这副对联有意思，是好的。可是好是好，好在哪里？却说不出个所以然。

到了课堂，先生在讲之乎者也，学生们却还在议论这对联。先生见学生们交头接耳，叽叽喳喳，气就来了，拿起戒尺在桌上拍了拍："先生讲课，竖子不听，岂非朽木？各位议论

些啥，说来听听。"有胆小的学生怕先生责怪，站起来说了。

先生听罢，心中暗惊，称这副对联了得。上联"巴"字，巴以水名，内外江自朝天门合流，三折而成"巴"字，故又称字水，历有"字水宵灯"一景，这就把"巴"字的由来说清楚了。下联有龙门，"鲤鱼跳龙门"，可谓志在月中折桂，金榜题名。可不知是哪位才子写的？得去拜访讨教。

先生也是本朝举子，但流年不利，屡次上京参加会试，却名落孙山。为求生计，来到县学充了一名先生。这天到巴字园一问，方知对联是本朝才子、万历朝进士倪斯蕙所写，当下佩服得不得了。倪斯蕙以文会友，经常与这先生谈诗论对。

倪斯蕙新园建成，周围街坊邻居知道新园主人是本朝进士后，都以与进士相邻为荣。倪斯蕙的旧时朋友、地方贤达纷纷前来祝贺乔迁之喜。倪斯蕙也以茶、诗相待，谈文说史，与客人们很是相投。

以后，这巴字园就成了文人相聚的场所，就连县学的学生，也以后进的身份来到园内，听这些贤达交谈，以充实自己的知识。学生向倪斯蕙讨教，得到了指点，顿时觉得荣幸

得很。巴字园一时名声在外，成了明代重庆城的名园之一。

对于巴字园，人们的印象很深。明末清初的战乱，使巴字园毁坏消失，但人们并没有忘记。

到了清代，有个叫林确文的人，对倪斯蕙很是佩服。他跑到巴字园去看了，见断壁残垣、满园荒草。想到这军户出身的倪斯蕙，凭着自己的聪明才智，勤奋读书，能取得这么高的成就，实在让人钦佩。于是林确文写了一首诗，介绍了巴字园及主人倪斯蕙。他在《巴字园屏迹》一诗中写道："生以过役劳，衣以常著敝。我思古哲人，于物鲜所系。夙夜勇内求，如农耽租税。时若吏叫门，敢听丰歉岁。花禽随节变，崦嵫任启闭。裘葛加诸身，拙于办新制。放意寻古春，方塘一鼓枻。"

巴县乡贤余德中，是康熙朝举人。他有次路过县学，想起这里曾经是前朝进士倪斯蕙的巴字园，不免感慨万千。于是他写了《巴字园感旧》一诗："春风吹草绿，今古此山川。瞬息看来者，流光忆去年。放墙低自好，堆石瘦还怜。花径团新市，衔杯意惘然。"

有个叫张汉的云南石屏人，当过御史。有次他到了重庆，也想起巴字园来，写了一首《回渝巴字园作》的诗，说道："江城如画抚涂山，信宿扁舟数往还，客梦不须寻异水，佛图也是旧乡关。"

巴字园虽已不存，但在史书上却留下重重一笔，也足见当年重庆人文昌盛。

东水门对古庙凉亭

旧时唱重庆城的唱词中有一句：东水门正对到古庙凉亭。

这回说东水门对古庙凉亭，还是一个一个来。

要说东水门，就得说重庆城。重庆的筑城有记载的，有这么几次。秦惠文王灭巴国后，将古巴国地改为巴郡，以张仪为巴郡守，治江州，开始筑江州城。此江州的"州"，并不是一级政权，而是指水边的高地，江州即江州县。其后是蜀汉的都护李严，在张仪城的基础上，加以扩大，但不多。李严不但筑了城，还想把城的"后山"挖断，把长江与嘉陵江用这条"运河"连接起来。想的是"以江为池"，把江州城做成一小岛，建成金城汤池的堡垒。这事让诸葛亮大为不满，认为是"劳民伤财"，禁止其挖出后山。这"后山"据说就是今鹅项颈。到了南宋，元蒙大军进攻四川，重庆知府彭大雅在仓促之中，扩大重庆城范围，并改土城为砖城，据说有四道城门，即洪崖门、太平门、千厮门、薰风门。之前，重庆城有哪些城门，找不到记载，不晓得。彭大雅在重庆城建成之时，还在四座城门旁各立了一块大石头，上书"某年某月彭大雅筑此，为西蜀根本"。最后一次大规模筑城，为明朝洪武年间，指挥戴鼎"因旧址砌石城"，城墙改为用条石砌成。这次筑城，使"城高十丈，周二千六百六十七丈七尺，环江为池，门十七，九开八闭，像九宫八卦。朝天、东水、太平、储奇、金紫、南纪、通远、临江、千厮九门开。翠微、太安、人和、金汤、定远、洪崖、西水八门闭"。至此，重庆城除一些维修之外，再没有修筑过。进入民国以后，因城市开发建设，除东水门与通远门外，都已拆除不存。城门虽没有了，但城门名却流传到今。

东水门的得名原因，据说是因城门这一段地处江岸，正东朝向，城外就是大江，东流入海，故名东水。东水门因城墙外就是陡峭崖壁，直接向东开门坡度太陡，因此城门洞开在朝北一侧。也因地势原因，没有建瓮城。

旧时东水门热闹，为什么？在重庆尚未拆除城墙时，东水门是过往南岸的主要渡口，是通往云贵的要津。从这里进城，可以直接到道台衙门。往西走一点，就是重庆府

衙、巴县县衙，办点事方便。还有，各省来的客货船尤其是江南一带的满载"苏货"的船多在东水门外停靠。这些苏货大量运来，使东水门内商贾云集，各种字号、货栈林立。经营南京、上海的江南丝绸，各种小百货的店铺设满了大街小巷。货架上，柜台上，商品琳琅满目，应有尽有。各省会馆也多设在东水门内，如湖广会馆、广东会馆设在下洪学巷，江南会馆设在东正街。这些会馆是庙，也是各省客商的联合驻渝"办事处""招待所"。湖广会馆叫禹王宫，供的是大禹。广东会馆叫南华宫，供的是佛教的六祖慧能祖师。江南会馆叫准提庵，供的是准提观音。今天，仅存的湖广会馆经过修缮，已经对四面八方的游客开放。

在东水门的几家会馆中，以江南会馆规模最大，比今天的湖广会馆还要大些。在重庆近代，有一件发生在江南会馆的事值得一说。

美英等帝国主义借与清朝的不平等条约，取得了川汉、粤汉铁路的修筑权，遭到湖北、湖南、四川、广东人民的强烈反对。清廷迫于人民压力，同意用民间资本修建这两条铁路。可是到了清末，清廷又借用外资，将这两条铁路"收归国有"，而对于民间已经

使用了的大量经费却说不出用途。于是发生了震惊全国的"保路运动"，尤其是四川最为激烈。清廷为了镇压四川人民的反抗，派曾任过两江总督的端方带着鄂军一协（相当于今之一旅）数千人马，乘船来到重庆，准备西上成都。

这端方到了重庆，不住重庆府的朝天驿站，而是住进了江南会馆。江南会馆一时警戒森严，东水门一带到处都是兵，站岗放哨，盘查行人，弄得重庆民众人心惶惶。照说，一个两江总督，官不算太大，为何这样紧张？原来端方这个人自己晓得，这回到四川，是个得罪人讨不到好的差事，革命党不会饶他，四川人民更不会饶他。又得知有湖北的革命党人已经追踪过来，要清除他，因此他疑神疑鬼。

湖北的革命党还真有人要除掉他，不过一路跟踪到了重庆，也没找到下手机会。端方住进了江南会馆，就不敢出门，也不见客。这革命党人见江南会馆围墙高近两丈，东水门，尤其是江南会馆一带戒备又森严，加上地形不熟，也找不到机会除掉端方，心有不甘。通过在重庆的革命党人，打听到端方决定改走陆路到成都，于是想法要惊走端方，好在路上行刺。重庆的革命党人中自有高手，当晚就采取了行动。

第二天一早，江南会馆大门上出现了一副白纸对联，上写："端的死在江南馆，方好抬出东水门。"这副对联，把端方的姓名写了进去，明白地告诉端方，革命党人要在此地杀他。端方闻报大惊，不敢停留，立马化装成普通士兵，带一队亲兵秘密先行，走陆路西上成都。大队在他走后几个小时，方才动身。革命党人发现端方已走，却已经追之不及。

端方躲过了初一，却躲不过十五。他带着兵马走到资州时，辛亥革命已经爆发，武昌起义成功，成渝革命党人积极响应。在成都的夏之时带兵进抵资州，一部包围阻击端方，一部南下走重庆，与重庆革命党的军队联合，成立军政府。端方得知重庆响应起义，后路已断，束手无策。

端方所带的新军，里面也有革命党，但势单力孤。此时有四川革命党人来联络策反，决定起义。端方及其弟端锦被起义军捉住，并砍下首级，装入桐油篓内送往重庆。这真的应了对联的话。

标题说了，东水门对着的，是古庙凉亭。这古庙和凉亭又指哪里？古庙指的是涂山寺，凉亭指的是铁桅杆处的澄鉴亭。

涂山寺，俗称真武宫，在涂山。涂山古已有之。传说大禹治水，在涂山与涂山氏女娇结婚，生子启，留下禹庙与涂后祠等古迹。在唐代，比李白、白居易还早数十年的寇泚就到过涂山，他的《度涂山》诗中一开头就写道："小年弄文墨，不识戎旅难。一朝事鼙鼓，策马度涂山。"

清乾隆年间，巴县知县王尔鉴编《巴县志》说："涂山寺，在真武山。""山顶有铁桅杆。"禹庙、涂后祠早已不存，涂山寺经过多次修缮，留至今天。但始建于何时，已不知晓。不过《巴县志》把它列入古迹之中。唐代大诗人白居易写有《涂山寺独游》一诗："野径行无伴，僧房宿有期。涂山来去熟，惟是马蹄知。"可见涂山寺建于唐代，年代有点久远。二十世纪八十年代中期，重庆市政府对涂山寺进行了维护和改扩建，对市民开放。涂山寺占地达到一万余平方米，有殿宇八重，房间近百。主殿供有释迦牟尼，又供有真武祖师。第三层殿供的是禹王、涂后。涂山寺有佛有道，是佛道合一的寺庙。

历代文人墨客对涂山寺多有题咏，明代万历年间进士曹学佺，任过四川布政使司参议、礼部尚书，曾游过涂山寺。他在《登涂山绝顶》一诗中写道："百折来峰顶，三巴此地尊。层城如在水，裂石即为门。涧以高逾疾，松因怪得存。瑞阶金翠色，人世已黄昏。"

清王士祯奉旨来四川主持乡试，试毕来重庆，也慕名游涂山，他在涂山绝顶眺望重庆城，大发感慨。事后他在《涂山绝顶眺望》一诗中写道："飞瀑落长虹，登临见禹功。山围巴子国，苔没夏王宫。峒俗乌蛮近，畲耕白帝同。渝州天堑地，感慨大江东。"

说过涂山，接着说凉亭。这凉亭叫澄鉴亭，建在真武山的铁桅峰上。铁桅峰因有一根铸铁桅杆而得名。这根铁桅杆由生铁铸成，经后来测量，高约十米，直径下大上小，底部约二十厘米。这铁桅杆据说是明代万历年间任重庆总兵的刘铤为了镇妖而主持修建的。具体负责冶炼铸造的掌墨工匠，是一个叫费大元的人，带领一帮徒弟，经数月铸造、安装而成。因为这里地势高，视野开阔，对重庆城一览无余，所以是登高望远、野游的好去处。为方便游人休息，后来又在铁桅杆旁建了一座凉亭，取名澄鉴亭。

游人游过涂山寺，必游澄鉴亭，以观重庆城风景。游客中的文人士子，多会发点感慨，作点诗词，以抒发感情。一些诗流传了数百年，到如今，仍在一些报纸杂志上刊载。比如：

巴县人龙为霖，是清康熙四十五年(1706年)进士。当过潮州知府。回乡后，曾数次游澄鉴亭，有几次还是在傍晚上山，在夜间观景。他在《月下登澄鉴亭观渝城夜景》一诗中写道："渝州形胜本峻嶒，向夜清幽觉倍增。欲揽全城露中景，宁辞绝巘晚来登。一亭明月双江影，半槛疏光万户灯。独惜鸣钟人尽睡，探奇何处觅高僧。"

还有个叫刘会的巴县人，在京城会试得中，但殿试却名落孙山，是个贡生，他也喜欢晚上在澄鉴亭看夜景。他在《月下登涂山澄鉴亭观渝城夜景》中写道："清光远照涂峰顶，数仞孤亭挈伴登。乘月欲穷千里目，隔江遥见万家灯。楼台高下光相荡，烟雾横斜气自蒸。几许游人归趁晚，良宵美景妒山僧。"

还有个道光年间的重庆知府王梦庚，也在铁桅杆处的揽胜亭（乾隆年间川东道台张九镒在游览了澄鉴亭后，将澄鉴亭改名为揽胜亭）留下诗句："来登绝顶峰，江城正如画。凭高一览中，浑欲小天下。"

诗中的澄鉴亭（揽胜亭），经过数百年的风风雨雨，早已不存在了，但是这铁桅杆，却依然耸立在涂山绝顶之上。笔者前两年去过，但大门关着，进不去。不知道后来是否对外开放，让我们一睹这明代的遗物。

张家花园

　　我的籍贯是贵州，却有幸呱呱落地于重庆市中区四德村，并扒爬跟斗地成长于学田湾、张家花园、朝天门、李子坝、枣子岚垭、观音岩等地。其中，我对张家花园最刻骨铭心。

　　张家花园的由来暂不可考。重庆开埠前[清光绪十六年(1890年)]，除稀疏的原住民外，张家花园基本为一片乱坟岗。乱坟岗中埋的大多是无业闲杂人员和被官府砍脑壳的人犯。因其坐南向北，离河边不远，灌木花草养眼，据说一个姓魏的人曾将它买下，更名怡园为魏家花园。民国十三年（1924年），魏家花园易手川军师长王缵绪，还名张家花园。王始在张家花园建巴蜀学校。与巴蜀学校成双配对的是重庆富商刘子如捐办的张家花园孤儿院。因巴蜀学校和孤儿院的存在，张家花园人气渐起。张家花园人气最旺时是在民国二十五年（1936年）以后。民国二十五年以后，不计其数的外乡人随国民政府迁居重庆，主城迅速地向通远门以外扩张。通远门至张家花园仅有一段向上的缓坡，另下一段长长的梯石坎。又因为其坐南向北、离河边不远、灌木花草养眼，好多大官大富、小官小富蜂拥至张家花园置业。连央行印钞厂、部分党政机关、部分中军统处室、部分科研单位、抗战文协等都先后到此安营扎寨。与此同时，长年短工、手艺人、商贩、江湖术士、三姑六婆、社会闲杂人员等纷纷争先恐后地跟来。至此，张家花园成了各色人等一锅煮的大社区。

重庆是水码头，水码头必是各色人等一锅煮。走进张家花园，就是走进重庆。

二十世纪六十年代中后期，正读初小的我随家人迁入张家花园。就此，张家花园街坊邻里们真真切切的音容笑貌，砖混结构神秘魔幻的建筑形态，尤其是存贮其间的有盐有味之龙门阵时刻在我眼前回荡、昼夜纠缠。稚气未脱的我便发誓，这辈子我可以放弃一切，但绝不放弃张家花园，放弃重庆！我必须将重庆、将张家花园的书写出来、描绘出来！因而，我很早就开始了文字和画学的双向发蒙，之后就是长达数十年的直接经验（生活体验）和间接经验（读书）的日积月累及写字画画的技术储备。1999 年，接近中年的我自以为有能力兑现夙愿、驾驭宏大叙事的写作手法，遂开始了以老重庆及张家花园作为叙事母体的本土原创长篇小说《卵城》之杜撰。

由于我追求技术上的极端完美，还妄想"前无古人，后无来者"，致使《卵城》之杜撰长达十年之久。这十年，我基本上从世界中蒸发。我终日将自己囚于书斋，挖空心思、绞尽脑汁，并像《百年孤独》中的阿玛兰塔日织夜拆殓衣那样，将书稿日写夜毁。周而复始，如此这般，我满头青丝，白了一半；满口固齿，脱了一半。

《卵城》是个说起来就收不到口的冗长话题。收不到口，就打住！

渝中区·蒲草田小面摊（水粉）　　1978 年

北碚区·小三峡（水粉）　1980年

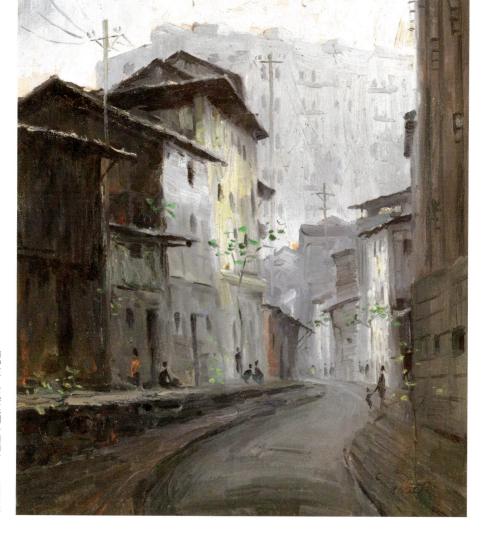

渝中区·下安乐洞（油画）　1978年

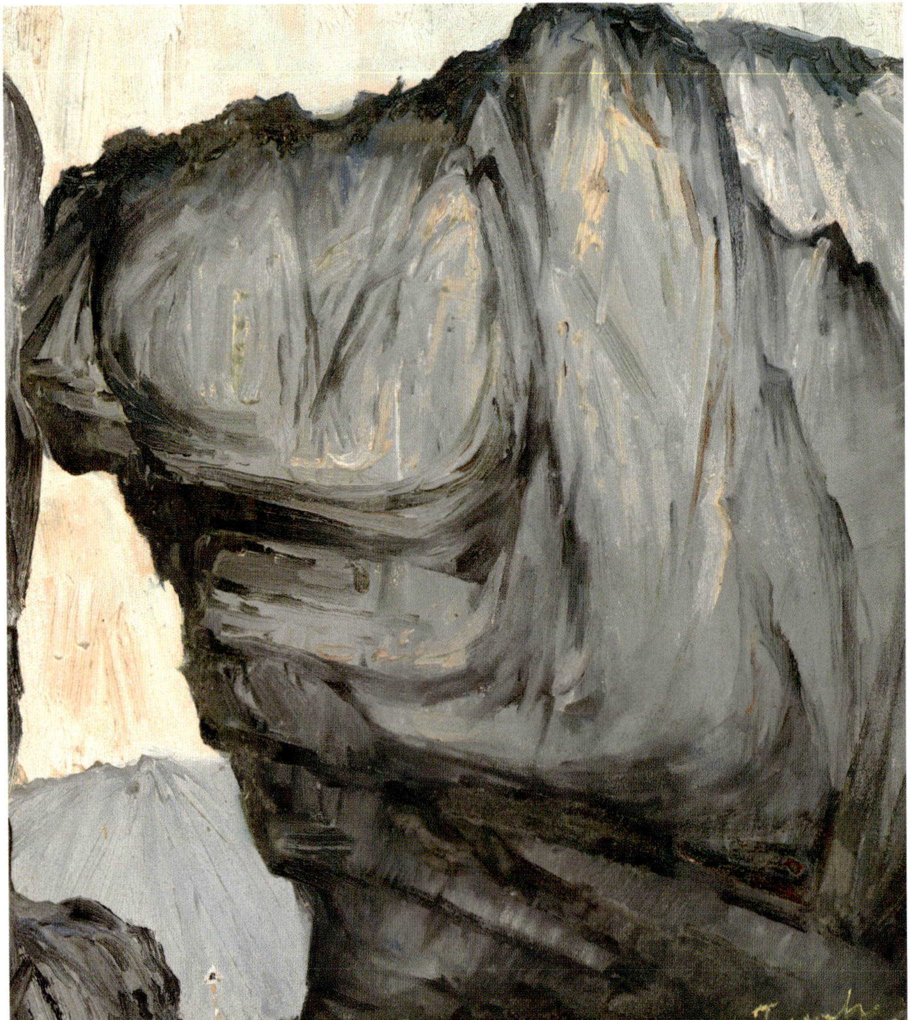

江北区·渝长公路（油画） 1981年

渝中区·临江老城门（油画） 1978年

渝中区·大溪沟河边（水粉）　　1979 年

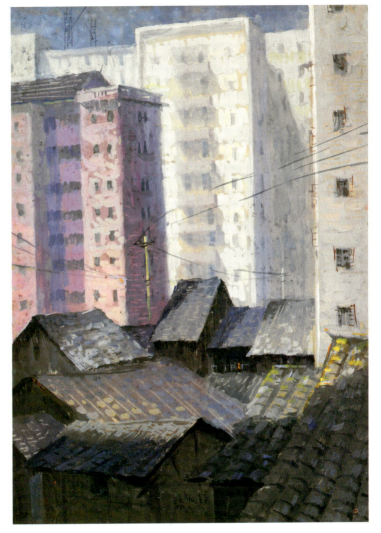

渝中区·蒲草田（水粉） 1979年

渝中区·较场口（水粉）　　1979 年

战时陪都功犹在

ZHANSHI PEIDU
GONG YOUZAI

从沙坪坝说起

　　说起重庆沙坪坝，哪个不知，又哪个不晓？文化区、大学城，高校群聚；歌乐山、烈士墓、渣滓洞，悼念革命先烈的人们络绎不绝；三角碑、三峡广场商场林立、繁华、热闹。这些，都看得见，摸得到，不多说。

　　今天说的是沙坪坝，这沙坪坝不是指沙坪坝区，也不是指沙坪坝街道办事处。只说这沙坪坝。说起来拗口，听起来也费力。不忙，听我从头说起。沙坪坝区、沙坪坝街道办事处都得名于沙坪坝。可这沙坪坝具体又指哪里？很多人尤其是年轻人可能不晓得。有人说，沙坪坝不就是三角碑一带么？似对，可一想又不对，这没有沙，也没有坪和坝，怎么能叫沙坪坝？那在哪里？

　　嘉陵江中有两块岩石耸立，像一道石门，二十世纪八十年代末，在这岩石上立上桥墩架成桥，也就叫石门大桥。石门大桥下头一点，有很大一块河沙坝，《沙坪坝区地名录》说："这河沙坝是三百万年前嘉陵江古河床沉积形成的自然沙坝，很平坦，故叫沙坪坝，曾设沙坪场于中渡口。"这河沙坝指的哪里？就是"嘉陵江泥沙长期冲积形成的自然湾子"——土湾，原来的重纺一、二染等厂这一大片地方，就是沙坪坝的由来。

明末清初的战乱，使四川百姓惨遭灾祸，十室九空、田地荒芜。清初实行插占为业、鼓励移民的政策。也就是移民看到有无主田地，就可以用树桩、用竹竿插一个四周范围的标志，然后到官府申报，领个文书，这地就属于他的了。这项政策实施以后，大量湖广移民逐渐来到四川。在沙坪坝一带，也陆续有移民到来，开荒种地。移民慢慢多了起来，上到磁器口，下到重庆城的过路人多了起来。加上过河到江北有了上、中、下三个渡口，过河的人也有了，慢慢地这地方就形成了水陆通道。先来沙坪坝的移民看到了商机，就有人在人流多的中渡口码头岸边开起了店铺，做起了生意。到了清康熙年间，巴县衙门发布告示，宣布这中渡口为"沙坪场"。虽然有了"场"，但毕竟房没几间，人没几个，比起磁器口、石桥铺来，简直上不了台面。这里的人赶场，多是周围团转的人。更多的赶场人，还是跟着河边走到磁器口，或者爬平顶山到

石桥铺去赶。

二十世纪三十年代，重庆大学搬到了这里，沙坪坝从此开始发生变化。

重庆大学建于 1929 年。当时巴县有乡绅贤达李奎庵、沈懋德、吕子方等人为了培养高等人才，向巴县政府以及重庆市政府倡议筹建一所大学，并捐钱若干。这倡议得到巴县、重庆两级政府的认同，决定开办民办官助的"重庆大学"，校址设在菜园坝。后来为了弥补经费的不足，政府以"肉税附加"收入的形式，补贴重庆大学的经常开支费用。

进入二十世纪三十年代，早年规划的成渝铁路已提上议事日程（1937 年 3 月 12 日正式开工建筑，因抗战爆发，于 1939 年停工。抗战胜利后，1946 年 10 月复工。后因解放战争，又停了下来。1950 年 6 月正式复工兴建，1952 年 7 月建成通车）。而菜园坝，将是成渝铁路的终点站——重庆火车站。重庆大学因此就要另外选址迁建。当时的四川省主席、川军二十一军军长、兼任重庆大学校长的刘湘，决定将重庆大学迁到磁器口附近。刘湘为了表示他对教育、对培养人才的重视，决定亲自去选择校址。

这天他带了几位老教育家、老教授，专

程乘船沿江而上，到了石门中渡口上了岸。在沙坪场看沙坪坝这地方倒是平坦，建学校也可以。不过视线不开阔，看不出去。还有，这沙坪坝地势不高，要是发了大水，可能遭水淹，而遭水淹了也不是好事情。于是一行人爬到坡上，一看，视线开阔、风光无限，好地方。东面脚下，是滔滔嘉陵江水。江边有码头、有店铺，南来北往、过河乘船方便。上川北、下重庆，有舟楫之利。西面是歌乐群峰，风光秀美。南靠平顶山，成渝公路经过的小龙坎离此很近，不过数里之遥，陆路交通便捷。北有磁器口古镇，也便于生活物品的采购。

竹林下有几户农家，几个浅丘几个土坡，还有一湾水田，地势相对也平坦。刘湘当即拍板，重庆大学就迁到这里。1933 年，重庆大学迁到了新校址，因为新校址无好的地名，因此也用了沙坪坝地名来统称。

过了不久，四川善后督办署要推行"乡村建设"计划，为了培养人才，又在磁器口办了所大学，叫"四川省乡村建设学院"（1936年改名为四川省立教育学院）。重庆有了这两所大学，在西南地区一下声名在外了。沙坪坝也因这两所大学的兴办，逐渐开始发展起来。

抗战爆发前的 1936 年，南开中学迁到沙坪坝。抗战爆发后，国民政府迁都重庆，一大批大中专院校也陆续迁来重庆，像国立中央大学等名校就迁到了沙坪坝。据说在迁入重庆的大中专院校中，有八成的学校就迁到了沙坪坝。一时间沙坪坝学校如林，学生成群。

随后，一些机关、工厂企业也跟着迁到沙坪坝、小龙坎一带。从磁器口到小龙坎的公路修通了，连接了成渝公路。交通方便了，人多了，房子也就多了，自然也就形成了街市。有了街市，就有了店铺，卖什么的都有了。但最多的是店子是书店、茶馆，一有空闲，学生们进书店看书、坐茶馆吹龙门阵。当年有人形容沙坪坝的三多，是学生多、书店多、茶馆多，成了大后方名副其实的文化区、学校区。

到了 1938 年，四川省政府决定把重庆大学由民办私立改为官办省立，9 月 1 日，当时的重庆市市长蒋志澄，奉四川省政府的命令正式接管了重庆大学。

说起沙坪坝这文化区，有两个当年的龙门阵可以摆一摆。

先说电灯。当年说重庆的电灯，有这么一首打油诗："好个重庆城，山高路不平，晚上电灯亮，像根红丝绳。走路停了电，摸到街沿行。"重庆城虽说已是陪都，但却缺电。发电厂少、发电机装机容量也少，加上日本飞机的狂轰滥炸，发电厂及发电机损坏很多。造成发电量不够、负荷大、电压低。结果一是灯不亮，亮着的灯泡，也只有一根红丝丝；二是负荷大了，随时烧保险断电，立马一片黑暗。

沙坪坝是学校集中地区，学生要上晚自习，需要电灯照明。沙坪坝一带一到晚上，各学校教室开了灯，街道店铺、房舍也开了灯，顿时万家灯火。从平顶山上往下看，黑暗之中，就沙坪坝这一块灯光闪闪，很是好看。有文人附庸风雅，喜欢造景。说陪都有八景，这沙坪坝学校的灯就是一景，叫"沙坪学灯"。

为什么沙坪坝的电灯要亮些，还不常停电？这中间有一个缘故，这缘故就是，与重庆大学为邻的松林坡，有一所迁来的大学，叫国立中央大学。这个国立中央大学的校长此时不是别人，是由蒋介石兼任的。

起初中央大学所在的沙坪坝与其他地方一样，电压不足、随时断电。这些大专院校的校长纷纷向当局反映，要求正常供电，但始终没有结果。

当时，国立中央大学校长正受到排挤而辞职，而这位校长又是位德高望重的学者。学校的师生员工为了挽留这位校长，因此就宣布

要罢课，还说要派代表到黄山请愿。中央大学这一闹，沙坪坝其他学校学生也就要跟风。眼看着事情就要闹大，蒋介石有些慌神。为了平息这次抗议，挽回局面，他就决定亲自来兼任这国立中央大学的校长，以便安抚学生。

学生们对此并不大买账，在蒋介石到学校训话时，提出了很多问题，要蒋介石解决。其中就有供电不足、电灯不亮的问题。对学生提出的抗日、民主等话题，委座不是打哈哈，就是点头哦哦，根本就不感兴趣，也不想回答。可对供电不足、电灯不亮的这种具体问题，却答应马上解决。蒋介石虽说只是个校长，还是兼任的，但却是全国的最高统帅。为了自己的面子，也为了显示统帅的权威，因此满口答应这事。事后，蒋介石找来重庆市市长，让他回去马上解决沙坪坝的电灯问题。有了这"校长"的"要求"，沙坪坝这些学校的用电问题稍微好了一些。

沙坪坝兴旺起来了，可这块地方还是巴县龙隐乡的地盘。1939年5月5日，国民政府令重庆市改为行政院直辖市。巴县行政上仍归四川省管辖，并不属于行政院辖的重庆市。重庆市想把巴县龙隐乡辖下的沙坪坝、磁器口等这一大块划出来，准备成立一个属

重庆市管辖的"沙磁文化区"。这个想法好是好，四川省政府也知道。晓是晓得了，却不愿意把这一块肥肉让给重庆，根本就不买账。

重庆市政府见四川省政府不干，只好走上层，把这想法报给了蒋介石。蒋介石想了想，同意了，还写了一道手谕。手谕交给最高国防委员会秘书厅，以正式公文形式送交行政院办理。行政院院长孔祥熙又发文转给重庆市，让重庆市与四川省"遵照委座手谕从速办理"。

这时的市长是新上任的贺国光，新官上任三把火，立马去办这件事。他不给四川省政府打招呼，更没知会巴县政府，就派人拿着这支"令箭"，去了沙坪坝。在树人小学那里挂了块牌子，写的是"沙磁文化区临时办事处"。宣布说，沙坪坝的这一片，从今天开始，就属重庆市，也就是他贺国光的地盘，由他来管了。

照理说，这蒋介石下了手谕，哪个敢不遵从？可是就有这么一个不信玄的七品官出来顶起不干。这时的巴县（巴县县政府此时尚驻在巴县县城，也就是重庆城太平门内的"巴县衙门"里头，重庆为行政院直辖市后，于1939年5月31日迁到县西人和场，今华岩镇）县长叫王煜，就抗议说，你重庆市市长有好大块嘛（1939年5月5日重庆改为行政院直辖市，贺国光5月11日当上重庆市市长，15日正式就职）？你也管不到四川省嚷？你贺国光违宪越权，不经法定程序，不经行政院批准，也不同四川省商量，就兴强抢地盘嗦？他说了不算，还派了人到沙坪坝树人小学那里，把挂起的那块牌子弄来砸得稀烂。

事后，这县长也晓得惹到了委座，这大不敬的罪，是脱不了干系的，于是写了个"请罪"的报告。报告中，把变更行政区划应有的行政程序，有理有据地说了一番，同时也为自己辩白，以图免祸。贺国光丢了面子，只好去告"御状"。

这事闹得有些大，蒋介石也有点冒火，心头很不安逸，但过后看了这王县长的报告，觉得王县长说得有些在理。贺国光这样整，他委座的面子可丢不起。于是将这报告批转，交由行政院复议办理。行政院接过来，一拖再拖，拖了一个多月。到了1939年的6月14日，才算有了结果。行政院当天对外宣布，把巴县龙隐乡所属的沙坪坝、小龙坎、磁器口地区正式划入重庆市管辖，成立"重庆市政府沙磁临时办事处"。

这次区域变更，为以后的沙磁区、沙坪坝区的发展打下了基础。

鹿角场的日本战俘营

南泉虎啸口附近的一条南北向的小土岗上，有一个场叫鹿角场。此场原属巴县，名鹿角乡。区划调整后，巴县改称巴南区，原属九龙坡区的南泉镇划归巴南区。鹿角乡如今并入南泉镇。南泉镇政府、派出所等政府机关也驻在鹿角场，仍叫鹿角。

四川少鹿，何来鹿角？

原来，这鹿角场当年也是交通要道，往北，抵长江通大兴场；可往西走南泉，到李家沱、鱼洞；或者翻南山走黄角桠，过江到重庆城。往南，可到界石转南川，到一品，过綦江、到贵州。

这场建立之初，不过数十户人家，十多家小铺子。可对于周围来说，却是人口聚集最多的地方，因此，赶场时都来这里。但此场无名，不方便周边民众，需要一个场名。

场的北端场口，有一棵大黄葛树。由于被雷击过，中间的树干被雷打断了，只剩下两边各一根树枝丫。这两根树枝丫又分成两枝树丫，形状如同梅花鹿的角。有一个走州过县、出去见过世面的生意人，看到过梅花鹿。于是就建议，此场可取名叫鹿角，并将梅花鹿是何种动物、鹿角又是什么形状说了一番。大家见他见多识广，又听说梅花鹿是吉祥之兽，在中药里面，也有补药叫鹿茸的，觉得这鹿角好。就同意以鹿角来称呼，于是就有了鹿角场。

鹿角场的由来说了，接着该说在鹿角场的日本战俘营了。

抗日战争时期，鹿角场确实有一个日本战俘营。大约是1944年，一批在战场上被俘虏的日本军人，辗转被押到了陪都重庆。重庆市民被日本飞机轰炸，死伤惨重，但却没有见过日本人。这批俘虏的到来，使重庆市民才第一次看到了真正的活的日本军人，都恨不得咬两口出气。当局看到宣传目的已经达到，也为了这些俘虏的生命安全，就把这些俘虏秘密转到鹿角场关押。

为何要选在鹿角场？一是，鹿角场地方偏僻，东有樵坪山、西有南山阻隔，对外不通公路，战俘营设在这里，日军、日本间谍不易探到。二是，南泉一带当时是国民政府首脑和重要机关的驻地，有林森、蒋介石、孔祥熙等的公馆，也有中央政治学校、中央电台等重要部门。对这些单位，当局列为重点保卫区域，安排有宪兵、卫戍总司令部等大批警卫部队担任守卫。而鹿角场离南泉不过数里之遥，一旦有事，这些部队可以迅速出动增援。

我问过当地老人，他说听他的老人讲，起初也不晓得这里关过日本人，后来才慢慢晓得的。日本俘虏据说有七十多个，关押在鹿角场上的三圣宫内。战俘营为了不引起外人注意，实行的是外松内紧制度。三圣宫的大门是唯一的门，大门天天是半关不关的，门外看不到武装的士兵站岗。只有两个穿老蓝布衣服、如同庙里居士模样的人坐在门口。

刚开始，有不知情的香客要进庙，那两个人还算是客气，不是说庙子坏了，怕伤到人，就是说菩萨也烂了，正在化缘来修缮。有的香客要随缘，要捐香油，这些"居士"就拿出簿子，让香客写上随缘多少，钱丢进随喜功德箱子里。但是，不管香客怎么说，就是不让进门。当然了，过后这些随缘香油钱，自然就成了"居士"们的酒钱。

在三圣宫内，却也警戒森严。关押战俘的房间外，每时每刻都有几个持枪的士兵警戒着。院内，还有游动哨来回巡逻。

战俘们也是一日三餐，不过抗战时期，后方也非常艰苦。这一餐也就一碗饭，一小碟见不到油花的素菜。要吃肉，得等一个月，战俘营规定的是，一个月才有一个荤菜。饭是糙米煮的，出苞谷的时候加进苞谷籽，出红苕的时候吃红苕。饿不死，也吃不饱。

战俘营加上看守，有一百多人，吃的粮食、蔬菜，烧的煤炭、柴火，需要量不少。战俘营长官每过几天，就得派人押着一些战俘去长生桥、界石等地运粮运柴。这些战俘穿着破旧，衣服式样同四川地方保安团队的服装相似。一路之上，有百姓看见，也以为是抓的壮丁，不大引人注意。不过，有些日本战俘会一两句中国话，肚子饿了，在路途上碰到妇女，就会要吃的，喊："花姑娘、米西、米西。"妇女听不大懂，以为是烂"丘八"在打胡乱说，吓得直跑。

据说是在 1945 年的 3 月，战俘营突然有两个战俘不见了。战俘营长官吓得来屁滚尿流，一边派出士兵四处搜索寻找，一边不得不往上级报告。这下好了，南泉一带警戒级别提高到一级，各机关、各要人公馆岗哨密布。周边各乡、保公所的乡丁、保丁也接到命令，在各个路口设卡盘察。整整一天，这两个日本战俘却不见踪影。

这天晚上，往樵坪的山路上，一个酒旋旋正在往山上爬。他到鹿角赶场，照例中午要喝点豆豆酒。喝酒中间，有乡丁进来查看，说是有日本兵跑了，要大家注意。他从中午喝到傍晚，才起身回家。这时，他正往山上爬。不料从岩上一个蛮子洞里，突然跳出来两个人来，跑到土头摘豌豆尖、胡豆叶，一把把地往嘴里塞，看来是饿惨了。酒旋旋吓了一跳，酒也醒了，猜想可能是鹿角场出逃的日本兵。这里只有他一个人，此地又没有人户，他就不敢动。

过了一阵，这两人可能是吃饱了，又爬回了岩洞。酒旋旋这才悄悄离开，跑回樵坪乡公所报告。乡长带了一众乡丁，赶到岩洞，一声吼，把两个日本战俘捉了出来。五花大绑地连夜把人送到鹿角战俘营。经过搜查，两人身上只有一小包盐巴，别无他物。过后长官审问这俩战俘，问他们为什么要跑？战俘说，他们想回家。他们家住在中国的东面，只要往东走，就可以回到家里。

鹿角战俘营里，还有一个日本女战俘。这女战俘叫池田，被单独关押在鹿角场一个叫梁家边的大院子里，离三圣宫一里多路。关押她的是一间地主家下人住的小房间，一张木板床，垫着谷草，上面一张草席，一床薄铺盖。冬天，这女战俘整天待在床上，拥着被子，还冷得发抖。时常因为又冷又饿而哭出声来。

这间小屋子的墙壁是用竹篾片编的、泥巴抹的照壁墙，不隔音。隔壁住的也是一个女人陈二嫂，她丈夫是个泥水匠，经常不在家。陈二嫂刚开始听到隔壁传来的哭声，还以为是这地主家的打杂下人在哭，后来经常听到哭声，就奇怪了。过后听说是个日本女战俘，更加好奇，想方设法，终于看到了这个脸色苍白的年轻女战俘。

女战俘的看守也是个女的，就住在女战俘的隔壁。陈二嫂的房间与她们俩的房间中间有一道小门。时间长了，陈二嫂与她们也熟悉了，才得知这个日本女战俘叫池田，二十九岁，恰好与陈二嫂同年。陈二嫂以女人的同情心，避开看守，时不时送点烤红苕、咸菜之类的食物从窗口递给池田。腊月天太冷，看到池田冻得打抖抖，陈二嫂就设法从屋门下的狗洞送了一个竹烘笼给她，让她暖手脚。看守发现了，本想取走烘笼。但看到

池田那瘦弱的身体，冻裂的双手，也怕池田真的冻死了，不好交代，于是也装作没看到。陈二嫂见此，又送了一箩木炭，让池田过了一个寒冬。

1945年8月15日，日本宣布投降，抗战胜利了。不久后，池田等人就被押走，随后被遣返回国。

过了二十年，1964年，池田来到中国，经批准专程来到鹿角场，看望陈二嫂，感谢陈二嫂对她的关照。临走时，特别要走了她曾经用过的竹烘笼，以作为纪念。

此后，1965、1979、1980、1985年，都有日本民间团体经中国政府同意，来鹿角场采访，并移走了当年埋在这里的日本战俘遗骸。其中，在1980年春，池田丈夫带着池田的遗愿，来到鹿角场，找到陈二嫂，向她表达谢意，并要求带他看池田当年住过的小屋。遗憾的是，当年的小屋已经拆除了，成了菜地。池田丈夫只好把菜地拍了些照片，带了回去。

春森路上有故事

先说一个四十多年前看过的手抄本故事，据传，这个故事发生的地方，就在渝中区春森路。

那是 1949 年年底，重庆刚解放不久。这天夜晚，寒风刺骨，小雨霏霏。重庆城上清寺春森路附近的一条小巷，石梯坎湿漉漉的。

"梆、梆梆，哐。"随着这三声梆子声、一声锣响，一盏白皮油纸灯笼出现在漆黑的巷子上方。昏暗的灯光里，一个戴着斗笠，披着蓑衣以挡风雨的瘦小身影，左手拿着梆子，右手提着锣和灯笼，从石梯坎上往下走来。巷子里没有路灯，原有的路灯早坏了。

打更匠六十来岁，走这条巷子已经二十多年了。这一片原来全是荒野，稀拉拉有几户人家。重庆建市开发新市区，有了公路，紧靠中山三路这一带，陆续修了些房屋、院子，逐渐形成了街巷。此后，他就在这一带夜里打更，白天做短工，挣点钱维持生计。他要从这条巷子下去，到养花溪。养花溪这一段是明沟，顺着这沟边的石板路往下，就是春森路、学田湾，转个拐，到下罗家湾为止。把这三更打了，就算这一夜的活路做完，该回家睡觉了。

打更匠走完梯坎，过了养花溪，来到春森路上的林家大院子。顺着院墙外的石板路再往下走，是大院子的黑朝门。从学田湾修过来的小马路，连接着黑朝门，汽车可以从朝门开进院内。

走着走着，他来到这黑朝门前，习惯性地要看上一眼。这一眼，他突然觉得这朝门有点不对。忙提高灯笼，这才看见黑漆大门虚掩着，门环上的铜锁已经不见踪影，军管会贴在门上的封条也遭撕破，被风吹得哗哗作响。打更人见此情形，吓了一跳。

这座林家黑朝门大院子，他经过无数次，但从来没有进去过。黑漆大门平时都是关着的，院子里面是什么样子，也看不到。只在有车或有人进出时，门才会打开。其他院子应门的，多是些老头、老妈子。这院子不同，开门关门的，都是些穿黑色中山装、戴礼帽的年轻崽儿。附近的大院，院门上方都有"某某宅""某某公馆"字样，只有这座大院朝门上方一个字都没有。他没见过这院子的主人，但晓得这家主人姓林。

这座大院主人的龙门阵，他听很多人摆过。他听说，这黑朝门的主人，是抗战时期迁来的下江人，姓林，说是做生意的，很有钱。不但有钱，好像还有势。至于做的什么买卖，他不晓得。就连那些摆龙门阵的人，也说不晓得。

他知道，重庆城里，穿跶片鞋的干滚龙多。这些跶片鞋常常要找些龙门阵，去打有钱人家的启发。可他还没听说过，有哪一个干滚龙敢到黑朝门，去灯啦当地唱扭连扭。

他晓得有这么一回事，闹得有点大。有一次这黑朝门的看门崽儿，无缘无故地将一个路过的讨口子的脚杆打断了。有人看不过，出头打干帮，结果黑朝门的年轻崽儿，还拿出枪来威吓民众。民众不干了，抬起讨口子到上清寺警察分署，要警察署主持公道。

这个分署长到任虽说不久，但也晓得，他管的这片地盘，是个国府机关、达官贵人云集的地方。这件事情引起了民愤，再闹下去，影响到这些公馆、大院，就麻烦了。这些公馆、大院里面住的，他一个都惹不起。更怕影响到隔得不远的委座，委座一个"娘希匹"，他不死也要脱层皮。他也问过了，打人这家好像只是个做生意的，有钱，没听说有官府背景。

不得已，就派人去理抹，想拿点汤药费回来，搁平了事。

哪晓得警长带人到了黑朝门，喊了声开门。几个穿中山装的年轻崽儿打开院门，走了出来，不过每个人手里都拿着把美国柯尔克。这几个人把警察的梆梆枪给缴了不说，还给了带班的警长脸上几买卖。警察分署长这才找上司打听，一晓得这家主人是哪个后，连忙跑去赔礼认错，结果还没让进门。

解放了，军管会的在门口贴封条，他才听围观的街坊说，这家主人是国民党军统局（现在叫保密局）的少将处长。

现在封条遭撕了，门也打开了，是谁干的呢？他想去报告。可想到万一啥事没有，岂不是"谎报军情"，惹一身麻烦？还是看一下再说。

打更匠是夜不收，久走夜路，胆子大。他不信鬼，鬼是用来吓人、哄人的；他也不怕强盗棒老二，谁也不会去抢身无分文的打更匠，况且现在是新社会。这一阵，街上的地痞滚龙不见了踪影，半夜撬锁打洞的大盗小偷，也不见了，没什么好怕的。

打更匠轻轻推了推黑漆大门，大门"吱嘎"一声，开了条缝。就这时，打更匠仿佛看到楼上窗口有一丝亮光闪了一下，以为眼睛花了，没有在意。他推开门，进了院子，两旁门房门窗紧闭。他提着灯笼东照西照，没见有人。望了望那座小楼，觉得应该去看一下。于是，他穿过花径，到了小楼前，又看了看楼上，才进楼门。

楼里很零乱，客厅、过道到处都是杂物、纸张，几间屋都看过，没啥怪异。他顺着楼梯，一步一步往上走。楼梯尽头，一间房门半开着，一阵风从窗外吹过来，冰冷割脸，他不禁打了个冷战。一股凉意从心里升起，他突然有点怕了。

站了一会儿，见屋内并无动静，他胆子又大了起来，走进了房间。对着房门的，是一排宽敞的玻璃窗，窗子上有块玻璃破了，缺了一块，风从那吹进来。窗子两边靠屋角，挂着收拢的粉色落地窗帘。房间里，有一张大床，横对着窗子。床边，是一张梳妆台，梳妆台上，立着一面大镜子。一面墙摆有柜门打开的衣柜，还有些女人的衣物，这应该是一个女人的房间。

房间里没人，床上和梳妆台上有很多灰尘。他提高灯笼，仔细地观察了一阵，也看不出有人进来过。他转身想去另一个房间，就在此时，他从镜子里看到落地窗帘动了一下，忙转头看窗帘，窗帘没动。却听有风声在响，是风吹动了窗帘，他在想。窗帘是落地的，收拢在屋角，他的目光从窗帘往下看，这一看，见窗帘下多了件东西。

原来窗帘的下面露出了一双鞋，这是刚才没有的。他再仔细地看了看，鞋是女式黑布鞋，鞋尖上绣着金色的玫瑰花，看起来还比较新。他想，这双鞋早就在这里，被窗帘挡住了。刚才那阵风，吹动窗帘，把鞋露了出来。

打更匠没有成家，只不过现在同一个五十多岁老寡妇住在一起。他想这双绣花鞋也没人要，不如捡回去送给老寡妇穿。于是他走过去，弯腰伸手拿这双鞋。手伸到一半，却停了下来，鞋子在动。不是鞋子在动，而是一双脚在动。这双脚往前走了一步，窗帘掀开，一个女人走了出来。打更匠抬头一看，女人相当年轻，也相当漂亮，似在哪里见过。打更匠一下呆了，还没来得及张口惊叫，就觉得脑壳上挨了一下，什么事也不晓得了。

这一段故事，是二十世纪六七十年代流传于重庆城的手抄本小说《一双绣花鞋》开头一段的概述。这个故事，据说后来还拍了一部电影。

《一双绣花鞋》这个故事的发生地点，据传说，就在春森路的那个大院子。

春森路说是"路"，却是名不符实的，它只是一条小巷，一头接学田湾，一头接中三路。就是到了今天，也只是一条四米来宽、能过一辆大车的断头巷子。不过，行人可以走梯坎上中山三路。

二十世纪二十年代后期，重庆建市，开始修筑公路，建设新市区。通远门外这一片就逐渐有了房舍，更有军阀政客、富商巨贾在这一带修别墅、建花园。抗战爆发后，国民政府迁都重庆，上清寺一带就成了国府机关、大员的居住地。因此大兴土木，又修建了很多楼房、公馆。这个叫养花溪的地方，也修了不少公馆，也修有小马路与干道连接。形成街巷后，就取名春森路。

路，在当年对于重庆城来说，是一个时尚的新名词，因此新市区开发出来后，除了几条主干道称某某路以外，很多不大的小街，也跟了风，取名为"某某路"。

为何取名春森路？我曾经问过住在春森路里的单位老职工，各人的说法不一。大意有二，一是，对面的土坡上是早先从城里石灰市迁来的川东师范学校。校园里林木森森，取名时恰好是二三月间，树发新芽，满园嫩绿鹅黄，春意盎然，故取名春森。

二是，说有一个江浙巨商，在这地方建了一个公馆。有两个姓乔的年轻漂亮的交际花，从上海流落到了重庆，被这家老爷子看上，纳来做了姨太太，安置在这个公馆里。老牛吃了嫩草，有好事之徒取"东风不与周郎便，铜雀春深锁二乔"之意，将此路取名春深，以示讥讽。可此春深与彼春森意境不一，想春意盎然，林木森森之意似妥一些。

春森路上有三十年代修建的好几个院子，都盖有一到数栋不等的小洋楼。其中有一个大院子，有四五栋独立的小洋楼，还有宿舍楼和一些平房。从中山三路二巷到春森路、养花溪这一片，都是这座大院子的范围。解放以后，这些官产被政府接收，作为一些机关单位的办公地点，或用作职工宿舍。后来单位多了，职责不同，就逐渐用围墙隔开，形成了几个互不相通的小院。

我们单位在春森路有宿舍数栋，其中某号就是一个围墙围着的较大院子，据说也是林家大院的一部分。这院子在二十世纪八十年代拆除，新建了一幢大楼。之前，院里只有两栋独立的二层小洋楼，还有一排六间的平房。院子里很宽敞，有花坛、花圃，还有大树几棵，竹林几丛，住着十来户人家。小楼是坡屋顶，建有阁楼。有段时间，这些十来个平方大小的阁楼，还安排给年轻职工当临时住房。

关于《一双绣花鞋》这个故事，老职工们说，听过。至于是不是发生在这里，也有不同说法。有二十世纪五十年代初就住院里的老人说，有此事，还说现在某单位的那栋楼（也已拆除了）就是事发地点。也有老人讲，只是听说过，刚解放时，是有打更匠死在这附近。但是不是《一双绣花鞋》里所说的打更匠，就不晓得了。

数十年来，春森路的旧房已经拆除改建，原有建筑物多已不见踪迹。

马鞍山也有故事

  马鞍山，在重庆渝中区。这里的马鞍山是一座小山堡，不是安徽省那个叫马鞍山的城市。

  说起马鞍山，对重庆渝中区不太熟悉的朋友可能有些陌生，但说到重庆人民大礼堂，大家伙就晓得了。大礼堂背靠着的小山堡，就是马鞍山。当年建大礼堂，因为地块小了点，就把马鞍山挖脱了一块。今天大礼堂背后，还是陡峭的山岩。这陡峭的山岩上，就是马鞍山。

  为何叫马鞍山？马鞍山所在的地方是枣子岚垭。早年在这个通小路的垭口上，长得有几棵大枣子树，因此叫枣子岚垭。二十世纪三十年代以前，这里也是荒山野岭的官山坡，只有几户农民在此种菜为生。这岚垭下方，有一座小山堡，山堡两头高，中间低，形似马鞍，也就叫成马鞍山。

  二十世纪三十年代后，新市区的开发建设热火朝天地进行，有钱有权的人，在新市区纷纷圈地建房。刘湘部下有一个姓何的将领，见到这形似马鞍的山堡，就来了精神。说自己是军人，军人离不开战马，在马鞍子上建一座院子来住，就稳当了。以后，平时可以保平安，打仗时可以保证打胜仗。

对于修房子，他也有些"见解"。他说，这是马鞍，与马不同。马有头有尾，马头高，马屁股低。马鞍是两头高，中间低，在"马鞍"上修房子，就像人骑在马上，中间要高。要修就修三座房子，中间一栋要高，两头要低，他就住中间那栋。说是像骑马一样，视线才好，便于冲锋陷阵。因此这房子中间一栋就修了两楼一底三层，两边的就少一层。这院子修建完工后，见周围的比他先修的院子，不是叫这个花园，就是叫那个花园；这边一个庄，那边也是一个庄。见自己马鞍子这里，地盘不很大，花也不很多，叫园不好，叫个小庄还可以。所以，在风水先生选了上梁的黄道吉日后，就以吉日良辰之意，取名为良庄。

良庄是一个军人修建的，住的也是军人。后来住的，却是文人，而且是大文人。这有什么故事要说？不急，有个坊间的故事值得一说。

抗战爆发后，国民政府迁都来到重庆。随着迁移过来的机关、企业、学校、团体也多，其中就有很多文化单位。专家、学者、艺术家、作家们也跟着来到重庆，其中就有很多大文人。

良庄的主人打日本去了，房子空了很多。主人就把空房子出租，一来可以收点房租，二来也可以解决那些内迁人口无房可住的困难。沈钧儒、沈雁冰（茅盾）等人来到重庆，就租住中间那栋房子。

沈钧儒是前清进士，在日本留过学，回国后参加过辛亥革命。五四运动期间，大力提倡新道德、新文化。当过上海法科大学教务长，又是大律师。抗战前与孙夫人宋庆龄等组织成立全国各界救国联合会，被蒋介石打压。沈钧儒与邹韬奋、李公朴等七人被蒋介石下令逮捕，时称七君子事件。抗战爆发后出狱，到了重庆，于1941年倡议建立中国民主政团同盟（中国民主同盟，简称民盟）。全国解放后，担任过中央人民政府委员、最高人民法院院长、全国人大常委会副委员长、全国政协副主席、中国民主同盟中央主席等职务。

沈雁冰（茅盾）是北大学生，参加过五四运动，1921年参加了中国共产党。长期领导中国左翼作家联盟、领导抗日救亡运动。新中国建立后，任过文化部部长、中国文联副主席、中国作协主席、全国政协副主席等职务。他的作品有《子夜》《林家铺子》等，还出版了十卷《茅盾文集》，是中国的大文豪。就是现在，在文学领域这一块，还设了一个"茅盾文学奖"的大奖项。

这些文人陆续住到这良庄后，这里也就"热闹"起来。

一是来访的客人多，且都是当时的中共党员、爱国民主人士、大文人、社会名流。如周恩来、叶挺、王若飞、王炳南、冯玉祥、于右任、田汉、郭沫若、沙千里、张申府等等。

二是很多社会贤达为了交往方便，就在这周围团转找房子，租下来住。比如史良、邹韬奋、李公朴、黄炎培等，都租住在枣子岚垭、马鞍山一带。良庄逐渐成为爱国民主人士聚会的重要地点。

再是这里"卖东西"的也多了，白天卖香烟洋火的，卖瓜子花生的；卖枷枷糕黄糕粑的；修皮鞋补皮鞋擦皮鞋的；看相打卦算命的。巷子口口坐着的，挑起担担串街的，这个走了，那个过来。到了晚上，卖凉粉凉面的，卖抄手担担面的，这个喊过去，那个又喊过来。半夜三更了，一会儿这里在唱炒米糖开水，一会儿那里又在喊醪糟鸡蛋小汤圆。不要以为这些人真的是卖东西的小商小贩，这些人做生意，是不想赚钱的哟。他们不赚钱赚什么？赚眼睛呀。他们一天到晚用眼睛在看，到良庄去了几个人；是哪几个；去的是上午下午还是晚上；在里面待了多久；有眼生的没有？是走路来的，还是乘车来的，什么车；牌照号码；等等，一切，都要看清楚，看明白，记在心中。

大家这下该晓得这些是什么人了。马鞍山往西下坡一点，就是学田湾，接着是下罗家湾，往上走一点，就是川东师范学校。说起来是座学校，可那里面住的却是中统特务。

枣子岚垭上头一点，是上罗家湾。也有一个院子，驻了一个单位，那是军统局的本部。军统局长戴笠的窝子多，这里算主要的一个。因此他经常在这里坐一下、办下公，或者休息睡觉。

蒋介石对这些民主人士从来就没有喜欢过。现在这些民主人士住在良庄，在他眼皮底下晃来晃去，蒋心头哪里会安逸？这一不高兴了，那军统中统的，也跟着高兴不起来。因此，这个地方"卖东西"的人就多了点。

可惜的是，这些站街的小商贩，都是些小喽啰，对这来来往往的人，他们也只能看在眼里，记在心头。没有上面点头，他们根本不敢有所行动。但也有不知趣的小特务，想立功想疯了，弄出些事，结果整得戴笠鬼火冒。有一次，他就差点把一个小特务的脑壳揪下来。

有一天，冯玉祥从巴县虎溪河进城，想去良庄。路上车子抛了锚，他只好搭一辆顺路的军用中型吉普车（俗称二号车），到了枣子岚垭，让司机自行回部队。一个卖烟的小特务，见一个穿便衣的大汉从车里下来，进了马鞍山那条巷子，觉得这人、这车都可疑，就向带班的队长报告了。

这队长没有看到进去的人是哪个，听这小特务一说，就把这二号车拦了下来，说是有事要问一下。这车是重庆卫戍总司令部的，开车的是个老油条，也不是个省油的灯。见拦车的是两个做小生意的，哪会想是这统那统的，当然不买账。心想："反了反了，卖烟的也敢拦老子的车？"下车二话不说，就给了队长一耳光。小特务见队长挨了打，当然要舔肥，于是从后腰上一摸，扯了根硬火出来，喊那司机不要动。那司机一见这场合，醒豁过来，晓得对方不是中统就是军统，估计是军统的多。自己一个兵，惹不起，也只好服软。

冯玉祥去马鞍山找人，结果主人外出不在，这时刚好从里面出来。看到司机遭枪逼到了，就问什么事。小特务不认识冯玉祥，就给队长递眼色，说这就是刚进去的那人。小特务不认识冯玉祥，可这队长却是见过的。一见是冯副委员长，用枪逼到的，又是冯副委员长的司机。只吓得来手脚打抖抖，连忙叫小特务收枪，赶紧立正报告，说是误会误会。

其实冯玉祥早就晓得，这马鞍山周围团转卖这卖那的人，中统军统都有。想咱一个堂堂副委员长，却要遭这些特务监视，就连坐的这个车，也要遭检查。心头着实气到了，就问了一句，你们是哪一统的？队长晓得闯了祸，只有老老实实回答。

冯玉祥不再言语，就坐上车，径直开到戴笠住的院子。戴笠恰好这天也在，只见冯玉祥进了门，就赶紧站起来。还没来得及敬礼报告，就听冯玉祥说了一句："管好你的手下，莫要干那些无法无天的事情。"说完这话，转身就出了门。

戴笠见冯玉祥这么生气，估摸是卖香烟瓜子的人惹到了这副委员长。他不怕这副委员长，这副委员长是空头衔，没有实权，一个连也指挥不动。但他也明白，这姓冯的敢向老头子（蒋介石）拍桌子。怕就怕他到老头子那里一闹，老头子对姓冯的无可奈何，挨骂的，却还是他戴笠。这回不晓得是哪个不识好歹的东西，把冯玉祥得罪了。

一查，事情很明白，戴笠也没法。处理吗？他们是在执行自己的命令。处理了，以后事情不好办。不处理吗？还不晓得这冯副委员长是什么意思，万一他到老头子那里说聊斋，那老头子怎么下得了台？戴笠就是戴笠，马上下令，发配这两个小特务到川东，滚到一个码头的侦缉队去了。

解放以后，良庄由市政府接管，属市属公房。数十年里，也时有维修，一个院子的三幢房子，也隔成了三个小院。数年前，这良庄已经确定是市级文物保护单位。

重庆城最早的公园

渝中区有条街叫公园路，是以人民公园得名。这条街，是连接上下半城的重要人行通道，渝中区的人大多晓得。重庆城现今公园众多，知名度高的，有鹅岭公园、枇杷山公园、彩云湖公园、龙头寺公园等。人民公园却不大出名，原因是太小，相当于现在的街头花园绿地。不常走这条路的人，路过时也不一定知道是人民公园。

人民公园是现在的名称，以前叫什么？叫"中央公园"。这是重庆解放前的叫法。中央公园占地不大，很袖珍，虽说小，却是重庆城第一座对普通市民开放的公园。公园建成开放，引起轰动，前往游览者，摩肩接踵，游人如织。

在二十世纪二十年代以前，重庆城是没有公园的，一般人也不知道公园为何物。重庆城里叫花园的倒有几个，比如王家花园，也叫涵园，也就是莲花池，是明思宗朝东阁大学士巴县人王应熊的别墅。王家花园早已不存，却留下个莲花池的地名，今天，也还有莲花池社区。

何家花园，在和平路附近。何家花园主人是何彤云，云南人，曾是清道光年间进士。在奉旨回云南充任团练大臣时路过重庆，因病留了下来。后任重庆东川书院的山长（院长）。何家花园是他的别墅。现已不存。

骆家花园在临江路与沧白路交会一带。是巴县人骆昂的住宅。是住宅，也是花园，但早已不存。骆昂以军功出身，曾任西宁兵备道。

城外，有桂花园、张家花园等。但这些花园都是私人住宅，一般市民是进不去的。

重庆成市，开发新市区后，陆续建起了适中花园（少年宫、儿童医院一带）、陶园（上清寺）等。这些花园属于开放性的，公众可以随时进去游览。

重庆城历来是川东工商重镇，人口众多，但地盘却有限。因地形因素，城市建设倚山就势，石板铺成的街道狭窄又七弯八拐。道路不直不说，而且多是梯坎。修建房屋是见缝插针，太过密集。因此地皮昂贵，空地极少，也就没地方栽树种花。加之居民生活用火多用柴草，故而"空气之恶，亦遂全川之最"。辛亥革命以后，一些有识之士，认为城市应有一些绿化场地，以改善生活环境，改变城市景观，使市民有一个游览、休闲的去处。

这个设想得到市民的响应，当局也觉得重庆城太过破旧，于是把建设公园提上了日程。1921年，杨森任重庆商埠督办，把重庆府衙背后的后伺坡一带定为公园地址。因后伺坡一带大致在旧城的中间位置，因此把这座公园定名为"中央公园"。

后伺坡有一条石板路连通上下半城，路两边是周边居民倒垃圾的渣滓堆。好多年下来，后伺坡堆积的垃圾，成了几座山。

工程开始后，一边开始清理如山的垃圾，一边逐次修建道路、堡坎。不久，四川军阀混战开始，公园建设只好停了下来。

过了几年，刘湘"统一"了川政，战事渐缓。潘文华接任重庆商埠督办，续议修建，并于1926年10月开始复工。因为后伺坡地方小，但坡陡，施工难度大，且工程费用高。于是将巴县政府（巴县衙门）后边一块稍平缓的空地划入公园范围，以图摊薄工程费用，又扩大了公园面积。为了加强管理，潘文华还组建了一个事务所，指定专门委员以管理公园的建设、经营事务。1929年8月，经过近三年的建设，公园全部完工，开始对市民全园开放。

中央公园确实不大，占地只有一万多平方米，可也像模像样的。大门进口，建有喷水池、悠然亭，塑有中山像。园内种了大量的树木、花草，修建了道路和花间小径。公园的东北面，在称为葛岭的小土包上，建有一座楼台，叫金碧山堂。其左边有亭子叫小灵漱。西边，垒了座假山，假山下有洞穴两个，可以互通，取名巴岩延秀。西南面，建有江天烟雨阁、涨秋山馆。园内设有阅报室、儿童游戏场。还养了一些如猴子、穿山甲、孔雀、八哥、金鱼、锦鲤等小型动物，供人们观赏。此外，还修了一个时尚的网球场。

二十世纪二十年代，网球对于普通市民，是连听都没有听过的东西，为何还有修建？原来有人到过欧洲，学着打过网球，回来在白象街的洋行做事。白象街的洋行多，洋人有一些，当买办的假洋人也不少，因此要求修个网球场，让洋人们有个打球的地方。当局对洋人的要求当然给予了满足。于是在重庆的第一座公园里，建起了第一座网球场。

公园建成开放，一时间万人空巷，盛况空前。市民们扶老携幼，涌进园内参观游览。可是，进这公园是收门票的。收多少钱？100文。在那时候，也是几碗小面钱。

当时市面上流通的主要货币，主币是银圆，辅币是铜圆、小钱。银圆又分大头、小头、川版十八圈（大头指银圆上的袁世凯头像大些。小头是指孙中山头像小一些。川版十八圈是四川省铸造的银圆，铸有十八个圆圈）等。因含银成色不同，每天汇率行情变化，一块银圆可兑换辅币铜圆、小钱（铜质，铜圆无孔，铸有年号、铸造机关、币值等。小钱外圆内有方孔。钱上两面铸有□□通宝、□□文字样，习称孔方兄，因币值小，俗称小钱）2000~2400文。

这100文对于普通老百姓来说，贵是贵了点，但一次两次进公园，叫玩了格，也能承受。但那些挑水卖、做小生意的人，过路的升斗市民，天天要从这里经过，就要喊天。

前面说过，后伺坡在重庆府衙门背后，本来有一条三尺宽的石板路，是下半城经肖家凉亭到大梁子的捷径。是行人、挑水夫、从南岸过河来的卖菜人的必经之道。中央公园规划中，已将这条道路围进了公园里面。改建后，这条道路变得宽敞。

辛亥革命后，撤销府制，只保留省、道、县级政府，重庆府已经不存在，府衙是官产。刘湘为了充实军费，就将这府衙变卖，改成了商业场。商业场建成，上半城到商业场买东西的人多了起来，路过公园的行人也越来越多。

公园一收门票，这些过路行人就不干了。天天都有过路人因买门票，与门房收票人发生争吵。打捶角力的事，也时常发生。一时间群情激愤，要求也简单：过路人不买门票。这种呼声此起彼伏，越来越大。

这时有一个前清秀才，家住状元桥。为了求生活，在总土地摆了个写字摊，每天要过公园几趟，对这收门票更是气不打一处来。就写了一首打油诗，粘贴在园旁墙上。诗中讥讽道："中央有地号公园，门禁居然森且严，园中未贮杨妃履，也取游资一百钱。"

这首打油诗被人看到了，一传十，十传百，很快在市民中广泛流传。当时报纸上也有报道，刊发了此打油诗。报纸这一报道，使得当局难堪。迫于舆论压力，当局最后取消了收费，任由人们进出，游览。（一说当局在公园围墙外边另修了一条石板路，供行人通行。）

发生在中央公园的另一件事，也可以说一说。

二十世纪二十年代后期，驻重庆的川军某师的师长，坊间戏称为小瘟猪。他家住在通远门内的打枪坝。三月的一天，城墙外石板坡出现了一只老虎。这小瘟猪听到卫兵报告后，就提了挺轻机枪，架在城墙上，一梭子把老虎打死了。这是一个轰动的新闻，很快全城百姓都晓得了。

这小瘟猪打死了老虎，一下子成了打虎英雄，好不高兴。手下有人拍马屁，吹捧他，特地建议说："师长，你打死了老虎，放在这里，人家也看不到，晓得的人也不多。中央公园已经开放了一部分，入园游玩的人多得很。不如把老虎拿到那里去展览，让市民们都来看下。让大家晓得打死老虎的是师长，是何等了得的打虎英雄。"这话很是入耳，于是，小瘟猪叫人吹吹打打地把老虎抬到中央公园，搞了个公开展览，还特别邀请了重庆城的军政首脑、富商大贾、学界名流、地方乡贤等前来参观。想到老虎皮虽说有几个枪眼，但也是难得，决定虎皮剥下自己留着，把虎肉拿来办酒席，称为老虎宴，请来参观的贵客品尝，让他留个好印象。

就在这老虎宴中，闹出了一个大大的笑话，一时间流传于山城坊间。

原来，小瘟猪邀请的客人当中，有一个商界名人，姓赵，是重庆商会的会长。这人做生意倒是一套一套的，生意做得大，有钱。他早年是读过几天书的，胸中墨水却不多，常常说些文不对题、牛头不对马嘴的话来。这也罢了，偏偏他要附庸风雅，喜欢吟诗作对、谈些名人典故。他看到大家伙都在向小瘟猪敬酒，也挤上前去讨好，向打虎英雄祝贺。他奉承地说道："师长武功超群，真的是好枪法。古有武二郎，今有您师长，可武二郎哪比得过师长您。只可叹这虎落平阳，被师长您一枪毙命，也是该死。"

这小瘟猪正在高兴，敬酒的人又多，没有听得很清楚，也连忙道谢说："承会长夸奖。过奖、过奖了。"

小瘟猪没听清楚，可旁边的人却听清楚了，一下哄笑起来。小瘟猪不明就里，也笑着点头示意。大家见小瘟猪还没醒豁，更是大笑不止。过了一阵，笑声稍弱。小瘟猪慢慢回味这赵会长的话，这才醒豁，赵会长把他洗涮惨了。常言道"虎落平阳被犬欺"，老子打死了老虎，他却把老子当成一条狗。这一想，气得来火冒三丈，转身拂袖而去。一个老虎宴，就这样不欢而散。

赵会长见师座气得走了，还不晓得是哪股水发了。有人指点说："哥子，你那句话'虎落平阳'说拐了哦。"赵会长这才回过神来，晓得戳了笨。一下吓得打抖抖，木了。他晓得得罪了这杆枪，以后的日子怕是不好过。

商会的一些同行也看不惯小瘟猪的德性，但也晓得，得罪了他，今后麻烦不会少。于是帮赵会长出了些主意，以图挽回彼此之间的关系。

第二天，赵会长特地上门，向小瘟猪赔了礼，送了一笔钱，说是慰劳打虎英雄。小瘟猪看在钱的分上，也想显示他的大度，也就不再计较。

此事流传得很广，报纸上也有议论。一下成了坊间茶余饭后的谈资。赵会长也因此大失颜面，好长一段时间不敢出门见人。

我的画学启蒙

我的画学启蒙肇始于九岁。

九岁起，我开始临摹各种各样的主席像，但手尚笨、眼尚拙，好在未出以示人，否则必有损主席威严。好在我只是在家所为，否则，必贻笑大方。十一岁时，我结识了刘有为大哥。刘大哥是川美附中的素描高手。在刘大哥的教导下，我开始了系统的素描训练。其后几年，我又先后师从川美雕塑系黄才智先生，川美油画系王大同先生（新时期中国美术标识性作品《雨过天晴》作者）、杜泳樵先生（被马克西莫夫誉为东方色彩大师）及重庆街景王子熊吉炎先生等。除了这些先生，我曾把索洛维耶夫的《素描教学》、伯里曼的《艺用人体结构》奉为经典；把佛鲁贝尔、尼古拉·费钦的素描，列维坦、透纳的风景作为楷模。如此这般，我的画学成绩在素描、速写、色彩诸方面疯狂成长。

我的画学成绩疯狂成长还有其他因素。

一、遗传了妈妈爸爸的手巧基因

妈妈善女红，刺绣在老家黔西闻名十里乡间；爸爸的草鞋打得顶呱呱，早年从军时拿过所在部队打草鞋比赛第一名。

二、志同道合的画学团队

画学不仅是个学有所长、术有专攻之学科，更是一个涌现思想、释放创造力的学科。撇开天赋不说，人的思想和创造力是其直接经验、间接经验存储，体悟及人与人之间思想和创造力相互交流、相互碰撞的结果。志同道合的画学团队就是如此这般的集体。盖因人类争强好胜的德性，除了所谓交流和碰撞，志同道合的画学者之间充满了"比学赶帮超"。不唯画学团队，比学赶帮超是所有行业团队中促进竞争者疯狂成长的激素。我的画学发蒙期就有这么一个志同道合且充满了比学赶帮超氛围的画学团队。团队中人相互欣赏、相互竞争，见面就打嘴巴仗。打完嘴巴仗就比学赶帮超。岂是比学赶帮超，我们还一起"犯罪"。犯什么罪？"偷窃罪"。偷什么？偷纸、偷书、偷画。

三、取之不尽、用之不竭的模特资源

他们包括人物和街景两部分。人物指的是张家花园那些可看性、可画性极强的老街坊及嘉陵江边那些五大三粗的船工们；街景，简单地说，就是多山、多坡坎、被两条大河托起，春秋多雨，夏天闷热，冬天干冷，一年365天，有近200天被灰雾罩起，天色以麻麻亮和烘烘太阳为主的老渝中——市中区街景。

插件

1. 偷纸。画学是个费钱的行业，画笔、颜色、纸张等画学材料不可或缺。从前集体贫困，家家勒紧裤腰带过日子，难有余钱买画学材料。没钱买，就偷。颜色画笔不好偷，都摆在文具店的橱柜里。纸张除了摆在文具店的橱柜里，印刷厂也有。张家花园附近那时就有重庆印制三厂、人交公司印刷厂。为此，这两家印刷厂就成了我们不断偷窃的目标。我们作案基本一条龙，有人踩点、有人放哨、有人偷窃、有人接应。我因眼疾手快，多担任偷窃角色。然而，再眼疾手快，亦是久走夜路必闯鬼。好几次我被捉贼捉赃，要不是我一泡鼻涕一泡泪地实话实说，要不是工厂保卫人员同情"有志少年"，我早被刬进少管所。

2. 偷书。我们去哪里偷书？去解放碑民权路外文书店。外文书店专营外版书（主要是俄文版科技书），我们那时连字母 ABC 都不识，居然偷外版书？大概因为外文书店的外版书大多是硬壳精装。偷得硬壳精装书后，我们通常撕去内页，只留硬壳。留硬壳做什么？做速写本壳壳。

3. 偷画。画学启蒙时，我勤奋学画，没门户之见，总想弯道超车，见了好画，顿起歹心。其中，印象最深的一次是，二十世纪七十年代中期某日，我和三五画学伙伴又去解放碑偷画。路经民权路卫生教育馆，其大门口正在张贴的一张巨幅招贴让我眼睛一亮。它左下角摆放的素描稿更是叫人拍案称绝。在其他画学伙伴还没回过神的情况下，我奋不顾身地扑上去，抓起它就疯跑……事后，我才晓得该素描稿为孙鸿所绘。孙鸿何许人也？从前有山城洛克威尔之称的招贴画大师，但比洛的色彩画得更透明、更亮丽！

渝中区·一号桥南桥头（水粉）　　1979 年

巴南区·南温泉（水粉） 1980 年

渝中区·临江门（水粉）　1978年

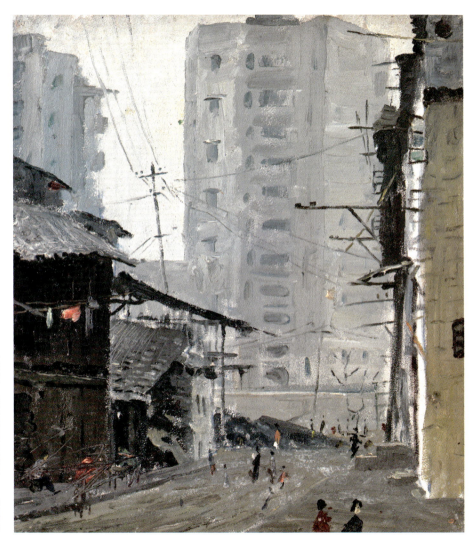

渝中区·较场口后街（油画） 1979年

渝中区·安乐洞（水粉）　1979年

渝中区·学田湾河街（油画） 1982年

渝中区·中山四路（油画） 1977 年

渝中区·学田湾宾楼（油画）　　1984 年

渝中区·大溪沟煤场（水粉）　　1978 年

今日胜景从昔来

从磁器口说起

关于磁器口，以前有很多朋友发帖子说过。我在过去的帖子里面，也曾提起过磁器口，但没有多说。这回，就从磁器口说起。

磁器口原来叫白崖场、后来叫龙隐镇，再后来叫磁器口。

为何叫白崖？原来此处有白崖神墓。《舆地纪胜》载："白崖在（重庆）府北三十里，有白崖山，山有寺曰白崖寺，相传有白崖神墓。"乾隆旧《志》载："龙隐山，直里一甲，城西三十里，即白崖山。脉出歌乐山。"古人对于方向的描述没有今人准确，故有说北的，也有说西的。

宋代，在白崖这里建了白崖寺，即宝轮寺。文人墨客历来对名山大川、风景名胜、佛寺道观多有评说，留下诗赋题联。说到宝轮寺，也有众多题咏。如清乾隆年间巴县乡贤、举人陈廷阊有一首诗，是这样描述的："拨云寻古寺，崖破洞重开。山鸟惊人起，江流抱石回。天飞岚外翠，霞落镜中杯。蹦遍空王界，深篁辟草莱。"

嘉陵江常发大水，淹上白崖。清乾隆巴县知县张兑和，有一次去白崖，恰遇江水上涨。见大水中的白崖又是一番风景，他写道："树杪飞檐雾尽霾，记曾二宿最高斋，瓜皮一叶乘空下，指点中流望白崖。"

到了明代，宝轮寺又叫龙隐寺。场据寺名，也因此改叫龙隐场、龙隐乡、龙隐镇。后来由于附近青草坡上有窑厂，烧制些碗钵碟盘等日用磁器；这些磁器，要挑到龙隐场码头装船外运，因此这里就成了磁器的集散地。江边的磁器商铺、客栈成了一条街，还有专门装载磁器的码头，称为磁器口。时间一久，龙隐场就改叫成了磁器口。

抗战时期，国民政府迁入重庆。后定重庆为陪都，升格为行政院辖市。为适应抗战首都建设需要，市区范围因此扩大。遂将江北沿江部分，巴县在南岸的沿江部分，以及巴县西部一些乡镇划归重庆市辖。时属巴县的龙隐乡包括沙坪坝一带划入重庆市，属十二区。抗战胜利以后，改为十四区，区公所驻磁器口，管辖磁器口、沙坪坝、小龙坎、金沙街、红槽房、童家桥一带。

为何宝轮寺叫成龙隐寺？据传这与明朝的建文皇帝有关。

明朝的建文朝是惠帝朱允炆的年号，他在南京登基不久，采纳一些老臣的建议，开始削减藩王的权力。他的叔叔燕王因此忌恨他，就从北京发兵，以清君侧靖难之名，带兵攻向南京。建文皇帝不敌，只好离开南京逃难。据说，先帝朱元璋的军师刘伯温早有预料，燕王在朱元璋死后会为难建文皇帝。因此，刘伯温为保全自己，称病告老退休回家。临走时将一个密缝的锦缎口袋送给建文皇帝，嘱咐建文皇帝在危难时刻打开锦袋，按计而行。

此时燕王兵临南京城下，指日可破。建文皇帝拆开锦袋，见袋中有一纸条，纸条上写了一首诗："御花园侧家具房，打开木柜换僧装。柜下有洞燃烛走，随火自然往西方。"建文皇帝依计而行。他化装成和尚，带着几个心腹大臣、侍卫逃离南京。建文皇帝一行从东向西，一路行走川、滇。在重庆，建文皇帝留下了不少踪迹。比如南泉有建文峰、统井有御临河、渝北有龙兴、渝中有龙隐路、巴南有圣灯山等。

传说中，建文皇帝来到重庆，到了江北相国寺。准备在这寺中挂单，住一段时间再打主意。不想官府奉燕王之命，在各地要道关隘、渡口张贴海捕公文，悬赏缉拿建文皇帝一行。到相国寺时，建文皇帝觉察到有人跟踪，为了尽快脱身，建文皇帝让随从先行过河，自己与跟踪者周旋。傍晚，建文皇帝过了嘉陵江，到了牛角沱，为了及早摆脱跟踪者，就沿江北上，前往宝轮寺。

建文皇帝来到虎头岩下，前面来了一队官兵，后面的跟踪者也追了上来，建文皇帝没办法，只好避到路边树林中。跟踪者是一个在相国寺的香火道人，看到建文皇帝时，隐约见这和尚腰间有一条金龙盘绕。看和尚相貌与海捕公文的画像相似，一时起了贪念，就跟踪起建文皇帝来了。这时和尚来到虎头岩下，他见和尚进了小树林，恰好前面来了一队官兵。他想，只要向官兵告发，捉住了这和尚，这功劳也就有一份。再怎么着，也可以讨点赏钱，好去吃花酒。

此时，已经不见和尚踪影。他急忙上前拦住官兵队长，说是有个海捕公文里的和尚就在小树林里，捉住了可是大功一件。

这队长带着兵从红岩嘴转过来，就没有看见过一个人，只看到这杂毛，因此不相信，但又想立这一功。于是下令进树林搜查。一个不大的树林，树下又光光生生，哪里有人影？队长正要理抹这杂毛，见有一群路人从红岩嘴过来。就问，见一个和尚过去没有？

有人回答说："见过了，在上土湾碰到过。军爷，这和尚怪呢。还老远，我们就看到起这和尚头顶上空好像有一条金龙盘旋。到了跟前，见这和尚面目清秀，不怒自威，让人不敢直视。我们一路上都在说，这和尚怕是有些来头呢。"这时，后面又走来一个老者，听这话，接嘴说："路上哪里有什么和尚哟，你说的那和尚在宝轮寺，一个下午都在给香客讲经，我们走时，都还没有讲完呢。"

队长傻眼了，这一会儿工夫，树林里没有，路人却说在上土湾碰到，又说一下午都在宝轮寺讲经。到底信谁的？

以后，这事传开，越传越神了。民间认定建文皇帝来了重庆，路过这里，在宝轮寺挂过单、讲过经。再以后，虎头岩下这条路就叫成了龙隐路（这是龙隐路由来之一），而宝轮寺也就叫成龙隐寺。

至于建文皇帝是不是真的来过重庆，不好说。建文皇帝以和尚身份出逃，这是明代的一大悬案。说没有，在川滇却有大量与建文皇帝有关的传说；说有，又不见诸历史记载，史家也拿不出过硬的证据。

不过也有人说，建文皇帝到重庆，怕是真有其事。理由是，《巴县志·旧志》载："相传明惠帝允炆，逊位后削发为僧逃往西南，曾在寺中避难。"这寺就是龙隐寺，不过，说的是"相传"，并非定论。

又有记载说，建文皇帝一行人在南泉后山上修了一些茅草房子，住了下来。当地人经常看到一个自称法号叫雪庵的和尚，带着两个年轻些的和尚在山上茅屋内打坐。这些和尚从不向人透露来自哪里，也不打听山外之事。有时天气好，傍晚时分，这雪庵和尚也会来到村子里，买来零食，找几个年长的村夫樵子，边吃边谈天。村夫樵子见雪庵和尚引经据典、谈吐不凡，都说他是得道高僧，对他甚为尊重恭敬。

有一天傍晚，雪庵和尚来到花溪河边，一边诉说哭泣，一边把一本书一页一页地撕下来丢入河中。村夫们听不懂他在哭诉些啥，就把丢下河中的书页捡了几张起来，找先生看了。先生说这是屈原的《离骚》，众人不得其解。有樵子上山打柴，路过茅屋，听说雪庵和尚病了，就进去看他。雪庵和尚说，他是"处州松阳县九都人氏"。不久后雪庵和尚圆寂。

到了明正德年间，有巴县士子贾琦受同窗之邀，到浙江处州的松阳教馆。在与同窗朋友及当地士子的交往中，得知松阳有个建文朝的御史叫叶希贤。在建文皇帝出逃以后，这叶希贤也不知所踪。这贾琦在巴县时住家离南泉不远，也曾听过关于这雪庵和尚的故事。联想到故事中说过，雪庵和尚是处州松阳人氏，因此认定这雪庵和尚就是松阳的叶希贤。这叶希贤跟随建文皇帝到了巴县南泉，在南泉后山结庐，以和尚身份避祸。人们认为与雪庵和尚在一起的青年和尚中，有一个必定是建文皇帝。此后，人们把南泉后山叫成了建文峰。

渝北的御临河，也有建文皇帝居住的传说。建文皇帝独自一人来到大洪河，到了统景这个地方。这里的百姓热情好客，民风纯朴。地形有深山密林，也有幽深峡谷，山明水秀，还有温泉。且山高"官家"远，是个避难的好地方，建文皇帝就找了一个山洞里住下来。

有一天他来到渡口等船过河化缘，不想碰到了前朝的老臣乘船路过。这老臣名叫杜景贤，在他登基后不久，就告老回乡了。杜景贤问明建文皇帝情况，就出头捐资劝募，在统景峡深山老林中建了一座小庙，请建文皇帝在寺里隐居，并按时送去粮食、蔬菜、香油等东西。有山民采药、打柴人上山，路过小庙，常见他打坐诵经，面前摆着好些书本。有采药人识字，见这些书不是佛经，而是《史记》之类的，还有些诗画。采药人取过诗画看，建文皇帝也不以为意。采药人见画上一和尚站在一寺庙前，向东眺望。群山中，一条大江蜿蜒东去入海。大江将尽处，有一座巍峨大城，楼台亭阁隐约可见。画上还题有一首诗，诗中写道："芒鞋久辞飞凤辇，袈裟换却绣龙袍，东望公卿归何处，唯见群鸦来上朝。"

建文皇帝也常烧些茶水，请山民喝；也喜欢与山民摆谈，天文地理、各地风俗，摆得来头头是道。山民们称这和尚为奇僧。后来采药人在与人摆谈中，说到了和尚画的画，写的诗，有乡贤认定，这就是建文皇帝，连忙上山拜访，却人去庙空。以后，他住的小庙就叫成了龙藏寺，这段大洪河也改叫为御临河。

巴南的圣灯山，原名圣登山。传说建文皇帝曾到此山中的一个小庙暂住。寺僧见建文皇帝谈吐不凡，又几次在夜间听他说梦话，梦话中称孤道寡，说被燕王夺位，太冤。因此怀疑是建文皇帝到此。寺僧与他交谈，又含糊不清。不久建文皇帝离去，寺僧把这座山称为圣登山，寺为圣登寺。为防官府追查，就说是山上常有萤火虫，夏夜绕林飞舞，是为圣火。因此改称此山为圣灯山，寺为圣灯寺。小庙后来被毁，明成化年间用条石改建，故名石庙。

建文皇帝是否到过重庆？有的说来过，且史志有载。《明通鉴》中，有这样的一些话："建文逊国后，御史叶希贤奉帝为僧，号雪庵和尚，壮年落发，云游滇、蜀间，走重庆。"如是说，也只是说雪庵和尚到过重庆，并没有确定建文皇帝也到了重庆。也有人说没有来过，因为拿不出过硬的证据来证明。

建文皇帝来过没来过重庆，到了现在都不重要了。但毕竟有过这么多的地名与他有关，也因他而兴盛。

认定归认定，也只是一个人的联想。建文皇帝是不是真的到过重庆，也只能说是个传说。不过这些传说，也给重庆很多地方带来繁荣与兴盛，比如磁器口之前的龙隐乡、龙隐镇和渝北龙兴古镇、巴南的圣灯山等。

观音桥的由来

　　记得二十世纪七十年代初，听到过一些"少幺爸"唱的小调，其中有几句似乎还记得：城头妹儿生得白，打把撑花过江北。妹儿江北干啥子，她说找了个瓢儿白。这江北说的是哪里？就是观音桥，当时叫东方红公社（"文革"后恢复为观音桥公社）。瓢儿白，是指东方红公社种菜的菜农。

　　今天的观音桥，或者说观音桥商圈，是与解放碑比肩的繁华之地，成为重庆城的重要商业街区之一。

　　一个到处都是外文招牌的大厦、楼宇，如此繁华热闹、摩登时尚的商业街区，为何却有观音桥这个本土地名？

　　其实在一二十年前，观音桥也不怎么样。再早一点，在嘉陵江大桥通车以后，也不过是城乡接合部，十字路口四边有那么百十米的街道而已。周边都是菜地，就如那小调说的。

　　至于这观音桥的由来，说起来也简单。有人在一座石壁上打了一座不大的观音庙，又在庙旁的小河沟上，建了一座小石桥，因此名叫观音桥。这是书上说的，是清朝康熙年间的事，怎么说也有三百年历史了。

可这观音庙是谁修的，这桥又是谁修的？书上没说。不过民间曾经有一个故事，讲的就是一家湖广移民到了这里，修建这观音桥的事。

明朝末年，李自成起义在西安建立大顺政权后，带兵打下了北京，推翻了明王朝。与此同时，张献忠也攻占了四川，在成都建立了大西国政权。明将吴三桂勾结清军，引兵入关，镇压农民起义军，导致农民起义军的最终失败，后来清统一了全国，建立了大清朝。

这连年的战乱，使得国内各地灾难连连，百姓苦不堪言。尤其是四川，多年的战争与杀戮，使重庆、四川一带十室九空，路断人稀。乾隆二十三年（1758 年），人丁一万五千六百三十八，合之盛世，滋生户口八百九十八，丁数亦不及二万也。虽经张献忠之乱，民靡有遗，然历康熙至乾隆三朝之休养生息，为数当不止此。经过康、雍、乾三朝近百年的繁衍，巴县（包括县城即今渝中区）的人口也不过两万人丁，加上没有统计到的，也不过数万之众。

清朝政府为了巩固其统治，急需恢复社会生产。要恢复生产，就得有大批的劳动力。因此一面调整赋税，一面制定政策，鼓励江南湖广一带向四川移民，允许移民以圈地插占为业。也就是说，只要是无主之地，你可以圈下来，在周围打几根木桩为凭。然后到官府报告一声，办一纸契书，这片地就算是你的了。这以后的大规模移民，就是历史上的湖广填四川。

观音桥这一带当时属于巴县，也是路断人稀，行走十数里也不见人户。以前的田土早已是荆棘野草丛生，一片荒芜。

这天，一群背包挑担的移民走到了这个地方，停了下来。领头的是一个老者，姓关，这一群人都是他的家人。

关老头看了看这地方，觉得很好。小土坡下，一条小溪流入嘉陵江，小溪两岸，湾湾里，塝塝上，都是田土。田土早已没有人耕种，长满了野蒿草，但依然看得见条条田坎。

小土坡半坡上弯进去一个马蹄形的大湾，有一片房屋废墟，周围是茂密的竹林和松树、柏树。

关老头决定就在这里落脚，一家人开始修复垮塌的房屋，准备复耕田土。男人们砍树修房，女人们放火烧荒。没过几天，这家终于安顿下来。

看着儿女们在田间劳作，关老头这才有时间仔细打量这新家园。这院子坐北朝南，对着嘉陵江。院子里有桃、李等果树。门前是一条野草掩映的石板路，通往坡下小溪。顺着石板路走下去，到了小溪边，路断了，溪上没有桥。是本来就没有桥，还是桥遭洪水冲走，不得而知。小溪对面的石壁上，打得有一座土地庙。路这边的石壁上，也有一座庙，却没有完工，只是在石壁上打出了一个方形的洞，洞口上方已经打好了屋檐。洞内下方打了一个座子，刻有一些细线条花纹，没有打出来，仿佛描的是莲座。莲座上方也有一尊神像的雏形，是什么神还看不出来。这洞同土地庙比起来，要大得多。关老头心想，这怕是个观音庙哟，观音菩萨还没雕，雕的人却不晓得到哪里去了。唉，等以后空了，我来接手把这观音庙修好。

一晃两年过去了，关老头一家在这里开垦了数十亩水田坡土，这两年风调雨顺，收成不错。院子里修了几间茅屋，院坝也收拾出来了，显得很有条理。小溪上也用树木搭了一座桥，到小溪对岸，或开荒，或到江边打鱼都方便了。

秋后农闲下来，关老头想起了修观音庙的事。他学过木匠活、石匠活，说干就干，拿起工具就开干。腊月末，要过年了，观音菩萨像这时也雕成了。关老头给观音菩萨挂了红，烧了香，求观音菩萨保佑。

又过了几年，这路上有了行人，移民渐渐多了起来。关老头的院子里又增建了几间瓦房，小溪对面的田土也复垦出了一大片。这天，一场大雨引发的洪水，把小桥冲走了。关老头一边叫儿女们砍树搭桥，一边思量着修一座石桥。修桥修路是做善事，一家人都同意。于是，一家人利用农闲时间开塘口、打石料，用了近两年的时间，一座三丈长一丈宽的石拱桥修好了。

移民越来越多，有的移民在附近开始圈地插占。关老头这才想起，官府有插占为业的告示，来了这么多年了，如果不去领取官府契书，以后与人在田地上发生纠纷，就没有凭证。关老头于是过河进城，找到巴县衙门，禀报事情经过。巴县知县问了事情由来，叫师爷写田地契书。最后问道，你那个地方叫什么，得有个地名才好确认。关老头想，以前那地方叫什么名字我不晓得，只能现取一个名字。取什么呢？自己姓关，住的院子又在一个湾湾里头，不如叫关家湾？不好，以前在湖广的老家就叫关家湾。自己修了一座观音庙，叫观音庙？观音庙到处都有，不好。对了，自己在观音庙旁边还修了一座石拱桥，没有名字，不如就取个桥名来当地名。关老头见观音庙旁有座桥，心中一动，就回答说，那地方叫观音桥。

知县见师爷写好官契，盖上大印，将官契交给关老头。又叫师爷写出告示，让关老头拿回去张贴。

关老头回家后把告示贴在路边石壁上，觉得这一张纸，一阵风一场雨就弄得没有了。于是收好告示，把告示内容刻在观音庙旁边的石壁上。关老头又在桥头立了一块碑，碑上刻了"观音桥"三个字。

此后，这地方有了名字，叫观音桥。慢慢地，关老头周围的邻居多了起来，形成了一个居民聚落的小街，观音桥这名字也流传到了今天。

观音桥这座桥在哪里，我不晓得。不过，以前曾听观音桥的老人们说起过。有老人说，一处在公交车保养场门外口口（今北城天街口口）那里，离江北公寓不远。没有公路前，小河沟有一座小石桥，过了桥，往进城方向是一段石梯坎，坎上有一根大黄葛树。九十年代，这里还有一段数十米长的老街。又有老人说，观音桥在东方红水库（在今嘉陵公园、家乐福一带），以前是一条溪沟，二十世纪五十年代建了座小型水库。建水库时，把小石桥拆了，石料用于建坝，没入水中。不过究竟是与不是，得方家来说。

再说望龙门

　　主城的人都晓得望龙门，也晓得望龙门在过去有重庆最早的缆车。有朋友要求再说一下望龙门，应这位朋友之约，我就再说一次望龙门。

　　我首先要说的是，望龙门不是重庆的旧时城门，只是一条小街，一个地名。重庆筑城很早，最早有秦代张仪筑城，后有蜀之李严。还有南宋的彭大雅，明代的戴鼎。到了戴鼎筑城后，除了一些维修，就没有再筑过城。戴鼎筑的城，一直保持到清末民初，重庆建市，搞新城开发，开始拆城墙时为止，都没有改变。戴鼎筑的城有十七座城门，九座开门八座闭门，其中没有望龙门。

　　望龙门所在处有没有门？肯定地说，有一座门，是一座闭门。但不叫望龙门，而叫太安门。为什么叫望龙门呢？原来，这是人们站在这里能够"望"得见南岸江中一道叫"龙门浩"的石梁，以及石梁上刻着"龙门"两字的地方，也就是在这里"望""龙门"。

　　重庆城不像平原地方，修的城方方正正，正南齐北，而是依山就势，城墙沿着两江山崖上头筑成。到了望龙门这一段，山崖凹进去一块，城墙也随着山势跟着凹了进去。从这里看出去，正好对着南岸龙门浩。龙门浩石梁上的"龙门"两个字，从东水门、太平门看过去，都不那么方正。只有在这里看得最正，最清楚。有无名氏写打油诗道："城堞入云望月寒，龙门浩里静如潭，一江烟波摇帆影，唯见潭中白玉盘。"

要说望龙门，就得说长江南岸的龙门浩，因为没有龙门浩，也就没有望龙门。望龙门在重庆城东水门与太平门两座开门之间，它的对面是长江东（南）岸，离岸数十米，有一条顺江石梁。石梁很长，中间有个很大的缺口，形如一道大门。古人崇龙，门又在江中，因之取名为"龙门"。南宋绍兴年间，有乡贤出资请来石匠，在石梁上刻下"龙门"两个大字。这道石梁，除了遇大洪水被淹没外，平时都露出水面。石梁与岸边的一条水道，小船可以从上、下游水道以及"龙门"处进入。这石梁内的水道，可供通行，也可以泊船。这种能够泊船的小港湾，重庆人称之为"浩"，这条水道也因之名"龙门浩"。

这龙门浩内的水势与干流不同，相对比较平缓。每到月亮升起，映入这龙门浩中，是别有一番风景的。古代文人多喜吟诗，对这浩中圆月自是喜欢，称之为"龙门浩月"。将其列入巴渝八景、巴渝十二景之一。常有诗词吟诵，广为传播。

清代乾隆年间的巴县知县王尔鉴在编修《巴县志》时，就对前朝的巴渝八景进行了增删修改，保留了"龙门浩月"等一些风景。他对"龙门浩月"一景，是这样写的："石破天开处，龙行俨禹门。魄宁生月窟，光自耀云根。雪浪盘今古，冰轮变晓昏。临风登彼岸，涂后有遗村。"

清乾隆川东道张九镒，也写过"龙门浩月"，他诗中写道："石扇划地轴，一涧流淙淙。谁将青玉镜，挂在苍鳞龙。俯看波上下，波静影相从。举头问清影，银蟾隔几重？"

清人王邦镜，对龙门浩月也有题咏，诗中说："禹门山势郁嵯峨，掩映中霄玉宇和。庾亮登楼宾正满，王猷鼓棹兴偏多。夜光投处逢青眼，宝箧开时见素娥。闻道阳阿空郢调，联行可许和高歌。"

还是清人，奉节知县姜会照，到重庆时，也写过巴渝十二景，在"龙门浩月"一诗中，他写道："骊龙珠走字江边，水镜空明别有天。不比蚌胎盈复阔，玉轮终古浪花圆。"

有了这龙门浩的月，才有了望龙门浩的街。这望龙门，是条街，后来也改叫巷，更是一个地名。比如到了今天，仍然有以望龙门命名的街道办事处和派出所等政府派出机构。

最让望龙门名声大震的，是二十世纪四十年代望龙门缆车的建设开通。

重庆两江环绕，自古有舟楫之利。但是从江边码头下船，上岸进入城中，却是有点困难。那一坡坡梯坎，让人望而生畏。空手空脚还好，要是挑着担子、背着行李的人，这一坡上来，怕是一身汗水，累个不行。在过去的几千年里，日复一日、年复一年，也就这么过了。

进入民国，重庆建市，开始大力进行基本建设，建码头，修马路，城市面貌有了大的改进。但从江边入城，仍然是爬坡上坎，没有改变。

全面抗战爆发后，国民政府迁都重庆。随着大量政府机关、大专院校、工厂企业的迁入，重庆人口陡增。来往客商、过江行人越来越多，解决这爬坡上坎的交通问题，越来越迫切，呼声越来越高。此时的国民政府经济部长翁文灏，也觉得这个问题是政府的责任，应当尽快解决。于是建议组建缆车公司，以便规划建设缆车，以利交通。

翁文灏以经济部牵头，会同重庆市政府、中国桥梁公司共同发起，邀请重庆银行业、轮渡公司等单位，以筹建重庆缆车特种股份有限公司，专司其事。成立了以经济部翁文灏为董事长，交通银行的钱永铭、金城银行的徐国懋、中国兴业银行的傅汝霖、重庆市政府的杨绰庵为常务董事的董事会。并聘任中国桥梁公司的桥梁专家茅以升为总经理兼总工程师，专司设计、建造、经营等事宜。

董事会成立后，共筹集到资金4500万元，后来又陆续增资，最后达到6000万元。

有了资金、有了机构，就要开始建设。但建在哪儿？却有了分歧。重庆城沿江码头众多，下了船都要爬坡上坎才能入城。如果都建，没有那么多钱。筹集到的这点资金，在当时，只能建一座。具体修在哪里？有人说修在"迎官接圣"的朝天门，有人说建在"花包子雪白如银"的千厮门。还是翁文灏力排众议，说修在望龙门。其理由是，一，其他门的码头水势较缓，可以设立趸船，而望龙门江边水势湍急，一般趸船没法锚碇。二，抗战时期，南岸一带已是迁建区，人口越来越多。此时从南岸龙门浩过江的渡船，已经从东水门、太平门码头逐渐转移到了望龙门码头停靠。在当局对各码头过江行人的统计中，显示是望龙门渡口为最多。三，望龙门山崖凹进了一段，有现成的石梯坎可以利用，拆迁较少。坡道稍为平缓，有利于缆车建设通行。最后一致同意以望龙门码头至林森（今解放东）路为缆车修建位置。

望龙门下到江边，是一坡三四米宽的石梯坎，相对还比较直。经过茅以升等工程师们精心设计，规定缆车道长为178米，上车站与下车站之间的垂直高度约为47米，约相当于16层楼高。车厢两个，每个可载人50位。缆车轨道沿着石梯坎架设混凝土栈桥，在栈桥上铺设缆车轨道。上端与下端为一单线轨道，中间一段交会处，设两线轨道。行人走石梯坎，缆车走栈桥，各行其道，互不干扰。因为此时还是战时，物资、材料奇缺。茅以升等工程技术人员费尽了心血，做到了精心设计，因材施工。茅以升还亲自到现场监督施工，保证了工程质量。缆车工程于1944年7月破土动工，1945年4月竣工。经过多次调试、不载客和载客试验，验收合格。1945年5月16日正式通车运营。

此条下河缆车，在当时，是国内的唯一，是首创。与当时香港已经建好并运营的缆车道，有一个重大的不同。香港缆车建在陆地上、下车站也设在陆地上。望龙门缆车道，下端伸入江中。上车站建在陆地，而下车站是建在江边的。长江有季节性的枯水、洪水期，水位有十数米的变化，下车站只好设在洪水位附近。轮渡因洪水停航，缆车也随之停开。这样，可保证行人下船即可以上缆车站，既方便了行人，也提高了运行效率。

缆车正式开通运营后，重庆市民对这个从未见过的新玩意，既好奇，又惊叹，异常欣赏。一时万人空巷，涌来参观。市民纷纷排队买票，要玩一下格。有人坐下去又坐上来，说感觉是在腾云驾雾，称之为是"土飞机"。开通初期，每天客运量在五千人左右，最高时达到七千余人。

缆车开行后，客人买票上车。车票也有特点，不是纸质的，而是压制的铜板。下行车票，为长宽约两厘米的方形，上行车票为直径两厘米的圆形。中间都有一个小圆孔，冲压有"缆车"两字，没有票价标识。因为战时，通货膨胀，物价变化太大。不但每天不相同，就是上午与下午，票价也有区别。缆车票价也就跟着随行就市，随时在变化。

到了二十世纪四十年代后期，随着金圆券、银圆券的发行，物价更是涨翻了天，涨了十数万倍。比如一张四版的报纸，十年前是每份几分、角把钱，十年后的价格为900万元。曾有好事之人计算过，假如用一元的金圆券纸币去买一个烧饼，得用100来斤的钱。坊间曾有这么一个故事，说是有一个力夫，今天叫棒棒的，给一位客商挑两只大皮箱去望龙门江边过河。缆车不让上，说是要买货票。这客商一想，划不着，两个人，还有一张货票，钱都要好几坨。于是让力夫挑着皮箱，跟着自己步行，下到江边趸船。上了趸船，客商也大方，打开皮箱，从中取出两坨钱，全是100元一张的，付了力资。这力大没有坐过缆车，想玩下格。他想现在有两坨钱，买张票最多要一坨钱，剩一坨，还可以吃个帽儿头。就去买缆车票，结果这两坨钱刚好买得到一张。力夫后来自嘲说："老子挑了一趟货，得了两坨钱，坐了盘缆车，总算开了洋荤。"

有句古话说，叫大路朝天，各走半边。这缆车的开行，也应了这句话。上、下缆车在中间要交会，车与车的距离只有四十四厘米至五十厘米。乘车的一些杂皮崽儿，在会车时，看到有漂亮的女子，总要用话挑逗人家一下，甚至伸手去摸人家的手脸，还说这是大路朝天，各走半边。说坐车到了这里，才是最好耍的地方。

二十世纪八十年代，石板坡长江大桥建成通车以后，缆车还运行了一段时间。后来经过长江大桥的公交车逐渐增多，去南岸的行人多选择方便快捷的公交车出行。由于过渡行人逐渐减少，上级决定，望龙门轮渡停航，缆车也随之停运。到了今天，这缆车道还在，作为市级文物得以保留，供市民参观。

传说弹子石

　　弹子石是一坨石头，在南岸区涂山脚下的长江边上。也是一个地名，出名，这重庆人都晓得。这地方为什么叫弹子石？原来，长江边上的河岸上，有一片岩石，经过千万年的地质变化，江水冲刷，岩石逐渐崩塌，在河滩上形成了三坨巨大的石头，上面顶着一个大的圆形状石球。远看这石球，如同一个弹弓上用的石弹子。因形得名，后人取名为弹子石。后来岸上有了场镇，亦以弹子石为名。

　　《重庆市地名词典》说："弹子石，在南岸区北部，濒临长江，泛指呼归石、王家沱及弹子石广场一带，以江边原有三石顶一巨石，形同弹子得名。"这就是弹子石的由来。

　　对弹子石的来历，民间还有一种带有神话故事性质的说法，说是涂山氏女娇嫁了大禹，在这一片石滩上盼望治水的大禹归来。一天，身怀六甲的涂山氏突然发作，生子启于此石滩之上，因此，这片石滩取名叫诞子石。也就是说，这诞子石还与大禹有关。

这个优美又有点凄凉的故事是这样说的。

古代世纪洪荒，汪洋一片。大禹为了疏通九河，拯救百姓，受舜帝之命，不辞辛苦，四方开河治水。

当年四川盆地也是一片汪洋，只剩下几座高的山脉还露出水面。古江州山上面住了一些人家，以种山田薄土为生。这些人家中，有一个姓涂的老母，因此这座山也叫涂山。有天夜里，一阵奶娃哭声从门外传来。涂山老母打着松明出门一看，门外不远的水边有一个脚盆。脚盆里睡着一个把月大的奶娃，显然这是水冲来的。三更半夜，洪水齐天，哪还看得到奶娃的父母。涂山老母将奶娃抱进门，一看是个女娃儿，就养了起来。依涂山老母之姓，取姓涂山氏，名女娇。十数年后，女娇长大，已是美丽端庄的大姑娘了。涂山老母告诉了她的身世来历，要她另外找地方住。还送她一根骨针，说是以后来借骨针的人，就是她丈夫。女娇舍不得老母，又不能违背老母的意愿，只好在离老母家不远的地方，盖了间茅屋住下，天天过去服侍老母。

大禹奉了舜帝之命，身背开山斧，手提挖河耙，从东往西，一路开山开河，来到现在江州（重庆）这一带。这天，他挖开了黄草峡、明月峡，天已经黑了，又下起了大雨。劳累了一天的大禹爬上涂山，此时又累又饿，想找个地方歇息。恰好看到一丝灯光闪动，前面有一户人家。大禹来屋前敲门要求借宿，听到门内有女子说话，说她叫涂山氏女娇，家里父母双亡，只有她一人在家，男子借宿恐有不便。大禹想想也是，就回应道："大姐既有不便，大禹就在屋檐下借宿了。"涂山氏女娇听大禹说话如谦谦君子，想让他进屋，又感孤男寡女，实有不便。就指点说，不远处有涂山老母，可到那借宿。

大禹按指点找到涂山老母。得知大禹是舜帝派来治水的，涂山老母立即烧水做饭，热情款待。一边让大禹吃饭，一边问起了大禹的身世。见大禹是单身一人，就有意无意地说了些"一人在外治水，难得有个照顾之人"的话。言下之意，是要给大禹做媒。大禹也明白老母之意，只是说治水要紧，哪有工夫想这些事。见大禹心动，老母也不再说什么，让大禹好生休息。

第二天一早，大禹又要出门开河。涂山老母说话了："大禹且慢走，我有话说。这一座涂山上，有一处缺口，比两边山低，费的功夫少，可从那挖开。但此山下埋有天上落下来的一坨金色陨石，你的开山斧、挖河耙，是挖不动的。唯有山下水中的一条独角牛，可以助你钻破陨石。我这里有一根五彩丝绦，可当牛鼻绳。你可去找昨夜的涂山氏女娇，借她的牛骨针，有它才能把独角牛鼻子上穿孔。你把针借回来，我再给你说如何捉独角牛。"

大禹听了，立即找到涂山氏女娇借骨针。女娇见自称大禹的人来借骨针，知是昨夜求宿之人。想起老母说的话，就看了看借针之人。见大禹身体强健，面容忠厚，心中已是欢喜，脸上微露红晕。连忙进屋，取出骨针交与大禹。大禹也看了看女娇，虽说一身麻布裙衫，但面如桃花，一脸英气，心中也有好感。

老母见大禹与女娇见过面，取回骨针，心中暗喜。就告诉大禹，如何才能捉到独角牛。之后，才说快去快回。

待大禹走后，老母来到女娇家，还没进门，就看到女娇站在门外，望着大禹走的方向，一脸喜色之中，也略带一点幽怨。老母一见，心想这就对了。招呼过后，就道："大禹为了百姓开河治水，人又厚道，心地善良。你年纪也不小了，也该嫁人安家了。不如我来做个媒，你看如何？"女娇昨夜并没有见过大禹，只是今天早才看到，见大禹相貌堂堂，气

度不凡，是个做大事之人。心中已有托付之意。见老母做媒，心中暗喜，却也羞得不好说话。只说了一句："请老母做主了。"

日至中天，大禹牵着独角牛回来了。老母安排下饭菜，叫来女娇，一起吃饭。见两人目光往来，老母已不再含蓄，要他俩结为夫妇。俩人虽说只见过一面，却是一个有情，一个有意，当然愿意。于是一齐下拜，谢过老母。老母送两人到女娇的住处，收拾了一下，当晚拜堂结了婚。一对松明，就当了红烛，夫妻自然恩爱。

第二天一早，老母来到女娇的住房前，犹豫一阵，才用手中的竹牛鼻绳换下独角牛的五彩丝绦。

大禹出门，牵着独角牛走了，女娇送到门外，眼巴巴地看着大禹离去。老母见状，忙安慰道："别望了，他要回来的。"

天没黑，大禹果然回来了。女娇忙请大禹坐下，柔声问道："饿了吧，先洗洗，再吃饭。"说完端来水盆。涂山氏这才发现，大禹一身上下都有伤痕。又忙扯来草药，捣烂给大禹敷上。这才问道："你一身怎么有这么多伤？"大禹笑笑回答："不要紧，一点皮外伤，一天就好。"接着把受伤的原因，以及这天开

河的经过说了出来。

原来独角牛确实厉害，一牵到那缺口，独角牛就钻进水底，只见岩石飞溅，一会儿工夫，从上往下，就把缺口拱穿了。只是这飞溅的石头打到大禹身上，留下一身伤痕。

独角牛拱穿缺口，两山之间成了一道山峡。牛也累了，就泡在水里休息。大禹看了看峡口，水流还是不畅，又抓起挖河耙，把这道峡口清理了一番。峡上口多挖了两耙，形成一个水沱，就成了后来的唐家沱。耙出的泥石，往外一甩，就成了今天的广阳坝。大禹看看水流通畅了，想歇一下，却看到不远处的山岩上，有一大块岩石已经破裂，离虚虚的。想到这岩石垮下来，堵了山峡，也是个事。于是从背上拔出开山斧，把那块岩石砍下来。那块岩石已经被独角牛拱破，只是没落而已。开山斧一砍，离虚虚的岩石应声而落。再用挖河耙挖了几耙，水流通畅了。石壁上，留下一个巨大的形如铜锣的印迹，后来这道山峡就叫成了铜锣峡。

连着几天，大禹都是天刚黑就回来了，只是旧伤没好，又添新伤。女娇心疼大禹，一边治伤，一边暗自流泪。

这天，女娇找到老母，说了大禹受伤之事。

老母看着伤心不已的女娇，就试探着说道："大禹心里装的是百姓，想的是治水的大业，对儿女情长之事想得少些。大禹治水，弄得浑身是伤，你心疼，我老母看着也心疼。要想他不再受伤，办法不是没有，只是……"说到这里，老母停下来不说。

女娇见老母说话只说半截，连忙问道："老母有什么办法让大禹不再受伤？老母说嘛。"

老母看了看女娇伤心的样子，才慢慢说道："这个办法说出来，你同意了，大禹可能就不会回来了。他不回来，你怎么办？"

女娇虽是女子，却也是深明大义之人，见老母这样问，于是答道："大禹想的是百姓，为的是治水，岂能只顾儿女私情。他一天不回来，我等他一天。他一年不回来，我等他一年。他一辈子不回来，我等他一辈子。总有一天，他治水完工了，总要回来，我等着他就是了。"

老母见女娇如此深明大义，也很感动，这才说道："你用这五彩丝绦换下竹鼻绳，他就不会再受伤了。只是，这一换，只怕大禹回来的时间就少了。"

原来，这五彩丝绦穿牛鼻子，独角牛鼻子不痛不痒，牛角钻岩石，就如刀切豆腐。

而竹鼻绳是硬的，牛鼻子又痛又痒，独角牛为了舒服点，牛脑壳只好摆来摇去。拱烂山石时，就整得泥石飞溅。大禹在牛后边，当然要受伤。受了伤，想到家里有新婚的妻子女娇，当然会回来，让妻子疗伤。如果独角牛的牛鼻绳换成了五彩丝绦，开河再也不会受伤。大禹心头装着治水大事，想的是快点开完河，治好水，才回家团聚。

涂山老母把这些话说了，把五彩丝绦递给女娇。

大禹回来了，女娇为他治伤，也把五彩丝绦换在牛鼻子上。

这天大禹出门，涂山氏把一包干粮、一竹筒水递给大禹，眼睛含着泪，幽幽地说道："大禹，你去开河治水，为的是天下百姓，是大事，我不怨你。只是你去后，要时时想着，这里有个你和涂山氏的家，有个女娇在等你。"

大禹走后，女娇想大禹、盼大禹，天天走到江边，想看到大禹。日落月升，转眼十个月过去了。这天，女娇来到江滩的乱石堆上，一如既往地等着大禹。不想此时身子发作，就在这石滩上生下了大禹的儿子启。

大禹走了，治水去了。这一去，就没有再回来。有三次路过涂山，听到有娃儿的哭声，也没进屋去看一下。

《巴县志》载："禹娶于涂山，辛壬癸甲而去。生子启，呱呱啼不及视，三过其门而不入室，务在救时。"

后来，人们把涂山氏生子的石滩取名为诞子石。

还有几句题外话。传说，大禹生于四川之石纽，即今北川一带。在中国，有禹迹的地方有四处。第一，今重庆南岸，娶涂山氏女娇为妻。第二，会稽，今浙江绍兴，为大禹死后埋葬处。第三，湖南宛委涂山，是大禹的"藏书处"。第四，安徽涂山，大禹会诸侯处。

从临江门魁星阁说魁星

重庆城的临江门，今日有一座魁星楼，是集办公、住宅、商业门面为一体的大型建筑物。临江门外，原是一面斜坡，有大小街巷十余条。旧城改造时，这面坡上的旧式房屋全部拆除，改建成了魁星楼。魁星楼的得名，是因临江门内曾有一座魁星阁。

旧时的重庆府文庙在临江门内（重庆市第二十九中学），魁星阁是府文庙的一座附属建筑，大致在今临江门靠附二院一侧与邹容路交会一带。魁星阁是一座三楼一底共四层的八面体的塔式建筑，高大雄伟。是苦读十年的读书人渴望能够"登上"此阁、独占鳌头的地方。昔日，府学的生员们一散了学，就成群结队登上魁星阁，一边观看嘉陵江风光，一边高谈阔论。一到院试试期，各地来参考的童生，也一定会登上此楼，想沾点文气，图个吉利。

抗战中，府文庙被日本飞机炸毁，魁星阁虽有损坏，但大体结构尚好。重庆解放后，二十世纪五十年代初，为了改善重庆城市的交通条件，需要扩宽马路，而这座魁星阁就耸立在规划的马路中间，因此必须要拆除。这段马路竣工通车后，并入邹容路。在府文庙旧址处，设立重庆市第二十九中学。

魁星，即北斗七星的前四颗星天枢、天璇、天玑、天权星的总称。也有一种说法，即天枢星就是魁星，"魁，斗第一星也"。由于魁星是主宰文章兴衰，掌管文运、功名利禄的神，因此其与文昌帝君一样，深受读书人的崇拜。在科举考试中，取得高第即称作"魁"，就是出于"魁""馗"与"奎"的同音，并有"首"之意的缘故。

中国历来重视教育，据说在夏朝就有了学校。到了商代，学校已经办得很正规。学校有官办的，也有民办的，春秋时期最出名的是孔子办的学校，"弟子三千，达者七十二"。那时想要入仕当官，也非得要苦读经史，要有文化才行。汉代，尊崇儒学，重视教化。下令各地建立孔庙，以示崇敬。从隋朝开始试行科举制度，以从民间选拔人才。到了唐代，已形成了一整套科举考试制度，之后直到清朝，这一制度得以延续。直到清末，科举制度才最终废除。

有了科举制度，民间的读书人就有了入仕当官的机会。各地学宫纷纷建立，且多设于孔庙，孔庙亦称文庙。文庙祀孔子，为了学生学有成就，各地文庙都建有象征文运昌盛的魁星阁（楼），以鼓励学生勤奋学习。

魁星阁供奉的是魁星。魁星是主管文运、功名利禄的神，显然是个读书之人，饱学之士。读书人说起来多是相貌堂堂、一表人才的年轻公子，可这位魁星却恰恰相反。说文采，真的是学富五车，才高八斗；但模样，却是一个面目丑陋的中年人。

关于魁星的传说，在民间流传不少，且多大同小异。其中有一个故事，是这样说的。

古代关中渭水边，有一个奎姓人家，中年时得了个儿子。生的时候是夜晚，接生婆在里面忙碌，老汉出门在院子里等待。天上明月皎洁，繁星闪烁，北斗正亮。他望着北斗星正出神，一声娃儿啼哭，让奎老汉回过神来立马进屋。接生婆说，生的是个儿子，一家自是高兴不说。奎老汉要给儿子取名字，取什么好呢？他想，他正看着北斗星出神时，娃儿就生下来了。北斗星的第一颗星不就叫魁星吗？因此替儿子取名奎新。一岁多点，奎新学走路了，奎老汉才发现娃儿左脚有点不对。娃儿两三岁出天花，又留下一脸麻子。

病中发烧，引起鼻斜嘴歪，面目极丑。娃儿慢慢长大，一双脚，右脚长，左脚短，又打不很伸展。走起路来左脚像在划圈，摇摇晃晃走起不利索。乡亲对他姓什么叫什么，并不在意，只叫他丑娃。

奎新虽然丑，却从小就聪慧过人，发蒙读书，一学就会，一说就懂。到得弱冠之年，四书五经、诸子百家，样样都很精通。过目成诵，出口成章，真的是才高八斗，学富五车。之前，他几次参加过县试，因他的长相奇丑无比，常常吓到考官，因而考官连试卷看都不看。如此几次失败，他并没有灰心。这年，恰好有县试开考，又听说来了个新县官，他决定再次参考。

这天，县太爷升堂问案后，欲将退堂。一个门官进来禀报，说是一个丑娃要来申冤。说罢递上状纸。县太爷接过，展开一看，是四句打油诗：

主考嫌我人太丑，试卷不阅把我羞。今盼伯乐慧眼开，看我短脚站鳌头。

县太爷一看，惊了一下。他想，这楷体字写得漂亮，像是印出来的。再看打油诗，有点意思。人长得丑是天生的，怪也只怪爹妈。学识好不好，你主考官总得看上一看才是。

不看就批落，不是羞辱人家吗？他让我睁开慧眼，看他考个第一，这娃娃口气不小。对门官道："人在哪儿？"

门官回道："这申冤之人说他太丑，怕吓到县太爷，不敢上堂。"县太爷心想，说文才，我算不错，说到丑，我县太爷也算一个。就因丑，常让考官不喜，而被批落。好不容易得到贵人相助，才进得会试。也因貌丑，只得了个三甲最末一名。出于同病相怜，于是说："传他上堂。"

丑娃上了堂，县太爷一看，比自己还要丑。心想，丑是丑，文才怎样，得问一问。还有，这一手好字，是不是他写的？也得看看。问道："你姓什么，叫什么？"丑娃回道："我姓奎名新，乡亲们都叫我丑娃。"县太爷听奎新知晓自己丑，心想此人还有点自知之明。又说道："你知自丑，却说文才可独占鳌头。你可以丑为题，作诗一首。"让衙役端来案椅，师爷拿来纸笔，放在案几上。

丑娃听县太爷让写诗，见案椅放好，就坐下。提起笔略一思索，提笔就写。不过一盏茶工夫，丑娃已放下笔，说声："请县太爷斧正。"县太爷接过诗笺一看，二十八个字，楷字如同印版。心头不觉一喜，这丑娃一手楷字，就不得了。再看诗笺：

无盐德才少人问，智者知人宣王亲，后宫佳丽三千众，唯有齐后位独尊。

县太爷看罢，又吃了一惊。无盐女钟离春人奇丑，但有德有才，年四十未嫁。自谒向齐宣王献治国四策。宣王慧眼识珠，将无盐立为王后，掌管后宫。

又问："能对否？"丑娃答："能对。"县太爷出了上联，仍说无盐：

昔年无盐凭德才，立齐后，为后宫主掌。

丑娃随口就对出了下联：

今日奎新有本事，登月殿，成殿堂栋梁。

县太爷大喜，说道："奎新，本次县考，考卷由本县亲阅。回去准备吧。"

县试毕，县太爷阅了卷，奎新的文章果然文采飞扬。他对奎新说道："你的文才我认识了，好。明年开春，按例举行院试，你可去考。"

县太爷怕主管院试的学政嫌奎新貌丑，就将他的试卷、打油诗、对联，推荐给了学政。学政将信将疑，答应一定秉公阅卷录取。是时，奎新的试卷果然让学政佩服，自叹不及这丑娃。将奎新录入县学，并要他参加秋闱。秋闱主考已知奎新是丑娃，并不歧视。乡试毕，

试卷经各位考官——传阅评判，都批为第一，奎新成了本场秋闱的魁首。

这年会试，奎新榜上排名第一，成了贡生。殿试前，主考就将奎新的会试试卷推荐给皇帝，却没有说他的相貌和身有残疾这事。皇帝看罢试卷，龙颜大悦，称奎新为奇才。殿试前，先宣他上殿，想先看看这奇才模样。不料，皇帝一看奎新的容貌和画着圈上殿的走路姿势，心中老大不高兴。

皇帝要广纳天下人才，见此人虽丑，还有残疾，文章却确实写得精彩。还得先问一问："你那脸是怎么搞的？"丑娃回答："回圣上，这是麻面映天象，捧摘星斗。"皇帝一听，觉得这人有点意思。又问："那么你的瘸腿呢？"他又回答："回圣上，这叫一脚跳龙门，独占鳌头。"皇帝一听，认为这人机敏，心头的不快消去了不少。又问："那朕问你一个问题，你要如实回答。你说，如今天下的文章谁写得最好？"奎新想了想说道："想古时，天下文才共只一石。曹某人一人独占了八斗，谢某人又占去一斗。剩下的一斗，才是天下人来分。我岂敢与曹、谢二人比。不过说到今日，天下文章属我们县的最好。我们县的文章，又属我们乡的最好。我们乡的文章，应

算我弟弟是第一人。不过，我弟弟写的文章，却要请我给他修改润色。"皇帝大喜："入座。"宣众贡生进殿坐罢，发下考卷。奎新看罢试卷题目，略一思索，提起笔来，行云流水般一气呵成。皇帝一看试卷，卷面干净，小楷字如同印版。再看文章，更是拍案叫绝："不愧天下第一！"于是钦点他为状元。

皇帝虽说点了他状元，但想到状元那形象，心里总放不下，怕的是有损皇家颜面。礼部一个老臣知晓皇帝心事，就献了一策，说如此这般。皇帝大喜，让按计而行。

皇宫正殿台阶从下到上，有三层平台，玉阶正中，是倾斜的汉白玉坡面，上面雕有龙和鳌的图案，龙头与鳌头高出金殿门外平台几寸。殿试完毕发榜时，贡生们都聚到皇宫门前第二层台阶上排列，等候迎榜。老臣叫来一群太监，先围拥着奎新这个丑状元，出来站在金殿门外平台中间，左脚短一点，就让他踏在鳌头上，让人不觉得他是瘸子。状元右手举一枝朱笔，左手一手持装墨水的魁斗。事前拿魁斗时，太监有意识地在丑状元脸上揩了揩汗，实则抹了一些墨汁，把脸抹黑，让别人看不出他的一脸麻子。随着太监们散开，金榜挂出。然后执事太监唱名，

让榜眼、探花从队列中出来，一左一右，列在状元侧后一步。头名状元这么一亮相，表示"一举夺魁""独占鳌头"。排在阶下的众进士、贡生，无不为状元叫好，却不晓得状元是什么形象。

后来奎新被玉皇大帝看中，宣他上天执掌文章。在各地建魁星阁（楼）时，供奉的就是奎新。魁星是斗星，奎新就叫成魁星。魁星楼上窗外都塑有一个黑面丑鬼，右手举朱笔，左手持魁斗，左脚踏鳌头。

这个丑文人的才学、智慧和发奋，使他后来升天成为魁星——北斗七星的前四颗，主管功名利禄。"魁"字拆开来，一半是"鬼"，应魁星的面目丑陋。左脚后甩，像是后踢墨斗。因此有魁星踢斗的说法；一半是"斗"，应魁星才高八斗、也应北斗星座。传说中，魁星手中的朱笔批你是什么你就是什么，"任你文章高八斗，就怕朱笔不点头"就来源于此。

当然，也有另一种完全不同的传说，说奎星生前虽然满腹学问，可因为人丑，惹考官讨厌，每考都被批落。因此一时想不通，要投河自杀。投河前，悲愤之下，骂天道不公。他怨气直冲天庭，使玉帝坐立不安。玉帝算得这人命该如此，但他的文才确让人佩

服，于是让他上天主掌文运。奎星投河，鳌鱼奉玉帝之命，早在河中等候。鳌鱼接到他后，他升天成了魁星。

因为魁星能左右文人的考运，所以每逢七月七日他的生日，读书人都要郑重地祭拜。

千厮门：鸡毛土地的传说

　　重庆九开八闭十七门中，有千厮门，据说建于南宋时期。重庆知府彭大雅在蒙元大军攻入四川时构筑城墙，其中就有千厮门，到今天已近八百年了。千厮门有瓮城，瓮城门上写有"千斯巩固"四个字，正门上写的是"千斯门"。这千斯二字据传取"乃求千斯仓，乃求万斯箱"（《诗·小雅·甫田》）之义。

　　后来这千厮门的"千厮"二字，又是怎么来的呢？这有个民间说法：厮，是男性仆人之意，就是下力人。千厮门是水码头，有正码头、大码头、水码头、炭码头、纸码头、盐码头等等，是棉花、牛羊皮等大宗货物的集散地，因而船多船工也多，装船、卸船、搬运的力夫更多。这些在社会底层的下力人，都应了这个"厮"字，而千"厮"云集的千斯门，也就叫成了千厮门了。

　　说完了这千厮门的由来，现在说这叫鸡毛的土地菩萨。

　　"土地，乡神也，村巷处处奉之。……渝城土地有名者，曰总土地，三层土地，矮土地。"（《巴县志·风俗》）说的是重庆城里土地多。民间迷信，民众信神，就连土地这种神界最小的官，也不敢得罪，尊称其为菩萨。在重庆城的大街小巷都建有土地庙，都供有土地菩萨。

在千厮门一带住过的老人可能听说过，河边石壁上有个土地菩萨，一头一脸、浑身上下，连土地庙都贴满了鸡毛，人们称为鸡毛土地。读者朋友也可能听说过这鸡毛土地的众多由来，以及它的传说故事。

重庆城是建在山岩上的，过去的码头尤其是嘉陵江的码头，江水就在陡岩之下，船舶停靠也在岩下。停靠的木船，要用纤藤（缆绳）与江岸固定，却没有拴纤藤的地方。因此在河边岩壁上打得有很多拴纤藤的石孔，叫石鼻子。一个石鼻子可拴两三条船。船多了，石鼻子眼小，拴不了多的。于是人们在有的石鼻子上，还用粗的棕缆做一个大圈，可以多拴多些船，这个圈叫作把本。当年都是木船，到了千厮门停靠，就把纤藤拴在这些把本上、石鼻子上。有时到的船多了，把本、石鼻子就不够用，纤藤找不到地方拴。船老大就得求人，商量挤一下，靠船也就半天靠不好。

有个渠河船老大，也常因为来晚了，费

了半天力，才靠上岸，费时又费力。他想再做一个把本，可以拴更多的船。这天他趁等载的时间，把丢弃在岸边的竹纤藤收集起来，选出能用的，找了一个粗大的石鼻子，编了一个大把本，这又解决了一些船舶的停靠问题。

这个把本的岩壁上，有一座土地庙。这庙是在岩石中打出来的，尺把深，也不大，比一张饭桌都还要小一些，就一个土地公公坐在那里。行船的人也常在土地庙前烧两炷香，求土地菩萨保佑。

船家对于把本，是相当尊敬的。平时船一靠岸，就要提只公鸡，到把本跟前，把鸡冠子弄破，滴两滴血在把本上，再粘上一根鸡毛在把本上，以求神灵保佑行船平安。

这把本做好后，这地方拴的船就很多，把本上滴的鸡血多，粘的鸡毛也多，土地庙的香火也因此旺了起来。

这一天傍晚，一条渠河船靠泊完毕，船老大上了岸，来到把本前，依例滴鸡血粘鸡毛后，来到土地庙前。点燃两支牛油烛，插好，再点燃三支香，向土地菩萨行了个大礼，嘴里喃喃细语后，将香插好离去。

这船老大说了些什么，别人没听到，可

是土地听明白了。

原来这船老大说，朝廷正在打仗，急需军粮，县衙已下了文告，要征用船户抢运。他的船就被征用了，这趟水运的就是军粮。运粮倒没啥，可县大老爷强迫航船超载，现在水小，眼看着就要进入汛期了，还要超载，就可能船毁人亡。官家限期运完军粮，否则捉人抄家，因此船老大求土地菩萨保佑他们平安。

土地掐指一算，过几天渠河要发大水，这船回到渠河再下来，正是大水时期。不超载都不敢走，如果超载，那必定船沉人亡，得设法帮下他们。

这天，渠河上一码头，县官带了一群衙役，监督力夫背着粮包装船。船老大看着一河大水，心头焦虑得很。水涨得这么大，谁都不敢开船。可官府逼着要开，还派人押着装船。看着这粮包越装越多，已经满载了，还没有停下来的意思，船老大就央求说不能再装了。县官根本不听，直到水线离船舷只有四寸时，才停了手，催促马上开船。船老大再次央求县官，说现在水这样大，空船都不敢走。船又超载这么多，出了事就是大事，等水稍平稳一些就走。县官可不管这些，威胁说再不

开船就是贻误军机，捉拿船工家人坐牢。

船工们没法，见县官走了，只好收拾行头，准备冒险开船。就在这时，老远就有人在喊，等到起，搭个船。随着喊声，一个拿打狗棒的叫花子老头跑到码头上，说是要到重庆城，没得钱，想搭个便船，请船老大行个方便。

船老大眼看这条船已经超载不少，水又这么大，如果再多个人，那不更危险？心想骂这人不识好歹，可看到这老叫花子七老八十的，也忍下来了。只说道："老人家，你看这船，水离船舷只有三四寸了。水又这么大，哪个敢让你搭船嘛？不是官老爷逼着我们，我们也不敢走。"

叫花子老头摇了摇头，说道："老大，好大一回事嘛？船舷离水还有一尺多两尺嚛，怕哪样怕？"

船老大一看，噫，怪了。刚刚还只有三四寸，咋的现在有一尺多两尺了？莫不是刚才看花了眼睛？叫花子老头不等船老大再说，自己就上了船，说了声："走得了嚛？早点走早点拢嘛。"船老大又看了一眼船舷，没错，有一两尺高，只好上船开航。

这一趟水下来，尽管滩险流急、波涛汹涌，船却像在平水中航行，比哪一次都顺畅，

平安无事地到了千厮门。老叫花子等船一靠好，就下船走了。船老大也提着鸡公跟着上了岸，去给把本粘鸡毛。一回头，咋的啦？水离船舷又只有三四寸了。再抬头看老叫花子，早已不见人影。船老大想问问这是怎么回事，于是拔脚就追。追进了城，到了街上，也不见老叫花子。问了城门口摆地摊的小贩，也说没看到。他没想通，七老八十的老头咋会有这么快的腿脚，莫不是神仙？

船老大往回走，要按例给把本滴鸡血、粘鸡毛，却见土地庙边边上靠着一根打狗棒，正是老叫花了的。船老大明白过来，这是土地菩萨在保佑他们。船老大立马回到船上，给众位兄弟把事情讲了，领着众人来到土地庙前。把鸡公杀了，在把本和庙前淋了一圈，每人拿一根鸡毛沾上鸡血，恭恭敬敬地在把本上粘上。然后一个一个地点燃香烛，跪在土地庙前，一边祷告，感谢土地菩萨保佑，一边作揖上香。这些做完了，才取鸡毛沾血，粘在土地庙门檐上。此后，船老大每次靠船，都要给土地粘鸡毛。

这事后来给大家晓得了，除了给把本粘鸡毛外，也都到土地庙前，烧炷香，粘几根鸡毛。时间一久，庙檐上粘满了，就粘庙墙，再粘在土地菩萨身上，再以后，鸡毛越粘越多，一层又一层，连土地菩萨都看不见了，大家还在粘贴。这个土地也就叫成了鸡毛土地。

从精神堡垒到解放碑

解放碑，是重庆城的标志，是重庆城的象征。

说到解放碑（这里是泛指包括洪崖洞一带），重庆人都晓得在市中心。这里高楼林立，商铺一家连着一家，时尚高端又大气。天天车水马龙、行人摩肩接踵。入夜，这里灯火辉煌、五光十色。是重庆城最热闹、最繁华、最重要的商业街区。

解放碑，也是中外游客来重庆的必游之地。游客对解放碑与洪崖洞的现代与历史结合的景观，总是赞不绝口。有游客说，到重庆旅游，不看解放碑，不游洪崖洞，就是一个缺憾，这对重庆的认识、了解就不够完整和全面，等于是没有去过重庆。

我说的解放碑，不讲上面说的那些，只说立在邹容路、民权路、民族路之间的那座碑。很多重庆人晓得解放碑的过去，经历过叫"精神堡垒""抗战胜利纪功碑"的时代。当然更多的年轻人没有这种经历，也不晓得解放碑的过去。笔者幼时见过纪功碑，但基本上没啥印象了。

但家父当年就在储奇门学生意，见过精神堡垒及以后的纪功碑。以后他给我们摆龙门阵时，也常常提到精神堡垒。笔者此时已稍大，记住了一些，以后又在书报杂志上看到过这方面的记载。

要说精神堡垒，得先说当时的时代背景。

抗日战争爆发后，国民政府从抗战战略上考虑，决定从南京迁来重庆，并于1937年10月31日发布迁都重庆宣言。两个月后的1938年1月，国民政府开始在重庆办公。1940年9月6日，国民政府发布公告，宣布重庆正式定为陪都。

为了抵抗日本侵略，动员全民抗战，鼓舞人民士气，弘扬民族精神，国民政府于1939年3月11日颁布《国民精神总动员纲领》及《国民精神总动员实施办法》，号召全国人民行动起来，积极投身到抗战中去。同时，也组成了"国家精神总动员促进会"作为领导机构。

《国民精神总动员纲领》及《国民精神总动员实施办法》颁布后，全国人民积极响应。五月一日，重庆各界群众数千人集聚在下半城金紫门内的国民政府军委会（解放西路原重庆日报社）广场上，举行精神总动员誓师大会。随后，"国家精神总动员促进会"通过一项决定，在城中心建一座鼓舞士气、弘扬民族精神的建筑物，定名"精神堡垒"。这就是精神堡垒的由来。

这精神堡垒选址在邹容路、民族路、民权路三条道路交叉处，一个叫周家院子的地方。之前的"五三、五四"大轰炸，已经将上、下都邮街，鸡街，苍坪街（今解放碑周边）一带炸毁。这一片的街道、房屋已经成了一片废墟瓦砾。周家院子也被炸毁，留下一个大弹坑。为了鼓舞民众的抗战士气，尽快体现精神堡垒的作用，当局在设计、招标的过程中，临时做了一个"堡垒"，安放在这个填平的弹坑里。周围建了一圈花坛，种了些小树和花草。这个"堡垒"，其实是一枚数米高的"巨型炸弹"造型。由中国电影制片厂道具部的美工师们设计并制作，所用材料都是电影布景用过的木材、布料等废弃材料。意在警示国民，我们是爱好和平的，但不要忘记日本帝国主义对中国的侵略战争。

待设计、招标完成，这临时性的"堡垒"已经破烂，于是拆除新建。由于是战时，物资缺乏，建筑物采取用木料建造。这座木结构建筑呈方形，通高七丈七尺，寓意七七事变抗日战争纪念日。一共五层，内设有楼梯，人可以上下。八角形的底座上，用木料为柱，钉木板条，为夹壁墙。夹壁墙外墙面上，抹的是水泥砂浆，再刷成黑色，以利防空。这建筑物顶顶上是平的，有箭垛样的造型，远看就像一座碉楼。这精神堡垒面对民族路一侧，写有"精神堡垒"四个大字。花坛周边，立了六块标语板，上书:国家至上，民族至上，军事第一，胜利第一，意志集中，力量集中。

这座精神堡垒在施工过程中，也遭到日本飞机的轰炸，炸了修，修了又炸，断断续续地修了一年多，才于1941年12月修建完工，投入使用。

此后，重庆城的一些群众集会和大的纪念活动，都在精神堡垒下举行，蒋介石也在这里检阅过国民军队和民众的游行队伍。

因为是战时建筑，木柱、夹壁墙经风吹雨淋，太阳暴晒，很快就出现了墙面开裂、脱落。又因日本飞机的连续轰炸，震动冲击，精神堡垒的木结构受到非常大的损害。虽然当局多次进行维修加固，终因先天不足，后天损害，不到两年，这精神堡垒就倒塌了。政府当局一时也无经费、精力对精神堡垒进行重建。只好清除废墟，买来一根船上用的

杉木桅杆埋在基座里。这根十来米长的桅杆上，挂有木制滑轮，穿上绳索，可以升旗。精神堡垒这座建筑物没有了，名称却留了下来，人们还习惯称这里为精神堡垒。

抗战胜利以后，很多中外客人来到重庆，都以为这精神堡垒是一座宏大的建筑。人们要求去看精神堡垒，见到的却是十字路口中的一根高高的木旗杆。人们一是失望，二是觉得奇怪，为什么把一根旗杆当作精神堡垒?

抗战胜利了，国民政府要还都南京了。当局考虑到抗战八年，陪都重庆为抗战做出的巨大牺牲和贡献，准备实施1940年就拟订的陪都建设计划。

陪都建设计划也很壮观，单是纪念抗战的建设就有:在较场坝修建一座"抗日胜利纪念柱";在民权路口子上建一座仿照法国巴黎凯旋门模样的"凯旋门"和"抗战胜利纪念堂";在两江汇合处的朝天门建"自由女神像";等等。

可是国民政府此时只顾着还都南京，这些事也管不过来了，就让重庆市自己搞。这样一拖，就拖了一年多，内战已经爆发。重庆市的市长这时想开干了，却又发现物价已经翻了好多倍，原来预算的那点钱，根本就

不够。无奈之下，只好削减项目。就是那点经费，也只能建一个像抗战胜利纪念柱这样的小项目。考虑到精神堡垒这地方空着的，只有一根旗杆，让人看了笑话。于是将原来准备建在较场坝的纪念柱，改建到精神堡垒处。还把柱体改为碑体，纪念碑定名为"抗战胜利纪功碑"，简称为纪功碑。

这纪功碑有好几个方案，设计的图纸繁简都有，有的设计构想非常独特。

据说有一个留法回来的李姓工程师就有这么一个构想：抗战八年，重庆人民派出了数十万优秀子弟从军，出川抗战，开赴前线英勇杀敌。留在后方的人们，不惧日寇的淫威，顶住了日寇的狂轰滥炸，加紧生产，支持前方。这充分展现了中华民族不惧强敌，自强不息的民族气节，也体现了巴人的阳刚之气。他的构想和几个设计方案中的其中一个方案，就是建一根直插云天的圆柱体。这圆柱体就像一具外观稍有变形的男性生殖器。这一方案，首先遭到女界的反对，乡贤们也觉得不雅，因此没有被采纳。最后采纳了他的另一个方案，并吸取另一位设计者理念修改而成。从1946年年底动工，第二年8月竣工。

建好的纪功碑是一座八面形的塔状建筑，用钢筋水泥建成的8层、高27.5米的塔楼。塔座下有地下室，塔顶是半球形状，有瞭望台，可容纳二十多人在此观景。碑顶安装有探照灯等数种照明灯具。碑体内，上下有盘旋的铁制楼梯连接。对着四个路口，安装了一座四面计时钟，为市民报时。

可就是纪功碑的这四面钟，让当局为了难。重庆的钟表店，没得哪家有这种四面联动的大钟，买不到。请店家设法去上海、广州、香港等地进货，经过联系，也没有现货，要在国外定制，须先交钱，一年以后才能交货。想造，重庆的大小机械工厂是不少，但没有哪家做过钟表。谁也没有技术、设备，根本造不出来。民生路若瑟堂有这种大钟，去跟神父借，人家洋人不给面子。只好派人跑到南京、上海，结果仍然如此。没法解决。据说，后来通过各种关系，找到了南京天主教的大主教，才在一座法国的天主教堂找到一座四面钟。这是一座使用了四十多年的古董机械钟，已经坏了，拆了下来刚维修好。当局于是花大价钱买下来，赶紧装船运回重庆。

钟是安装在纪功碑了，也应了急。可这个老古董钟，四个方面的时针、分针，是各行其是。走得快的快、慢的慢，统一不起来，报时根本就不准。这面9点了,那面还差几分,另一面却早已过了9点,四个面从来没有统一过。有时走着走着,突然就停摆了,因此闹了好多的笑话。后来重庆城就有了这两个言子:一个是"纪功碑的钟,各走各";又一个是"纪功碑的钟,不摆了"。这后一个言子,前好些年还拿来调侃过解放碑上的四面钟。

纪功碑朝着民族路的一面,有"抗战胜利纪功碑"七个大字。这七个大字,是由当时四川才子、曾在清朝晚期当过翰林院编修的赵熙所书,刻在光洁的峡石上。

1949年11月30日,重庆解放。12月1日,在解放碑下,举行了中国人民解放军入城仪式。12月12日,刘伯承、邓小平进驻重庆。后不久,重庆各界代表提议修建"重庆人民解放纪念碑"。经西南军政委员会批准,决定在原纪功碑的基础上,加以改建。

纪念碑建成后,面对民族路的方向,由刘伯承题写了碑名:人民解放纪念碑。现在的解放碑基座上,文物保护标牌上写着"抗战胜利纪功碑"暨"人民解放纪念碑"。

朝天门水下丰年碑

　　朝天门水下有座丰年碑？有人要问："楼主，你搞错没有？"楼主肯定地回答："没有错。"又问："那这丰年碑在哪里，咋没看到？"楼主只能说："丰年碑在朝天门嘉陵江河里头。"又问："楼主，咱只听说朝天门嘉陵江里头有座金竹宫，咋出来个丰年碑？"楼主说："金竹宫是个传说，丰年碑却是真的，历史上有记载。"再问："楼主看到过丰年碑没有？"楼主说："我没有看到。现在重庆城绝大多数人都没有看到。还有可能的是，以后永远都不能看到。"又问："为什么大家都没看到，以后永远也看不到？"楼主只好又回答说："莫着急，等会儿，我歇口气，说出来就晓得了。"

　　大家晓得涪陵长江里头有座白鹤梁，这白鹤梁上有长江水文资料记录的重要文字题刻，受到国家保护。长江三峡工程建设中，为保护白鹤梁，耗巨资修建了水下博物馆。

　　朝天门外嘉陵江中的丰年碑，也与之类似，它是一道水下石梁，大约长有一二百米，石梁上有十二块从东汉到清康熙年间的水文题刻。但是，丰年碑却比白鹤梁更鲜为人知，因此也显得更加神秘。

先看一下历史书上是怎么说的。《巴县志》载："丰年碑，一名义熙碑、灵石，在重庆朝天门嘉陵江石梁中部的水下石盘上，有'有碑形天成，见则丰年'之说。"

丰年碑的出现，离现在时间近点的有几次，如，康熙二十三年（1684年），嘉陵江水特别枯，丰年碑露了出来。这是好多年后才出现的一次，为了纪念，府县衙门特别筹款在朝天门内建了一座楼，叫雍熙楼。过了二十几年，康熙四十八年（1709年），那年水也很枯，丰年碑再现。又过了几十年，到了乾隆五年（1740年），丰年碑又出现了一次。这次见到的有文字的碑石只有两块。一块为宋朝高宗绍兴年间的《宋晁公武丰年石题记》；一块为明朝孝宗弘治十六年（1503年）的《宋屈直等丰年碑题记》。汉、晋、唐时间的题刻都没有看到。这一次丰年碑的出现，使得重庆城万人空巷，争着涌出朝天门，走下河去看。

最近的一次，据说是在1937年，那一年夏天天旱，上游来水少，丰年碑再次出现在重庆市民面前。

之前的历史上，丰年碑出现的次数屈指可数，《巴县志》载："汉晋以来皆有刻，见诸记载者，宋钱塘陈思贤《宝刻丛编》录有，晋安帝义熙三年《晋义熙灵石社日记》、唐玄宗天宝十五年《唐张萱灵石碑》、唐肃宗乾元三年《唐王昇灵石碑》、唐代宗广德二年《唐郭英干灵石碑》、唐代宗大历四年《唐杨冕灵石颂》。"

以后宋元之交、清末民初，战乱频繁，史料散失。据说到清代中期，加起来也不过数十次。更有玄乎的，说有史料记载的1700年间，有时要等数百年，才能看一次丰年碑出现。

你想啊，这几十上百年的，才看得到一次。最近的1937年到现在多少年了？丰年碑好像也没有出现过。运气好的，可能还看得到，运气不好的，这辈子怕是看不到了。再说，三峡大坝建好以后，入秋后都要下闸储水，水一关起来，就要上涨，回水要到朝天门，要想见到丰年碑，怕是有点困难。除非像1937年那样，嘉陵江上游干旱，没有来水。

这道石梁之所以称丰年碑，旧时的传说是，只要这石梁露出水面，当年或第二年一定是个丰收年。

丰年碑难得一见，一旦出现，都会引起轰动，引起众人关注，尤其是文人墨客的关注。因此，记载丰年碑的文字、吟诵的诗词也就很多。

有个巴县乡贤龙为霖，是康熙朝进士，当过潮州知府。回乡后，在乾隆五年（1740年），丰年碑从江底露了出来，龙为霖一听，马上就去看。他在石梁上又是洗、又是刷的，还用工具把石梁上刻石的笔画上的泥沙一一剔下来。对石梁上的文字，他详细地做了记录。完了回来，把这天的记录进行了整理。后来，他根据这些记录，写了一首诗，述说了这丰年碑的事。他诗中说：

"渝城西峙江水东，其北磐石卧水中，石纹龟折各异相，如人如物纷濛濛。或如碑碣长且阔，一一布置肖天公，江水涸极始一见，百谷穰穰兆年丰。……其后三秋歌大有，丰年之说良非空。……同侪把笔争题咏，太平有象吾其逢。"

又有清巴县乡贤周开丰说丰年碑："石上古碑非一处，旧传见则年必丰。……在昔水落石尽出，倾城争赴童与翁。"至于这石梁上有哪些朝代、哪些人的题刻，他说龙为霖去看了，已经说过："鹤坪好古急往视，洗之剔之发其蒙，市人如堵求辨识，复为手录成一通。北有碑形杳无字，明刻虽异存深衷，宋碣八分特完好，观者晁张李与冯。"他说以前龙为霖去看了，说是只看了明朝的、宋朝的题刻，其他的题刻都没有看到，是水、沙石冲刷掉了，还是没有看到，就不晓得了。这石梁上的题刻是哪些人题的，也说了，是姓晁、姓张、姓李和姓冯等人的题刻。

清合（川）州知州宋锦也有诗说丰年碑，他写道：

"渝江之侧江水中，相传碑见年屡丰。一碑肇于汉京东，年深字灭如磨砻。宋明先后继前雄，鸿文妙义从阖风。今我太守澹园公，两番碑见丰年同。"

清重庆府东川书院山长（院长）王清远也说："当时瑞兆不虚耳，家家社鼓醉年丰。"

清道光重庆知府王梦庚是这样介绍丰年碑的，他写道：

"碑碣潜江心，留传纪汉晋。石现兆丰年，民获仓箱庆。或号雍熙碑，灵石名斯命。可考晁公武，绍兴题字胜。

其次明弘治，石出字堪认，丰凶验或殊，治民关实政。风俗率俭勤，天心眷民性，卷石讵有灵，机缄在方寸。"

这些人都在说丰年碑现兆丰年，但也有不同的记载，说丰年碑现是现了，却不但不是丰年，反而是大饥荒，弄得老百姓连饭都吃不起："康熙二十三年（1684年）甲子，丰年碑见，是年，乃大饥。"

丰年碑在历史上虽有记载，但毕竟看见的人不多，且当年看到过的人，也大多故去，所以在重庆民众中的印象不深。不过万一有那么一天水落石出，让大家伙看看这"沉没"的丰年碑，那将是一件值得庆幸的事。

我画我的老重庆（之一）

张家花园老街坊

　　老重庆是个公共概念，我的老重庆却是个私有概念。与其说是私有，不如说是亲情，且是最刻骨铭心的亲情——它是生我养我的地方，一如生我养我的母亲。因而，《我画我的老重庆》并非只是我画学发蒙时基础训练之模特写生，它还是一种文化叙事，一种审美呈现，更是我"恋母情结"的视觉表达。

　　城市的主体是人物和景观。由于我对张家花园最刻骨铭心，因此我的老重庆之人物当以张家花园的老街坊为主，我的老重庆之景观当以张家花园周遭景观为主。

　　张家花园老街坊的可看性、可画性极强，特别是那些自称从旧社会过来的叔叔、伯伯、妈妈、阿姨们。我所说的可看性、可画性未必仅仅基于造型，更多的是其可看性、可画性背后蛰伏的故事。对这些故事，我有着巨大的好奇！正是这巨大的好奇，激发出我对他们持续不断的书写欲、画学欲。比如：徐妈、郑老太爷等。

1. 徐妈。徐妈表情丰富、五官精巧、扮相清雅，前夫是国民革命军第 24 集团军（韩德勤部）军需少将处长，抗战期间曾多次向新四军一师秘密输送弹药。该前夫后来因故去世，徐妈找了个熊姓后夫。熊是个工人阶级，娃娃崽崽时即随其叔父加入共产党，叔父官运亨通，他却只是个钢筋工。熊很江湖、极幽默，故事也很多，那是后话。

2. 郑老太爷。郑老太爷是张家花园资深高级知识分子。早年他留学法国，在巴黎综合理工大学苦读至土木工程博士。抗战后回国，被蒋介石任命为重庆防空司令部总工程师，全面负责重庆防空洞建设。在日军对重庆长达近七年的无差别狂轰滥炸中，国民政府不倒、重庆军民不倒，这绝对与郑老太爷负责修建的因地制宜、功能有效的防空洞有关。

张家花园可看性、可画性极强的街坊邻里远不只徐妈、郑老太爷，若容我敞开说，三天三夜都说不完。说不完，就打住。

对我们这些如饥似渴的画学崽崽来说，充满了可看性、可画性的还有漂浮于川江上的船老二（船工）。

长江上游及其支流因大多流经四川境内而被称为川江。其中，"千里嘉陵"无疑为长江主要支流。渝中半岛南拥长江、北拥嘉陵，所谓两江环抱便是。张家花园坐南向北，距嘉陵江边的大溪沟码头咫尺之遥。大溪沟向下依次挨着黄花园、临江门、洪崖洞、千厮门、朝天门，向上紧挨曾家岩、牛角沱等大小码头。这些码头泊着趸船、木船、铁驳若干。在等待装卸的日子里，趸船、木船、铁驳上的船老二跐瞌打睡、哈欠连天，但一旦为我们这些少年"画学家"当模特，就干精火旺、神采奕奕起来。

画学一词，我最早从船老二嘴里获悉。它本是文绉绉的书面语，多见早期现代汉语。文绉绉的书面语居然从五大三粗、土得掉渣、乡音浓重、大字不识的船老二嘴里蹦出，相当有盐有味。

那些有盐有味的说唱，包括那些不能登大雅之堂的段子是船老二们走南闯北、水流沙坝、混迹低端的见证及浪漫书写。这些东西比他们作为充满可看性、可画性的画学模特，作为特别的劳动人民之长相更能吸引我，对我日后远离假大空之庙堂，根植于生猛鲜活之民间着实不乏促进作用。

渝中区 · 嘉陵江边（水粉） 1978 年

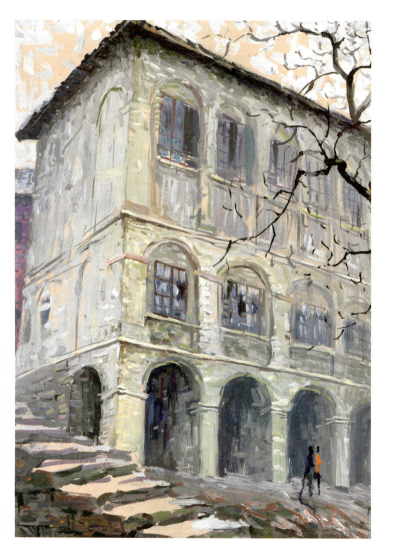

渝中区・巴蜀中学职工楼（水粉）　1979年

渝中区·张家花园125号（水粉）　1979年

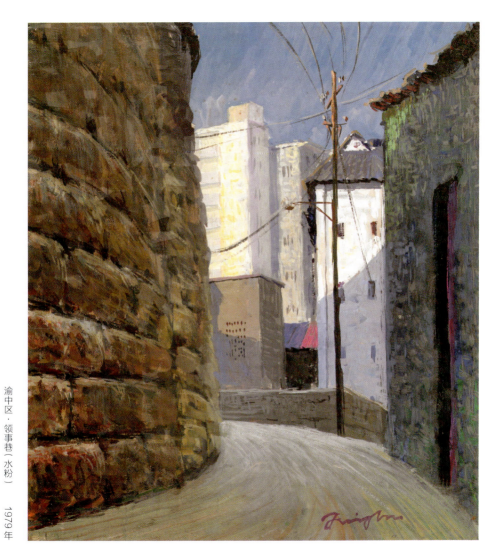

渝中区·领事巷（水粉） 1979年

渝中区·从山城宽银幕电影院远眺（水粉） 1977年

渝中区·张家花园（水粉） 1979年

渝中区·通远门（油画）　1981年

长篇小说《卯城》插图（油画）

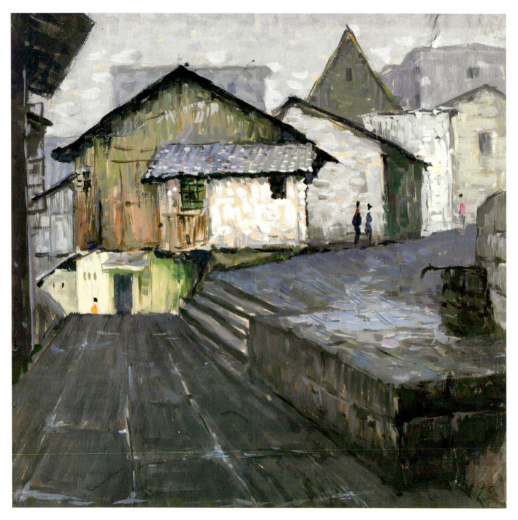

渝中区 · 红球坝（水粉）　　1979 年

市井聚得人文盛

SHIJING JUDE
RENWEN SHENG

旧时义渡

　　重庆城地处两江环绕的半岛之上，要到江北、南岸，就得过江。今天两江之上的大桥一座又一座，步行、乘车方便，一会儿就过去了。就是下大雾、涨大洪水、半夜三更过河也没有问题，一样地过。可是在没有桥之前，就得靠船摆渡过河。夜晚收渡不开船不说，就是大白天起了大雾，也要等雾散了，才能开渡。还有涨洪水的时候，就是机动船也不敢开航，更不用说旧时的小木船。要摆渡过河，得有船，也得要有渡口码头，因此大小两条河的渡口也不少。这些过河船，是要收过河钱的。老重庆人有一句言子，叫"朝天门到江北城——划得着"。什么叫划得着？朝天门到江北城，划过去每人收四文钱，划回来每个人还是要四文钱，这划船的船工就叫"划得着"。

　　两江沿岸溪河众多，有的渡口地处要道，客流量大，船工推船真的划得着。可一些比较偏的渡口，客流少，收的过河钱就不够养家糊口了，这就叫划不着。既然划不着，就得干点其他事情。有人过河就推船，人少，就要等，过河钱还要多点，过河人也没办法，只好给。没人过河，就种地、打鱼。有的就干脆停船，不推了。过河客商不方便，价钱又高，难免就有些怨言。地方绅商为了解决船工的收入问题，陆续筹措资金，在一些渡口开设义渡，以方便过河行人。

义渡，就是不收过河费的渡口、渡船。是由民间个人、慈善组织或者以官民联合筹资的方式，筹集一定数量的资金，以本金或利息所得购置船舶。雇请船工摆渡，按时、按航线开船。乘坐这种船的过河之人，是不用付过河船钱的。但是，行人随带的货物，按规定是要另计价收取费用的。

旧时的长江上义渡比较多，有名的，也有好几个。

龟停溪义渡。这处义渡在龟停山，即小南海。龟停山在长江北岸，龟停溪口，是离岸边不过数十丈的一座小岛。岛上曾有龟停寺，香火旺盛，一年四季香客不少。枯水时，水面不过一两丈宽，有简易木桥供香客通行。水一涨，就过不了河，进不了庙。香客只好望岛兴叹。进入民国后，跳磴乡有一个叫济米会的慈善组织，拿出钱来，买了一条能载十来个人的小木船，捐给龟停寺开设义渡，还请寺中的火工道人当船工。在涨水时接送香客。作为工钱，济米会每年给这个道人谷子五石。这座义渡只在龟停寺与岸边来往，不过长江。

鱼洞溪义渡。箭滩河在鱼洞镇汇入长江，河口近岸大江中有一处礁石，水下部分中有许多孔洞，常有鱼藏于孔洞之中，当地人称之为鱼洞。箭滩河因在鱼洞入江，故名鱼洞溪。鱼洞溪因接长江，溪水涨落很大。旧时溪上无桥，两岸边的居民只有靠船过渡。到了清乾隆年间，鱼洞溪两岸人口渐多，出行不便。这时有一个行善的穆绅粮，捐出田租十多石，置办了小船一艘，作为渡船，又请船工一名，在鱼洞溪小河口上开设义渡，但只渡鱼洞溪这条小河。这座义渡是由穆姓绅粮施舍的钱粮所设立，是善举，因此义渡就名穆舍渡。又过了一两百年，长江两岸人员交往越来越频繁，过大江仍然不很方便。这时候又有张姓的绅粮，自己捐出一些租谷，欲设义渡。修桥补路是行善，因此乡民也捐了一部分资金，购置了两条小木船。又雇请船工，在鱼洞与钓儿嘴之间的大江上，开设了义渡。因处于鱼洞溪，仍然称为鱼洞溪义渡。

大渡口义渡。位于马桑溪。巴县马王乡乡绅为方便行客，捐出田业一股，以此田业出租，以每年收取的田租二十余石谷子，一部分购置了木船两艘，一部分当作船工工钱，在马桑溪开设义渡。因此地江宽水阔，是上下游数十里最大的渡口，称之为大渡口。

李家沱义渡。早年有李家兄弟居住在回水沱岸边，忙时种地，闲时打鱼。渔船小，在水流平缓时，也为过江行人推船摆渡。因为只有李家一户人家在这摆渡，渡口这个回水沱就称李家沱。

清初湖广填四川以后，在李家沱过江的人越来越多。到了清道光年间，云篆山上石马场有个姓牟的绅粮，经常从李家沱过江去做生意。常在江边等渡船，深感过江不便。于是拿出一千两白银，购买了两艘大木船，设置了李家沱义渡。又捐出二十多石田的田租，作为船工的工钱。为了保证义渡正常运行，牟绅粮还把义渡规定刻在石碑之上，立在码头一旁，让行客监督。

还有海棠溪义渡。海棠溪是重庆城重要的渡口之一，也是最有故事的渡口。

海棠溪是重庆城重要的渡口之一。"出储奇、太平两门，渡江抵海棠溪，川、黔往来要道也。城中居民数万户，日需米薪杂物数百千石，亦多由此道贩运而来，以故伫立唤渡者，踵止相接。"因此这个渡口每天过往行人、货物很多。当时渡船数艘，载客有限。过渡的人多了，就会排队等船。这种情况，让划船的船工心野了，想方设法弄钱。只要给钱，可以优先上船；四文钱当河的，非八文十文不渡；行人携带的随身行李，也要收货钱；对过河的货物，更是巧立名目，收取额外船钱。这且不算，一些船夫全然不顾过河人的生命安全，船船超载。只能装三十个人的，偏要装四十个人，就连洪水时期，也超载不误，冒险航行，往往造成船毁人亡的事故。过往行人商贩个个叫苦连天，也有死者家人到巴县衙门喊冤告状，要求整治冒险超载航渡。

民众反响如此强烈，终于让巴县知县感到事情的严重。于是巴县知县召集巴县社会贤达、城乡绅粮，"大会绅耆，规设义渡"。

此时，巴县有一个廖姓乡绅，答应出资九千二百八十八两，后来增捐四千七百一十二两，凑成一万四千两银子作为义渡基金。这笔银子，由廖某选定一些德高望重的乡绅，组成义渡董事会，由义董会监管使用。

时有南岸觉林寺因"寺僧不法，恣为淫荡"，主犯数人被官家法办。徒众自愿出寺，自谋出路。觉林寺原有庙田出租，田业约值三千八百余两。义董会出资，一部分作为遣散徒众的费用；一部分购回庙田，以每年田租收益归入义董会。义董会购置木船三十六艘，雇请船工，免费为过河行人商贩摆渡，至此海棠溪义渡正式设立。过了一段时日，木船维护保养、船工工钱费用增多，经费渐感不足。义董会商请巴县衙门出面解决。经商定，官府做出规定，以二十艘船渡人，不收船费。十六艘载货船酌量收取过河钱。再后来，官府又宣布"略取渡资，以便行客"，规定向过河人每人收取四文钱的过河船费。这个规定，刻在石碑上，立在码头边，作为收费依据。

廖姓的后人眼看先辈的义举被损害，因此向县、府、道反映，后来由都察院回复："海棠义渡，仍照旧章。"

到了民国，市长张必果要接收义渡，廖氏子孙据理力争，"呈请省府，以义渡成立，系人民自由捐资，市府接收，于理未合，省府当谕以管理之责仍由县绅，监督之权移归市府，分明界划，可谓持平。讼争当有已时也"。

事情就此了结。

二十世纪三十年代，川黔公路修通，海棠溪开设了汽车轮渡。海棠溪码头作为川黔公路的起点，又成了重庆通往云贵的公路及水上运输枢纽。原本人烟不多的南岸，因此繁荣起来。尤其是抗战爆发以后，国民政府迁都重庆，蒋介石以及一些政府部委搬到南岸南山、南泉等地，这海棠溪渡口就显得更为重要。川黔公路沿线，也成了迁建区。沿线一些居民点原来没有地名，为了联系方便，也以公路的里程碑代作地名，如四公里、五公里等等，这些以公路里程碑为地名的地名一直叫到现在，已经得到官方的认可，作为标准地名。

海棠溪作为汽车及行人渡口，直到二十世纪八十年代初，石板坡长江大桥建成通车，才结束其渡口码头的功能，完成其历史使命。

时光到了现在，南岸发生了翻天覆地的变化。随着城市的发展和建设，海棠溪这条溪沟已被改成暗沟，南滨路修好以后，海棠溪已不见踪影，只留下海棠溪这个地名，"海棠烟雨"这个老巴渝八景中的一景，也就完全消失了。

从轿子说滑竿

笔者前几天去中兴路淘东西，完了转向响水桥。突然想到，过去一点点不就是有回水沟，还曾有个轿铺巷么？不如去转一转。却听说十八梯改建，现在是施工现场，进不去。于是往前走，经花街子到储奇门。恰好有两个棒棒，像抬滑竿似的抬着一个老式衣柜过来。看到有点年代的衣柜和两个抬衣柜的棒棒，笔者不禁想起了旧时的轿子与滑竿。

在过去没有铁路公路的时代，人们出行乘坐什么交通工具？一般说，靠江河的地方，船是首选。走陆路，平原上有马车，有马，也有轿子。在我们重庆，就只有船，马和轿子了。后来还有了一种轻便的似小轿的东西，就是滑竿。

重庆城建在山上，出门就要爬坡上坎。旧时人们出行，多以坐轿子为主。轿子又分几种，一种是供官员乘坐的大轿，一种是民间商贾用的小轿，以及普通百姓乘坐的轻便小轿，以满足不同人群的出行。

骑马的有没有？有，但骑马爬坡上坎，大多数人不敢，怕的是摔下马来。

轿子的历史有点长。官家的轿子称官轿，为这轿子，官家还编得有轿班，有专门的轿夫来为官员的出行服务。官员出门乘轿子，体现的是官员的等级、权威和身份。督抚一级坐的是八人抬的大轿，前面有仪仗旗牌和开道之人。富贵人家嫁女接媳妇，也得在轿铺租用八抬大轿，以示体面。在督抚以下的道台、知府一级且不说，就是一个七品知县出门，坐的也是四人抬的轿子。前面也有肃静、回避等仪牌，还有一个差役在前头敲着大锣净街。设在驿道上的驿站，都备有轿子和轿夫，为过路官员提供方便。

例如让张献忠都害怕的明末四川提督邓玘，也曾在巴县衙门当过轿夫。邓玘个子高大，其他三个老板凳欺穷，故意整他，弄得县大老爷从轿子里摔了下来，邓玘被县大老爷打了板子，撵出了县衙。从此去吃了军粮，因军功升任总兵、提督。在与张献忠作战时，还偷袭成功，砍了张献忠一刀。后来张献忠入川，经过巴县邓玘墓（应为白市驿西十里驿道旁的邓都督神道碑）时，还下拜祭祀。《巴县志》人物传中，就有此事的记载。

重庆城的富商大贾多，为了出行方便，也在家里设置了私家轿班，一般是四人抬的轿多，亦有二人抬的小轿。一般商人，出门就是临时订小轿。因此，就有两人抬的小轿随时等候生意。轿夫们抬着轿子，集中在白象街、储奇门、千厮门一带商人多的地方等候。朝天门、东水门等码头，也是小轿集中的地方。有人招呼，立马抬人出发，找的是点辛苦钱。

有的商贾出门要走长路，如到永川、璧山、遂宁，甚至远到成都。临时找来的小轿，怕的是轿夫的人品，担心路途中人财的安全。于是慢慢有了轿铺。轿铺备有各式轿子，招有经过审查的轿夫，可以接受长途业务。

轿铺订有详细的规则，到什么地方收多少钱，轿夫路途上的开销如何，安全如何管理，都有一定的规矩。轿铺有了诚信，商贾们也安心。同样，轿铺和轿夫的利益也有了保障。一时间，轿铺多了起来。十八梯原永兴巷与柑子堡之间，就因为有家规模较大的轿铺设在里面，取名为轿铺巷。

除了这轿铺巷，还有陕西街金鸭巷的三晋源巷，里面有家三象子轿行。陕西街主要是陕西来重庆的富商，经营的多是匹头棉布、棉花之类的大宗北货。商户谈生意，看货、交货，随时都要出行，这三象子轿行应运而生，规模就大多了。轿行长短途都走，顺便亦可带个信、带少量货物，生意特别的好。

这些轿子，大多比较宽大，木制轿厢外面大多包着绿色或蓝色的呢子，漂亮。轿厢两侧开有窗，有软布帘，拉开布帘可以观看路上风景。坐板上用的是锦缎包着的棉花垫，柔软舒适。轿厢里还可以放一些简单轻便的随身行李，以方便顾客。当然，这设施好，是四人抬的轿子，费用也很高，普通市民是无法承受的。

普通市民出行，一般都是步行。但有老年人、身体弱的病人、带奶娃幼儿的妇女，还得坐轿。这是一种比较简单的轿子。轿厢不用木料，而是用竹藤制成，可以半躺的椅子。椅子上方有可以收折的布制遮阳篷，热天坐这轿子，四面通风，凉快，因此取名为凉轿。这种凉轿走数十里的长路，一般三个人，两人抬，一人打甩手，按时轮换。短路由两个人抬，相对来说，就比较经济了。

滑竿是轿子的一种改良，更加轻便，也最为经济。但滑竿出现在大众面前，历史却不长。

辛亥革命以后，袁世凯窃取了大总统一职，但还不满足，不久后他宣布登基，自己封了个洪宪皇帝。这下子惹得来天怒人怨，人人愤恨。于是有云南的蔡锷起兵组成护国军，发起护国讨袁的战争。

护国军打进四川，在川南一带与北洋军作战，双方都伤亡惨重。护国军的伤员亦多，但对伤员的后方转运，靠原来的方法人背（云南一些地方运输物资多用背篓、背架）和小轿抬，容易对伤员造成二次伤害。此事让前方指挥官犯了愁。有一天，指挥官在休整的地方，看见有当地乡民抬来肥猪慰问。而抬猪的工具只是两根竹子，绑着用竹篾编的竹兜，猪被夹在竹兜里，动弹不得。指挥官不禁灵机一动，川南竹多，办法有了。于是叫来手下士兵，如此这般地吩咐了一通。

士兵得令，上山砍了大批楠竹、斑竹，划成竹篾、竹片，编成比人长点的竹兜，绑在两根竹竿上。竹竿两头各绑上一根横担，便于肩抬，取名为担架。伤兵躺在竹兜上，上坡下坎，也不会受到二次伤害。这种工具经过试用后，大家反映觉得可以。伤兵觉得用人来背，还要自己扶着背架。有的伤兵本来手杆就受了伤，一不小心，就要摔下来。小轿只能坐，这个可以躺，伤痛较轻。这个方法，部分解决了后方转运伤兵的难题，指挥官的担忧也就少了许多。

这种担架也被地方百姓看见，觉得好是好，但觉得正常人躺在上面还是不安逸。川南一带，普通家庭都有歇凉用的凉椅，这种凉椅用木条，制成两个大小宽窄不一的长方形框架，为一套。大框为前腿，小框为后腿，前后腿的中间用铁钉做成活销，前后腿可以合成一个方框。后腿上预先锯有卡槽，可将前腿后端的支撑卡在卡槽上，以调节座椅的高度。竹片用棕绳串联为坐垫，用绳子吊挂在木架之上，可收可折。打开后可以坐，收拢放平就可以躺。人们由此受到启发，就将这木架凉椅绑在两根竹竿上。这就有了滑竿的最初形式。

后来，人们觉得这个木架凉椅有点多余，一是多了木架的重量，制作也费力。二是这种凉椅是绑好了的，不能收折。于是人们将木架取消，直接将竹片上下一端各加一根横木条，用棕绳串联成坐垫，挂在竹竿上。人乘坐时，脚朝前，头在后。为了舒适，头部的竹垫，挂到竹竿齐平高，或直接绑在竹竿上。中部最低，坐时，人的背部可以靠在竹垫上。前部放脚，坐垫比中部竹垫略高一些，坐垫因此成了一个斜放的"J"形。竹垫背后，再用两根棕绳兜着以加固。前部，用两条棕绳绑一根横木，吊在竹竿上，便于搁脚。再后来，人们又经过改良，又用竹片编成一个圆弧形头枕，放在头部，可让人的头部有个枕头而更加舒适，并且竹枕中间是空的，客人的一些随身小包袱也可以放入头枕之中，不致丢失。热天，竹竿上绑有可以收折的布篷挡太阳。天冷时，竹垫上再放一块棉毯，既可垫，也可盖。

因为小轿的轿厢或者凉椅不能收折，放空时，也要人抬着走路。而这种轻便可收折的东西，没人坐时，可以一个人扛着，另一个人打甩手，可以休息。经过一系列的改良，它在城乡逐渐替代了小轿，人们称之为滑竿。

在二十世纪二十年代的战乱中，川南一带的破产农民为了求生活，带着这种滑竿来到重庆城，一下就受到了普通市民的喜爱，迅速在重庆城站稳了脚跟。到了重庆建市，改造旧城，修建马路，开发新市区时，重庆城已经拥有滑竿上千之数。这些轻便、价格实惠的滑竿为市民的出行提供了方便，也使这些抬滑竿的下力人能有一口饭吃。

随着旧城改造的进行，马路逐渐增多，

新市区也有了三条干道连通。公路建好后，有了公共汽车和客运马车。但公共汽车只有为数不多的几辆，担任客运的定线马车也不多。有远见的商人很快从上海等地引进了人力车。这儿的人力车普遍用黄色车篷，故称为黄包车。到了抗战前，重庆城的黄包车已经达到 2400 余辆。

黄包车的出现，给滑竿的生存带来了危机。但当时马路少，大部分城区的街道巷子，还是石梯坎，黄包车派不上用场，这才使滑竿有一席生存之地。

到了抗战时期，重庆成了陪都，人口增多，汽车也多了。滑竿在城里穿行，与黄包车、汽车争道，时常造成伤人事故。当局下令对滑竿增税，开始限制滑竿在城里的使用。到了 1943 年，当局最终下令在市区内禁止滑竿。慢慢地，滑竿在城内无立足之地，最后消失。

滑竿在城内没有了，这些靠下力吃饭的人没了生计，只好转行。有点积蓄的，去车行交押金租黄包车拉；没有积蓄的，只好扛着滑竿转到城外，继续讨生活。有从乡镇进城的人，坐滑竿只能坐到两江的各码头，然后坐过河船进城。西面陆路的，坐滑竿最多只能到大坪、牛角沱，就不敢再往前走。

不过在城郊的乡镇场上，滑竿还大量存在，不过生意更少，挣点钱有时连自己都养不活，真是难为了穷苦人。

新中国成立以后，尤其是改革开放的四十年，交通已经发生了翻天覆地的变化。到了今天，飞机、铁路、公路连成了网，就连偏远的山区村寨，也通了公路。轿子、滑竿这类交通工具，除了做道具，或在一些景区内，可能还存在极少数外，已经基本绝迹。作为旧时的一种交通工具，只能留在人们的记忆之中。

七星岗是七星缸

一次乘公交车去杨家坪，高峰期已过，车上人不太多。后排是一对说普通话的年轻人。车过马家堡，显示下站袁家岗，并有语音提示。女的说，刚才过了七星岗，读的是"刚"，现在还是岗，却读成"杠"，是录音时播音员读错了？男的说，不可能。这么大的城市，这么多公交车，能读错吗？两人开始争论。

于是我转头对他们说，都没有读错。七星岗的"岗"本来是水缸的"缸"，是七口大石水缸，"缸""岗"音同。后来水缸已经没有了，就转写为"岗"。

说到七星岗，重庆人都晓得，是通远门所在地。七星岗原来叫七星缸，是用来装消防用水的池子，这也有很多人晓得。重庆旧城除了七星缸，还有在储奇门附近的大熄火池，在人民公园一带的小熄火池。更多的是分布在大街小巷的大大小小消防水池、水缸。为什么要修这些消防水池呢？就是因为重庆火灾频繁。那重庆城为什么火灾频繁呢？这就要从重庆城的地形特点、水源、建筑形式说起。

首先说重庆旧城的地形特点。华蓥山的支脉中梁山，到了重庆附近有一条余脉，这就是平顶山、佛图关、枇杷山、大梁子一线，形成一个半岛。两江环绕半岛，重庆旧城就建在半岛的尾端大梁子一带。从江上看城，是"城在山上，山在城中"。城里人出门，不是爬坡、就是下坎。唐代诗人王维称渝州（巴县）城（此时尚无重庆名）是"水国舟中市，山桥树杪行"。大梁子山坡陡峭，梁沟相间，平坦的地方是非常少的。

再说重庆城的水源。重庆城建在大梁子上，虽说两江环绕，历来用水却不方便。起初，人口不多，又多居住在下半城，上半城还是树林农田，有水往下半城流，用水相对宽松。即便到长江、嘉陵江里挑水，距离也近一些。上半城发展起来后，用水就有了问题。靠数十口不大的水井，根本满足不了市民的用水需求。于是就有了从长江、嘉陵江挑水的下力人，这些人就靠每天挑水卖钱，来维持生活。

重庆城建在山上，房屋建筑也是依山就势而建，密密麻麻，层层叠叠，重屋累居。建筑房屋用的材料多是砖木竹草。

官府的衙门建筑，官绅财主的公馆、宅邸，一般都用砖墙、土夯墙。屋顶是木料做的梁架，盖的是土瓦。一般殷实点的，多用木柱木架的穿斗瓦房。外墙和隔墙用竹篾片编成，叫照壁。竹篾片编成的照壁两面先糊上和了稻草的泥巴、再抹上加了纸筋的石灰，最后用石灰浆刷白。而更多的老百姓，却只能用低廉的木料、楠竹，用竹篾捆绑起来，当成住房。在一些陡坡，依坡就势搭成吊脚楼，用竹篾片、竹篾席当围墙、隔断，屋顶大多盖的是竹篾席或麦草。

这样的建筑物，有一点火星，就可能引起火灾。地处坡下的房屋，失了火，就往上坡烧，一烧一大片。住在坡上的失了火，燃烧的竹木往下掉，烧垮的房子往下倒，下面也将是一片火海。由于没有足够的水用来灭火，扑救不及，火势就很快蔓延，造成巨大的火灾损失。

重庆城历史上火灾频繁，大小火灾不断。清朝以前火灾情况记载不详，无从查看。从清朝开始县志对火灾记录要多一些，一些记录相对还算详细。这些记载在县志等文献上的重大火灾，让人看得触目惊心。现试举几例：

"清朝雍正二十三年（1745年）三月朔，

太平门内外大火，二百余家被焚，文昌宫殿宇一片废墟。"

"光绪二十年（1894 年）七月二十五日，大火。是日未暮，自道门口钟表店起，延烧通夜。状元桥、陕西街、打铜街、打铁街、玄天宫、梅子坡、滴水岩、长安寺、四天王殿、木匠街、千厮门正街均受灾，约近万家。二十六晨始熄。"

"民国十七年（1928 年）四月十九日申时，千厮门一户失火，经洪崖洞、东川书院烧进城内，又从香水街烧到七星坎和女子师范学校，七千余户无家可归，上百人烧死。"

"民国二十七年（1938 年）五月八日晨，临江门码头失火，沿江棚户六千家被烧，百多人烧死，两万人无家可归。"

"民国二十七年（1938 年）八月二十五日，储奇门大火，灾区方圆四华里，中药材帮百分之九十的财产被焚一空，上万户居民流离失所。"

而最严重的火灾，发生在重庆解放前夕，这就是老重庆人经历过的、都晓得的九二火灾。

1949 年 9 月 2 日，下午 3 点 40 分，赣江街 17 号协和油腊铺起火。由于扑火不及，导致大火迅速蔓延。从东水门烧起，一直烧到朝天门，又从陕西街烧到千厮门，一片火海。就连江面上的船只也因漂浮的汽油燃烧而被引燃烧毁。一时间，到处烈火熊熊，浓烟遮天蔽日。这场火整整烧了 17 个钟头。事后当局做了统计，有 37 条街巷、7 所学校、33 家银行、11 个机关、21 个货栈被烧毁，成了废墟。受灾 9601 户、41415 人。烧死烧伤 15300 余人。

对于火灾，历代官府又干了些什么呢？说来让人啼笑皆非。

有风水先生说，重庆城是火地，火从陆门进城。重庆城有城门十七道，为了防止火从陆门进来，只能留九道门，而且只能留一道陆门。于是明朝的重庆府就下令照此办理。因此就有了八道闭门，通远门是唯一的通陆路的门。

又有阴阳先生说，重庆城火重，修一座火神庙把火镇住，就可以消除火患。于是清朝的官府又下令，在下半城的储奇门段牌坊附近修建一座火神庙，以祀火神。但火灾并没有因为有了火神庙就不发生了，后来一把大火把火神庙也烧光了，连火神菩萨也烧得来散了架。

还有的更干脆，光绪二十年（1894 年）

那场大火过后，川东道台衙门不是想法采取积极措施预防火灾，而是干脆下令全城禁灯。一到晚上，整个重庆城是一片黑暗，弄得老百姓怨声载道。地方乡贤、各省会馆喊遭不住了，纷纷上书请愿，过了大半年，这道荒唐的命令才取消。

也有理智的人，呼吁建立消防设施，每家每户准备沙包沙袋，街巷设立太平缸，以储水灭火。

官府在民众的强烈要求之下，下令设立火灾警报台，发现火灾，敲钟报警。同治年间，巴县知县下令，城内的各个寺庙道观，都必须在寺观之内设置储水池、水缸。各家各户也得准备一只水桶，储水待用。由于水源缺乏，买水要钱，故水池水缸很小，装不了几挑水。发生火灾时作用不大，因此民间怨声不断。

直到清末，才开始收捐筹款，修建大点的消防火池。通远门内地势相对较高，因此在瓮城附近修建消防水缸。按风水先生指点，水缸按北斗七星之形修建，斗柄指向南纪门，说是可以挡住火魔入城。这七个水池相互之间是用楠竹打通竹节作管来连通的。当局还准备用楠竹作管道，与附近其他水池连通，但却遭到水帮的强烈反对。水帮上万数的力夫，以卖水为生，各有各的码头和地盘。如管道连通，就会影响一些人的生计。

这以北斗七星之形建成的消防水缸，就叫七星缸。

在重庆建市、开发新市区时，要拆除城墙修建马路。通远门的瓮城及一段城墙被拆除，七星缸因此不存。没有了七星缸，却留下了七星缸的地名。因缸、岗音同，又在地势较高的地方，后来就叫成了七星岗。

两路口的场——不赶

重庆渝中区的两路口，出名，因为跟菜园坝火车站一上一下，挨得很近。数十年来，这里是进出重庆的主要通道。凡是坐火车来重庆的，大多下了火车以后，出站乘缆车上两路口，再转城内各地。现在菜园坝火车站依旧，但大多数车次都转到了火车北站、西站接发，相比之下，菜园坝冷清了一些。进出火车站的人少了，因此两路口的步行扶梯上下的人也少了许多。

今天摆的龙门阵，就是两路口的事，不过是好多年以前的事了。这龙门阵里面，有两路口的由来，也有一些民间传说。

先说两路口的由来。两路口"旧时此地为出重庆分道口：一路通成都，一路通川北，故名。原为荒坡坟地。1930 年建成公路后，人口逐渐增多，形成街道。"（引自《重庆市地名词典》）

两路口早年虽说为荒坡坟地，并非没人住，不过人户不多。后来人户多了，成了场，也没有兴赶场。不如石桥铺、姚公场、人和场这些地方热闹而已。

　　早先，重庆到成都的人，从通远门出来就是兴隆街，一路经纯阳洞、茶亭、盐锅骑石、飞来寺（以上地方基本上在现枇杷山公园、市第三人民医院以内，早已不存），下来就是两路口，这是通成都的"东大路"。两路口的老街，大约在原两路口菜市场，现在已经拆完了。

　　两路口在一座小土坡上，坡下有水沟，水往养花溪流，经学田湾流向大溪沟进嘉陵江。往右，过了沟，经大田湾下牛角沱，一走过江到江北转邻水达县，一顺河边到磁器口转合川、顺庆（南充）。往左，下一土坡后上教门厅（现重庆市第三十中学校附近）、上佛图关经白市驿去成都。"东大路"每天人来人往，络绎不绝，这里又是出城的第一个路口，也是进城要爬的最后一道坡的坡脚。因此，这岔路口的大黄葛树下，老早就有人搭了个草棚棚，卖点凉茶、烧饼。根据时令，也兼搭着卖绿豆稀饭、烤红苕，也有豆豆酒等东西。

　　这一年，这岔路口的草棚棚遭弄倒了，老板在原地重新修了几间草房，继续卖他的凉茶、豆豆酒。重新开张时，在路边立了个木牌牌，上面写这么几个字："跑了猫、死了牛，一盘磨子也打烂，问事得事。"

　　过路人好奇了，这几个字是什么意思？问老板，老板说，要听，就坐下来，我慢慢摆。有路人不着急赶路的，要听，就坐下来听老板摆这龙门阵。可也不好意思干坐，总得喝碗凉茶，吃点豆豆酒才是。这才见老板不慌不忙地开了口，摆起了龙门阵。

　　有一天，一个人牵了头牛来到这幺店子，看打头是个走州过府的牛串串"牛偏二"。牛偏二看了看前面那一坡上坡的梯坎，又看了看牛，犹豫了一下，还是停了下来。他想拴牛，牵牛的牛鼻绳短了，黄葛树又大，拴不上。于是他把牛拴在老板推豆花的石磨子架子上。要了一碗凉茶，坐下来慢慢喝。

　　老板看了看，那头牛是头牯牛，架子倒不小，但却是肚子大、身上瘦的老牛，再看牛眼睛，昏暗无光，晓得这头牛活不到好久。

　　这牛偏二一边喝着茶，一边问老板，重庆城里的牛市在哪里，他要去卖牛。他说他是永川那边的人，是个骟猪匠，天天走村串户为人骟猪。昨天傍晚路过冷水场一家人户门口，见这头牛角巴上拴了个草圈。一问，说五百钱就卖，我就买过来了。听人家说重庆城牛好卖，就赶了过来。

老板听了，心想，怪不得，你骗猪匠才会买这条老得走不动的牛。就说，城里没有牛市，只有南纪门才有杀牛的宰房。你这头牛是活不到几天的老牛，趁牛还活着的，拉去卖还卖得脱。不过，你这牛能不能卖五百钱，还是个问题。

牛偏二听后，心中吃了一惊，但还有点不信。正在这时，又有一个人挑着担子来到幺店子。这人是卖猫的，两只竹笼里装了十来只猫。还有一个小竹笼，只装了一只小黑猫。老板一看，这小黑猫一身黑毛，没有一点杂色，猫眼金黄，闪闪发光，漂亮。

卖猫人要了碗绿豆稀饭正要喝，突然一声"咪呀"，那小黑猫身子弓了起来，眼放金光对着石磨。大家转头一看，原来有一只耗子。这一叫，那耗子愣了下，转身就逃。

老板心想，这小黑猫虽说不大点，却避鼠，问问要好多钱才卖。就问道："你这只黑猫避鼠，好多钱卖？"

卖猫人喝了一口稀饭，才说："我这只是避鼠的好猫，这十多年我才看到这么一只，买都买成四百钱，你要买，四百五十个钱。"老板一听，心想，你这是什么猫哦，市场上好点的猫二三十个钱一只，你这猫这么多钱，贵了，买不起。也就不再说话。

牛偏二听了，心头思考了起来，你这只小猫儿就要四百钱，我这么头大牯牛才五百钱，没对哟？这一想，他想起了昨天的事。买牛时，卖牛的那户人家说他屋里耗子多，喂了几只大猫都管不住。还说你到处在走，碰到好的避鼠猫，他出大价钱买。他还听别人说过，有的好避鼠猫，人家出过一两银子去买。他想，不如把这头牛同猫换了，把猫卖给冷水场那家人，赚几个钱是几个钱。于是就对卖猫的人说："你这只猫卖给我，我这头牛是五百钱买的，我拿牛跟你换，你找我五十个钱就行。"

卖猫人听了，想了一想，我这猫拿到城里卖，最多也就五百钱，这头牛虽说瘦，卖六七百钱是没有问题的。说："好，成交。"牛偏二说："成交以后不得反悔，老板你当个见证人。"老板点头应允了。

卖猫人把小黑猫从笼子里抱出来，交给牛偏二。牛偏二要笼子，卖猫的人说："刚才说的是猫，没说笼子嘛？"不给。接着从衣服包包头摸出五枚当十文的铜钱来，递给牛偏二。

牛偏二接过钱放好，转身想往回走，去

冷水场卖猫。可就这时，怀里抱着的猫突然叫了一声，往外一挣，跳了出来，往石磨冲去。

原来，卖猫的人把钱给了牛偏二后，去到石磨处把牛鼻绳解开，想把牛牵着走。牛一动，磨盘下面躲着的耗子吓到了，就跑了出来。小黑猫见了耗子，一挣就出来了，去追耗子。

黑猫一冲出来，把老牛吓了一跳。老牛本来没多少精神，这半天又饿又渴，已经不想动了。这一吓，却好像给老牛打了气。老牛"嗯昂"地叫了一声，转身就跑。不想一转身，却将磨子碰了一下。老牛发了怒，低头一摆，把个石磨摆翻了。石磨滚下坡脚，摔成了几块。牛角尖恰好插进了磨眼里头，老牛也跟着石磨滚下坡去，摔得头破血流，眼看着出的气有，进的气没了。

那黑猫本来就不是这地方的，这追耗子一追出去就不见回来。牛偏二、卖猫的人看到牛死猫逃，心中那个痛呀，可也没法，只好自认倒霉。

老板的石磨遭摔烂了，想找卖猫人赔，想想这真是问事得事，不问这猫咋卖，哪有这回事？况且这两个人也亏大了，石磨也值不了几个钱，和气生财，算了算了。

老板为了警醒自己，过后就把这事的结果写了出来，以便讲给别人听。

前面说了，两路口的场——不赶。这也有一个故事。

两路口这地方，后来人烟渐渐多了，有了许多家卖东西的店铺，形成一个小场。有了场，就要兴赶场。但这里离城很近，周边人口也不是很多，赶场也不可能天天赶，总得要规定个时间才对。按惯例，一个场赶哪天，一要看赶场的人多不多，二要看周边的场赶哪天，要尽可能错开来赶。赶哪天也不是场上的人说了算，要由官府来人察看以后，由官府发告示公布确定。

这天两路口场上的店铺得到通知，说是巴县衙门大老爷明天要来察看，以确定赶场时间。店铺老板们很高兴，有了赶场时间，生意要好做得多，于是商量怎样接待衙门来的人。

第二天一早，场上的人家早早起来扫街做清洁，还在场中间饭馆安好桌椅，备好茶水红包，静等衙门来人。临近中午，终于等来了县大老爷的轿子。可轿子里坐的却不是县大老爷，而是县衙门的户政师爷。

这师爷祖籍是浙江人，随祖辈来四川已

经几十年了。这次跟随新任知县来巴县，不过一个多月。县大老爷这天身体不舒服，就让他坐轿代自己去两路口。

师爷还没从轿子里出来，大家只以为是新任的县大老爷，齐齐跪下来迎接。师爷暗暗高兴，摆着架子想说两句。不想掀开轿帘才一条缝，却看到本家的几个长辈正在下跪。师爷心头一下慌了，想咱并不是县大老爷，只是一个师爷，让本家长辈跪在下面，是对长辈的大不敬。那以后在家族里怎么说得起话。幸好还没有下轿，没人看见他，才放下心来。赶紧说："不敢不敢。"说完，师爷放下轿帘，叫轿夫起轿回转衙门，怕长辈们看到难堪。

师爷说这不敢不敢，意思是说你们是长辈，哪有给小辈下跪的道理，不敢当哟。

众人一听，大老爷说不赶不赶，以为是两路口这场不赶了。心头虽说不安逸，但大老爷说了不赶，也就没人再提这事，两路口这个场也不赶场了。后来就有了一个言子，说两路口的场——不赶。

二十世纪二十年代重庆城设市，开发新市区，修了一条公路中干道，从通远门经观音岩、两路口、上清寺到了曾家岩。抗战时，又修建了两路口经佛图关至大坪、九龙坡的公路，两路口这地方成了交通要道。逐渐热闹起来，形成了繁华街道。

悦来客栈悦来场

悦来场（街道）在今渝北区，附近建有重庆国际博览中心，这使悦来场出名了。前不久，重庆国博中心举办了智博会，接着举办的文博会，让众多海内外客商知道了悦来。随着展会的陆续举办，悦来将会让更多的人知晓。

悦来是个古镇，今属渝北区，在嘉陵江边上。早在清乾隆年间，场上有一家客栈，以"远者来，近者悦"之意，取名悦来客栈。后来建场时，就以这间悦来客栈之"悦来"两字，取名悦来场，这就是悦来得名的由来。可是，这家叫悦来的客栈是如何开起来的，是哪个人开的，中间又有些什么故事呢？

民间流传的故事中，其中有一个故事是这样说的。

明末清初的战乱，使四川人口巨减。至乾隆二十三年（1758年）时，巴县官方统计的人口［乾隆十九年（1754年）把巴县江北镇改为江北厅，范围大致为江北城一带。乾隆二十四年（1759年），又划巴县江北部分给江北厅，以扩大江北厅的地域。渝北当时尚属巴县］仅有一万五千余人丁。

清朝为了稳定藏边，恢复四川生产，增加税收，颁布实施对四川的移民政策。鼓励湖广一带民众移民四川，准许民众到达四川后，在无主土地上开荒种地，以为祖业。这一政策，就是后来所说的"插占为业"。于是，一批又一批的湖广民众向四川迁徙。

一群又一群的移民，漫无目的地在荒原上艰难地行走着。人群中，一李姓老者带着老婆，领着儿子、媳妇、孙子随着人流，缓缓地走着。队伍越走越少，一些人看到有好的地方，停了下来，就地开荒，不走了。一些人拖不过，半道上撒手西去。

这李姓老者出门时，是一家五口，同路的有数十户人家。一路之上挑着行李，跋山涉水，风餐露宿，受不尽的艰难困苦。几年间，老伴拖不过，走了。他带着儿子德彰、媳妇张氏两口儿，一个十来岁的孙子天全继续前进。进了四川后，同行人有的走了，有的就地留下，进入巴县地界时，只剩下他们四口与邻村一家吴姓母女俩。他们顺着嘉陵江，溯江而上，来到一个地方。此时八月初秋，天色已晚，李老者决定就地停下来休息过夜。

他趁着夕阳余晖，走到高处察看。

这地方一片荒野，树林里、草丛中，可以看见田坎、水渠的痕迹。小溪旁，有一些残垣断壁，掩映在树木竹林中。显然，这地方数十年前是有田有土，有人居住、耕种的地方。当晚，李老者把看到的情况同邻村母女说了，表示不想走了，就在此留下来。邻村吴家女儿荷花想留下来，同天全哥哥他们当邻居，但她母亲却想到孤儿寡母的，同李家住在一起，似不方便，就没有表态。第二天一早，母女俩告别李老者一家，继续往前走。

李老者在竹林中，找到一座破院落，房顶虽已垮了，土墙却没有垮完，推了推，还算结实，可以利用。一家人从行李中取出砍刀、锄头等工具，开始整理住处。好在修房子的树木、竹子多的是，遍山遍野都有茅草，可以割来盖房顶。几天过去了，能够遮风挡雨的草棚房子，也修复了几间，一家人暂时安顿下来。

这几天他们发现，原来的田地里，此时还有苞谷、高粱、稻子、红苕、土豆等粮食和蔬菜作物。这些庄稼无人收获，就自生自灭，成了野庄稼。野地里，有成群的野兔；竹林里，野鸡飞来飞去。小溪里有鱼，并且还不少。

一家人开始收集这些野生的苞谷、高粱、稻谷，几天下来，竟有数百斤之多。加上打猎、捕鱼，原来还担心怎么过冬，现在解决了。他们烧了一大片荒地，开始开荒翻土，为秋种做准备。转眼一个月过去了，开好的荒地上，播下的白菜籽，已经发芽。

这天清晨，远处突然传来呼叫声，一个人影出现在江边河滩上。李老者见状，立马跑到河边，见是邻村的姑娘荷花，一身湿透了，大哭不已。李老者问了才晓得，这母女离开他们后，往上游走了几里地，也找了一处无人的破院子，住了下来。因为忙着整理住处，开垦荒地，就没有来通报一声。刚才，她母女俩到江边抬水，她不小心踩滑了，掉进水中，母亲来拉她，结果两人都掉进江里。两人随波逐流，被水冲到这里，她好不容易挣扎到了江边，母亲却被卷进江底。李老者看江里，哪里还看得到人影，也只好作罢。把姑娘领回家中，当成自己的孙女，一同生活。

一晃过了好几年。李老者劳累过度，一病之下，晓得日子不多了。就叫来儿子德彰两口子，交代了后事。又叫来孙儿天全、姑娘荷花，说道："爷爷没有几天了。你俩也不小了，本想前两年就把你俩婚事办了，事多给耽误了。今天，在我同你们爹妈面前，你们就拜堂成亲吧。"

几天后，李老者走了。德彰一家四口料理完老人后事，开始了新的生活，一晃又是十来年。

这些年，江里有了航船，江边也有了行人。这天傍晚，一个满脸病容的中年人跌跌撞撞地路过，到了门前，走不动了，请求主人家行个方便，借宿一晚。德彰一家正在吃饭，见有客来，非常高兴。见客人一脸病容，一边请客人入座吃饭，一边询问客人是不是不舒服。听说客人时而发烧，一会儿又冷，好像是打摆子。德彰赶紧到坡上扯些草药，熬水给他喝。这样照顾了几天，客人的病才算好了。

这天晚上吃饭时，客人说："我姓黄，也是湖广孝感来的，到的渠河一带。我们来得早了，这二三十年，我回孝感去接了好几批人，都是到的渠河。这次也是回孝感接人的。前几次，我都是翻山越岭走的陆路，这回想顺着江走，沿江看一看。以后好找船运过来，就方便多了。不想路上病了，不是你们救我，怕是回不了孝感了。李恩公，不出半年，我就会带人进四川，路过这里时，再来看你这个大恩人。"

过了几个月，江上来了十多条船，到了这里，靠好，人都下来了。一边在沙滩上搭帐篷，一边生火做饭。一个人领着一群人，离开沙滩来到德彰家的院子。这个人就是那天来的黄老叔，领着乡亲们从湖广回来了。德彰和家人见了，欢喜得不得了，忙着叫荷花烧水做饭。中年人说道："李恩公不要张罗了，江边有人煮饭。我是来谢恩的。"

原来，李老者一家人手少，刚来时，依残墙搭的草棚住。李老者也想到建新房，木料也准备了不少，但缺少技术和人手，一直没建，只是陆续多搭了几个草棚。李老者走后，就剩下德彰和天全两个男人，更没法盖房了。黄老叔晓得他们建房有困难，这批移民恰好有木匠、泥水匠。因此特地领着这些匠人，带着工具，要帮他们家盖房子，以报救命之恩。说干就干，人多力量大，不过十来天，一排八间木架草顶的夹壁墙房子就建成了。临走时，黄老叔说道："我们这一批人过后，还有好多人要来，过往的人会越来越多。房子多盖了几间，也好给行人有个歇脚处。"

以后，果然有一批批的移民从这经过，有走陆路的，就到这里歇脚。德彰夫妇一家心地善良，见有客来，都热心接待。一些人想留下来，德彰也大力支持，把房子让他们暂时住下。帮他们建房，帮他们开荒。德彰一家有了邻居，也多了些欢声笑语。

路上的行人越来越多，几乎天天都有人来借宿。德彰都会安排住宿，让婆媳俩烧水煮饭，热情接待，还不收分文。慢慢地德彰夫妇也老了，庄稼活做不大动了，收成少了，自己吃用勉强可以维持，但要接待来往行人吃喝，就有了困难。邻居中，有做过生意的人，建议说："德彰老哥，你们是大好人、大善人，这么多行人住你们，吃你们，还不收钱。你们也快要做不动庄稼活了，这样下去不是办法。不如这样，你家有好几间房，不如就开个客栈，有人来住宿、吃饭，收几个钱也是天经地义的事情。有了钱，可以买粮食，后继才有保障。也可以积蓄一点钱财养老。"德彰想了想同意了，就领着全家收拾房间，准备了铺盖，客栈就开张了。

客栈开起来了，价格公道。一些行人盘缠即将告罄，德彰也会对客人说，身上方便，随便给点，不方便就算了。过往行人旅客对德彰的这种善举，无不称赞。有个读书人住店后，为德彰的善良所感动，在客栈门外写下"远者来，近者悦"。意思是说，远方的客人，听说有这样善良仁义的人开的客栈，都会赶来住店。住过店的人，都会有舒适、心情愉悦的感觉。后来这个读书人把客栈取名为悦来客栈，还为德彰写下了"悦来客栈"的招牌。

再后来，这条路成了通往广安、渠县、武胜一带的大路，过路人都晓得这地方有家悦来店，老板仁义，过路人都会到悦来店投宿。慢慢地，客栈周围也陆续多了些人家，形成的一个小场，也以悦来客栈这名为基础，取名悦来场。

重庆人不怕热?

　　天气已经入伏了，热了起来，人们都想找个凉快地方躲躲太阳。这时，笔者不由得想说下过去重庆人是怎么过热天的。

　　重庆历来被称为火炉城市，重庆人不怕热，是出了名的"耐温将军"。这些，大家早已知晓。不像英国人，温度才三十来摄氏度，就不得了，了不得，要死人。话又说回来，人家从来就没有这样热过，热点就受不了，也不奇怪嘛。这几年，上海也热到了40摄氏度，上海人也喊遭不住。不过现在有空调，热了，躲进空调房，就一点也不热了，只是要多花点电费。

　　过去没电，热天怎么过? 一样地过，拿把扇子就过了。用扇子也有讲究，同人一样，也有等级。皇帝就不说了，天热了，坐在金銮殿里，自有人举着硕大的羽毛扇，为他打扇。文人中，有钱无钱的多拿折纸扇，扇面上有诗有画，以示风雅。但也不一定，诸葛亮也是文人，拿的却是一把鹅毛扇。富家女子多是用团扇、绢扇，制作扇子的材料多为绢绸，扇面上还绘着花。普通百姓用什么扇子？就拿蒲扇，再孬也有把篾巴扇。最厉害的是铁扇公主的芭蕉扇，只扇一下，火焰山就灭了，这是神话。至于公共场所的酒馆、饭馆拿什么给顾客降温，我不晓得。但剃头铺却有风扇，就是在屋内梁上挂一张捆在竹竿上的长长的布帘。天热又有顾客时，就有人拉动布帘，为客人和剃头师傅打扇。这种扇子，笔者小时候是亲历过的。在重庆再热，有了这把扇子，一样地热过来了。

小时候在白市驿，一放暑假，上午凉快一点，就不出门，要做作业。下午到河边是最好的去处。飞机场边上的小河虽说不宽，也不深，水却很清亮。天一热在小河里游泳、洗澡的人很多，大人娃儿都有。上街的"毛人荡"、下街的"新桥""偏台子"是我们最喜爱的地方。小河虽小，每年也有人淹死在里面。我们这些小崽儿，根本就不放在心上，在淹死人的河里照游不误，图的就是个凉快。

夜间，我们下街的娃儿端着凉椅、长板凳、短板凳来到小桥上，这儿通风、凉快。大家聚在一起，睡的睡、坐的坐，听大点的娃儿摆龙门阵。直到半夜，屋头的妈老汉喊回去睡觉才散。

大点了，进了城，情况一样。虽说有电，但买不起电风扇，也得过。二十世纪六七十年代了，城镇上用电已经普及，但电风扇之类的电器一般家庭买不到，也买不起。单位里有把电风扇，也是大家降温的重要手段。

就是到了二十世纪八十年代，三伏天，大家还是喜欢夜晚在屋外睡觉。我家那个院子住了数十家，一两百口人。一到傍晚，通道、院坝就摆满了凉板、凉床。还有一种简便的，即不用时可以裹成一捆的凉竹棍。我也不例外，一到傍晚，门前的过道就洒上水，然后摆上竹凉棍和凉板。一张凉板上，小儿女一个睡一头，凉板下放一条蚊烟，防蚊子。

院子如此，小街、小巷子亦如此。就连大街上老房子多的地方也如此。比如七星岗、观音岩、两路口一线。一到傍晚，家家都有人端盆水出来，往人行道洒上水。一般要洒两三遍，才能退热。然后把凉椅、凉板、凉竹棍拿出来一家挨一家地摆好，有的连晚饭也在外面吃。饭后，收拾干净了，屋内煤炉子上大铝锅里的水也烧热了。先娃儿后大人，一个一个地洗了澡，小的、老的走出来。在摆好的东西上坐的坐，躺的躺。摆的摆龙门阵，吹的吹垮垮牛。堂客们在屋里洗了澡，也把衣服洗了晾好，才出来。困了、瞌睡来了，睡就是了。都是老街坊，相互都会照应。

人行道上摆满了这些东西，人就只能在马路上走。好在那时车不多，一到晚上，除了有公交电车、汽车开行外，很少有车通过，十点钟以后，公交车陆续收班了，车子更少。这一睡，到了半夜，有怕着凉感冒的，进了屋。有怕娃儿着凉的，也抱娃儿进了屋。啥都不怕的，睡到天大亮才起"床"，收拾东西进屋。

那年月，其他城市也有与重庆城一样的。笔者去武汉数次，也都是热天。武汉也是火炉，人们的习惯也类似重庆，但有有过之而无不及的地方。老街的小街小巷，人们也是傍晚就把"摊"摆出来，有的还摆在车行道上。收"摊"也要比重庆晚得多，第二天上午六点多、七点钟才收"摊"。甚至有快到八点了，还有人在街上睡起的，笔者就看到过。

将近八点钟了，太阳翻过屋顶，就要晒到人身上了。此时，车行道上，还有人没有起"床"。都上班了，车也多了起来。有时车过不了，还不能鸣喇叭，得下车来喊。是熟人，立马起来让。如果是认不到的人，一句："等到。"睡觉的人这才起来，慢慢地收拾，收拾完了，车就可以过了。我就看到过有辆车过

不去，按了一声喇叭。睡觉的人不安逸了，起来吵得很凶，差点就要打起来。过后，还是一条街上有人认得这开车的人，双方这才作罢。

重庆人不怕热，其实不是不怕，是没办法。当年经常开玩笑，说："怕热，到重庆冰（宾）馆，那里凉快。"那时，叫宾馆的，就这一家重庆宾馆。重庆宾馆、第一招待所（大礼堂人民宾馆）等接待外宾的场所也没有空调，只有电风扇。这样说，不过是取"宾"馆为"冰"馆，觉得凉快，调侃而已。

二十世纪七十年代，长寿四川维尼伦厂开始建设，有法国等国家的专家来做技术指导。专家平时在长寿厂里，周末要回城度假休息。每次回来的晚上，市接待办要安排他们到文化宫的游泳池游泳消暑。游泳池要在星期六上午洗池换水，还要准备冰冻饮料。当年少有瓶装饮料，只能现兑。饮料不外乎冰冻酸梅汤、广柑汁等等。不过，酸梅汤是用梅子煮出来的；广柑汁，是用大罐的广柑汁原汁，兑的是冷却的开水。这些饮料只加白砂糖，也没有什么添加剂。饮料兑好，装进保温桶内，待其冷却后，再放入冷开水制成的冰块。晚上送到游泳池备用。这些饮料是给这些外国专家们准备的，但他们却很少

饮用，大多是他们的子女来喝一点。

客人走了，剩下的饮料过夜也要坏，也不好倒掉，当然就是这些工作人员喝了。这些工作人员最开始怕喝多了肚子受不了。后来习惯了就尽量喝，直到喝不下为止。为什么？图凉快。肚子灌满了，摸肚皮都是冰冷的，一身凉爽，睡得着觉。

以前吃火锅，炉子烧的是杠炭。夏天，因为太热，生意不好。因此，火锅只在秋冬才开。后来有了电扇，吃火锅的人多了些。但风一吹，杠炭灰到处都是，让人不舒服。当然了，也有豪爽的，邀几个朋友，把火锅摆在太阳坝下整。一人一把蒲扇，边摇着扇子，边喝啤酒。现在的火锅一年四季都在开，要吃的话，随时去。大热天，有空调，烧的又是液化气。吃火锅、喝冰啤酒，体现的是一种豪爽，一种时尚。不过，虽说有空调，让北方人看到在这四十摄氏度的高温下，这翻滚的红油汤，也够他们胆战心惊的。

在重庆，有这么一个说重庆人不怕热的笑话。

一个重庆人住长江边，常下河游泳戏水，水性极好，且不怕热。每回游完了水，要在沙滩上晒一下"二面黄"。此人又特别喜欢吃火锅、喝啤酒。他想吃火锅了，就是在三伏天的太阳坝里，他晒着太阳也要自己整起来吃。

这一天，他的大限到了，牛头马面接他去了阴间。按例，阎王爷要点校新鬼。在给新鬼一个杀威棒后，才随机抽签，决定新鬼所受刑法。这个重庆鬼与各地来的新鬼被点到下油锅，其他新鬼怕下油锅，吓得来号啕大哭。此重庆鬼听说是下油锅，又看到几丈方圆的大铁锅里油花翻滚，一下就联想到重庆城那红油翻滚的十平方米大火锅，暗想安逸。这一想，竟然口水流出三尺长。他本排在后面，就挤到锅前，跃跃欲试，想早点跳入锅中过瘾。

新鬼们一个接一个被扔进油锅，只见油汤翻滚，新鬼们在油汤中时沉时浮，哀号不已。重庆鬼实在看不起这些新鬼，心想："哪来的这些孬火药哟，这点油锅都怕？"见阎王久不点名让他下去，他一时按捺不住，一个鱼跃跳入锅中。游了几把，喝了几口油汤，安逸。可一捞，都是新鬼的骨头，没有肉。一时兴起，大呼："老板，来两盘毛肚、鸭肠，加个血旺。再来箱冰啤，老山城哈。"

阎王一听大怒："何方新鬼，敢来此喧嚣？"

重庆鬼大不以为意，喊道："老板，汤不很烫，气开大点，开大火。"阎王怒极，让小鬼取叉，将此新鬼又出来。重庆鬼见状，游得远远的，一会儿划大把、一时又狗刨，一会儿推仰船，一会儿又栽个迷头。游了一阵，累了，才爬到锅沿，站起身来。评价道："这油锅汤味道不错，可惜菜少，没得毛肚。还有，就是汤不烫。老板，该换气罐了。"

阎王大惊，忙问："此是何方之鬼，因何而来，竟然不怕下油锅？"

判官翻了翻生死簿，回道："回阎王，此鬼是巴郡地界重庆府人氏。因吃火锅嫌火不大，菜烫得慢，与老板争执，气极而亡。"

阎王一听，连说："罢了，罢了。"阎王吩咐道："放他回去三年，免得说我油锅不热，到处喧哗，坏我名声。待我火大油沸，再捉他来。"

从邮政局巷说起

前些年，笔者有次到新华路买东西，回程到较场口乘车。走到文化街口，想到这过去的神仙口很是热闹，这条小街好久没走过了。看还有点时间，不如下去看看。于是由文华街往下走，看能不能找点当年的感觉。十多年没走这条街了，一走才发现变化太大。

下去不远，碰到修路，大约是从凯旋路、东华观连接巴县衙门那边的。笔者随着行人走，过了神仙口，进了一幢大楼，下了几层楼，出来一看，哇，光生生的一片。文化街下半截、巴县衙门一大片拆了不说，白象街、四方街、太平门、人和门到储奇门一带，也拆了个差不多了。笔者突然想从邮局巷穿过去到储奇门，看看重庆第一座邮政局大楼有什么改变、拆了没有。进了四方街，问了几个人，都说不晓得。那几个人说，他们都是进城务工的人，住在还没有拆的几间房子里。

笔者凭着记忆，从四方街往储奇门方向走，一条巷子走不多远，就被施工围墙挡住了，里面有一幢楼，看似眼熟，就是以前的邮政局大楼。但笔者不确定，就想过去细看。不想走围墙边上，却没见进口，只好倒回来重新找，又从人和湾巷进去，有门，但关着。不行，从九道门进去，也没找到进口，想是休息日工人们不开工。笔者来到药材公会时，走累了，就不想找了，于是经凯旋路乘电梯上较场口，赶车回家。在车上，笔者依然在想，又联想到都邮街、麻乡约这些旧时的通信机构因重庆第一家邮政局"重庆邮政一等局"设于此，后来旧城改造，修建街道扩展马路，将太平门顺城街、人和湾街、谦益巷合并，因为邮政局设在此地，取名邮政局巷。

旧重庆有一条街叫督邮街，即都邮街。督邮街又分上督邮街和下督邮街，是重庆上半城最热闹的街道之一。

督邮，是秦汉至唐时期一种官员的名称，是辅佐地方郡守的属官。常代表郡守巡视本郡属下州县，宣布朝廷政令，传递朝廷军政信息，体察社情民情。有督促、检察州县行政的职责和权力，也兼办治安刑狱事宜。《三国演义》中就有督邮巡视安喜县，刁难县尉刘备，督邮被张飞捆绑责打的情节。督邮街，就是曾为督邮驻所的街道。

重庆这条督邮街，也叫都邮街。小时候，听老汉讲都邮街，人小不懂，就叫成猪油街。师爷常逗我说："走，娃儿，到猪油街买猪油。"据说在二十世纪三十年代，这条街上设了一座邮政局。邮政局平信、挂号信，汇款包裹什么都可以邮递，就是都邮。可为什么在清末的重庆城地图上以及二十世纪二十年代重庆城地图上，标名的就叫都邮街，却没有督邮街名。是不是都邮督邮的"都""督"两字读音一致，喊混了，结果喊成了都邮，或者督邮都邮都有一邮字，督都通用？这就不晓得了。这条都邮街就是今天的民权路，解放碑步行街所在之地。

人类社会，人与人之间总需要交流、联系，这就是信。信可以是一种约定的讯号，比如烽火传警讯；也可以是传个话，就是口信；也可以是文字，就是书信。历代朝廷与各地的通信联络，都是依靠如烽火、如驿传、铺递完成。

早在周代，就设烽火台，以传递军事讯息。朝廷根据各个军事要塞的地形，每隔一段距离设置一个烽火墩。墩上常备有狼粪、牛粪、柴草等燃放物资。墩上有专门军士负责观察警讯，点火报警。规定：白天点烟，夜间燃火。

周代时的王与各诸侯约定，一旦有警，

烽火点燃，各诸侯都应按预先约定出兵。后来有个周幽王，为了获得宠爱的女人褒姒一笑，竟然下令在无事时点燃烽火。各诸侯见烽火燃起，立即派兵出发。结果发现是周幽王为博女人褒姒一笑之戏。此后烽火燃起，各路诸侯不再发兵支援。这个故事，就是以后说的烽火戏诸侯。

到了秦代，中国统一，朝廷开始修筑通往各地的驰道，设置邮驿。到了汉代，边防至内地仍然设置烽火台，并实行了严格的制度规定。根据地形每五里、十里或三十里设一个燃放烽火的高土墩。规定来犯的敌人在五百人以内的，白天放一道烟，夜间放一道烽火；如在五百人以上的，白天放两道狼烟，夜间放两道烽火。别看这样简陋的设施，传递讯息的速度却出人意料地快。据说汉武帝时期，大将卫青与霍去病带领数十万大军分东、西两路进击匈奴。两人约定到了大致的出发之日，以烽火为号。这天一早，烽火点燃。一天之内，出发的讯息就从河西的甘州传到数千里以外的辽东。

唐代对于邮驿制度更加重视，进一步加以完善。明清时代，重庆地区就设了很多驿站、铺递，以及为军事通信设置的塘讯。驿

站的设置，要考虑驿道通过的是山地，还是丘陵、平坝；人们乘轿、步行一天能走的路程等因素。一般来说，六七十里至百来里设置一个。驿站建有馆舍，可以吃饭、住宿，相当于今天的兵站招待所。地方衙门任命有管理者，叫驿丞。康熙十九年（1680年），"是年，额设朝天驿、白市驿驿丞一员"。"四十五年，朝天驿、白市驿驿丞缺裁，驿务归巴县管理。"有接待服务的驿卒、夫役。备有车、轿、马、船等运输工具，以接待、护送过往官员、公物、官文。铺递、塘讯多为军事用途，多传递军方、官方文书，编有铺（塘）兵、马匹。有常设铺与急递铺之分，一般十到二十里设一铺或塘。

老巴县（重庆）境内，有陆驿、水驿，也有铺、塘的设置。比如东大路（重庆城至成都）就设有白市驿，还设有石桥铺、车歇铺（今上桥）、走马铺（九龙坡区走马镇）等（近日有朋友发帖说，大坪七牌坊是重庆东大路的首个驿站，非也）。水驿有朝天驿、木洞驿、鱼洞驿、铜罐驿。通贵州的有百节驿、冷水驿。通陕西的有温汤驿，通湖广的有铁山驿，等等。这些都是官办的，只为官方服务。老百姓同样有通信的要求，就只能依靠民间的物流业。

因此民间就有了为客商运送货物时，顺便为普通老百姓传递口讯、书信、简单物品的业务。

到了清朝道光年间，重庆有了民信局、信轿局之类的物流机构。一边为客商运送货物，一边也专门收揽民间信件。近代重庆最出名的信轿局，就是麻乡约信轿局。綦江东溪人陈洪义开设的"麻乡约"信轿局，就是办得非常成功的一家，业务遍布西南各省，远达江浙、两广、直隶。

麻乡约信轿局成立于清同治年间，最先开设在綦江县的东溪镇。麻乡约信轿局是以挑货的脚夫组成的，这些脚夫还未成年，就为客商挑货挣钱。东溪一带客货主要来往于綦江和重庆、綦江和贵州。挑货中，脚夫也在路途中为民众捎带书信，收取点茶水钱、草钱鞋。有了积蓄后，才开设了取名为麻乡约的信轿局。信轿局最早仍以綦江、重庆、贵州方向为主，承接客商货物、人员运送，同样捎带信函。由于麻乡约信轿局守信用，价格公道，因此业务越来越好。随后逐步扩展，业务达到成都、贵阳、昆明，并在这些地方设立了分号，建立了通达这些地区的客货运送线路。在信息传递方面，建立了定期的邮路，收递民间书信。更重要的是，麻乡约信轿局利用自己的经济实力和信誉做担保，开办银钱兑汇业务，方便了客商，也增加了利润。

麻乡约的货运业务在宣传口号上，有两个字，叫"长宽"。长，是指客户交运的货物，不管路程有好远，只要在国内都能运到。宽，是指可以承揽各类货物，哪怕是些稀奇古怪的东西。货运业务最好时，每天都有马队、数百挑担子前往贵州、云南。同样也有马队和挑夫，运送数百担货前往重庆、成都。

陈洪义虽说是脚夫出身，却有高超的经营策略和管理方式。为了让客商对货物运输安全放心，他不止一次承诺，对客商的货物损失，除了不可抗拒的天灾，都要照原价赔偿。哪怕路上遇到棒老二、山大王。

陈洪义是老板，手下有几个精明的管事，分担各方面业务。运货的队伍有马队、人队。根据方向不同，分成若干个队，每队数十人马不等，每一个队由一个夫头带队。这夫头非一般人能够胜任，在路途中，要对遇到的各种情况做出正确的判断，要有随机应变的能力。尤其是在遭遇土匪强盗时，要拿得顺言语、混得转江湖，审时度势地处理问题，尽量使所带挑夫不受伤害、所运货物不受或少受损失。

麻乡约信轿局在綦江东溪的旧址，今天仍然完好，还住有居民。该信轿局已经挂牌成为县级文物保护单位，受到国家保护。

民间的信轿业虽说为民众的通信带来了一定的方便，但毕竟也有线路少、时间长的缺点。清朝光绪年间，重庆经济发展很快，商业票据以及民间信件大量增加，急需建立一个官方的邮传机构。重庆府上书朝廷，要求建立邮政局。

在此之前，在帝国主义列强坚船利炮的威逼下，清廷被迫与列强签订了不平等条约，重庆由此对列强开放。重庆开埠之后，重庆设立了海关。由于洋行、洋人在重庆日渐增多，为了方便洋人通信，就在海关内设了一个寄信局，寄信局除了为洋人服务外，也顺带为中国人寄送海外信件。后来，英国人立德乐见重庆民间通信需求量大，是一个赚钱的好机会，就不经朝廷批准，也不同重庆地方当局商量，不经任何人同意，就开设了一个"客邮局"，专门办理国内邮递业务。当年中国海关的关长，是洋人，高级办事人员也是洋人。这种有丧主权的"客邮局"，因为是洋人办的，地方当局也奈何不得。

其实，重庆的邮政局设得很早，"吾渝邮政设局，始于清光绪二十二年（1896年）"。邮政局所在的地方，就在太平门顺城街。

光绪二十二年（1896年），重庆府奉朝廷旨意，改重庆海关寄信局为重庆府邮政一等局。重庆府邮政一等局是重庆，也是四川第一家官办的邮政总局，业务管辖四川、西康，为此在成都设了一个副总局。局本部设在太平门顺城街，后因有此邮政局，改为邮政局巷。

为了建立这所邮政局，朝廷为此特别拨出库银150万两，修建邮政局大楼及附属建筑、邮政设施、设备。但是，这个重庆邮政一等局的局长却不是重庆人，也不是中国人，而是一个叫查理·曼的英国人。英国人对这中国重庆邮政一等局的管理，当然是英国方式，用的高级职员也是洋人。

进入民国后，邮政得到发展。重庆一等局也因此升格，组建为川东邮政管理局，管理着川东地区55个县的邮政业务。邮路也从水、陆变为水、陆、空，有了航空邮件运送。之前，英国人开办的"客邮局"迫于中国压力而停办撤销。

打枪坝的水塔

打枪坝的水塔，在现在的金汤街渝中区水厂储水池边上。有那么几个大的储水池，还建这么个小水塔来干什么？有点奇怪。要说这水塔是干什么用的，就得从重庆城旧时的饮用水是如何来的，以及后来兴建的自来水说起。

重庆城是山城，以前有俗语说："城是一座山，山是一座城。""城在山上，山在城中。"虽说拥有两条大江，但在旧时，用水却是十分困难。城里居民吃、用的水，有水井的，用井水；住在江边的，又有劳动力，就自己挑水。城里水井少，用井水的人不多。能自己挑水用的，也不算多。大多数人只能靠买水来用，因此城里面有成千上万的挑水人，以挑水卖来维持生活。

当年有多少挑水工呢？少的时候千把人，这时重庆城的上半城人口不多，还有水田、水沟。后来上半城人多了，挑水卖的挑夫就多了些，有好几千人。后来又修了好多灭火用的消防水池，挑水的又要多些。据说，重庆挑水夫最多的时候一度达两万余人。

挑水夫卖的水，有浑有清，平时嘉陵江的水清亮些，上半城的人买得多，下半城的人多吃长江水，就要浑些。一到洪水时期，两条河的水一样浑。大家一般采取沉淀的方式，让水中泥沙自然沉淀，或者用白矾沉淀。也有采用砂缸过滤的方式取得清亮水。

吃用的水虽说困难，但毕竟用得不多。但一旦发生火灾，没有水灭火却是大事情。

旧时重庆城大多数是木制房子，建筑材料多是木竹，且房屋建筑依山就势，重重叠叠。一旦发生火灾，就会火烧连营，造成市民巨大的生命、财产损失。

面对重庆城经常发生的火灾，官府也采取了一些应对措施，比如在一些街道修筑消防储水池，如有名的大熄火池、小熄火池等；在寺庙里大量设置水缸，储水以备灭火之用；储备沙包、沙袋等灭火物资；建立义勇形式的"水会"，即民间消防组织等。就连今日有名的通远门所在的七星岗，就是以前用来灭火的七口按北斗七星排列的大石缸——七星缸讹传过来的。

这些水池、水缸装的水，一部分是天上下雨接的，也有水井打的，更多的，还是由人工挑水补充。消防工具只有水桶、木盆、火钩之类，这点水和这些简陋的灭火工具，根本就不能消除火灾的危害。

《巴县志》记载有清朝至民国期间的多次火灾。就以民国初期，当时重庆城还没有自来水的时候，对发生的几起火灾的描述为例，就可以看出市民遭受了多么大的损失：

民国"八年（1919年）一月大火。自夜初更起，达旦方熄。火起较场坝荒薇街，延烧较场口、百子巷、走马街、黄土坡、十八梯、木货街、演武厅、磁器街等处，被灾者数千家"。民国"十七年（1928年）四月十九日大火。自是日申刻起，至夜丑刻止。起自千斯门洪岩洞，由东川书院街入城，延烧香水桥、石板街一带，上至临江门入城，延烧横街，七星坎省立女子师范学校。城外则上至官山，下至鱼溪，被灾者七八千家"。民国"十九年（1930年）八月二十五日大火。自是日巳刻起，至夜半乃止。火起于储奇门外，延烧入城。灾及仁和湾、双巷子、三牌坊、金紫门、镇守使署、玉带街，上至三圣殿、大梁子、磁器街。其火乃熄。灾区广袤三四里，被灾者愈万家"。(引自《巴县志》)

还在"重庆商埠"期间，后来的重庆市市长潘文华，就想到了自来水。1927年，他就与重庆绅商商议，要建立自来水公司。经协商，决定以"官督民办"的形式举办这一新兴的公用事业。整个工程委托当时的华兴公司承包，设备在德国西门子公司采购。由德国留学回来的税先生担任工程的总工程师，负责整个工程的设计及施工管理。

1929年2月，工程开工，到1932年1月，建成通水。自此，重庆有了自来水。

整个供水工程，设计有起水站、原水管道、制水站、清水管道、售水站等等。起水站设在大溪沟王爷庙江边，设一部以蒸汽机作动力，带动一台660马力的发电机，以电力抽水机起水，经1700余米的管道将水提升约160米，送到通远门五福宫打枪坝。在打枪坝设立制水站。清水经南、中、北三条管道将水送到城内各处，在主干道设立了数个卖水点。这工程竣工供水，初步缓解了吃用水难、消防无水可用的问题，此为"重庆市政第一伟绩"。

自来水的建成投用，也触及挑水夫的利益，引起一场风波。如七星缸，原是人工挑水蓄水备用，有了自来水，旁边有售水站，补充消防用水就近可以解决。当时有人建议，用楠竹打通竹节，当成水管，将七口水缸连接起来。

这样七口缸连通，上方水缸的水可以流到下方水缸，各缸用木塞来调节各缸水位。这个建议如果实施，这一带的挑水夫收入将受到影响。于是有人起头请愿，一时引起挑夫们响应。最后这个建议就拖了下来，最后不了了之。

制水站在打枪坝，清末是绿营兵打靶的地方，比较宽阔。因此设计了过滤水池五个，每个每天能够过滤原水10000吨。清水池两个，能储水4500吨。打枪坝是全城的最高点，水能够靠压力自行流到各售水站。

可是，为什么要在制水站的水池边上修一座水塔呢？这有个讲究。原来，这些过滤池用的水是从江里抽上来的原水，要达到民众饮用水标准，就必须进行沉淀、处理。嘉陵江水也不是很清亮的，尤其是夏天发洪水时。原水在水池里不再流动，泥沙就会沉淀在池底。泥沙一多，影响蓄水量不说，还影响水质。因此每隔几天就要轮换清掏，对水池进行冲洗。由于过滤池和储水池基本在同一个水平面上，水没有压力，池底泥沙冲不走，需要大量人工清洗，劳动强度大，时间长，进度也慢。要快速清洗，就必须用高压水。这样，就必须建一个水塔来解决这冲洗用水。所以，水池边才有这么一小水塔。

我画我的老重庆（之二）

张家花园周遭景观——吊脚楼

景观分为自然景观和人造景观。自然景观为神造的地理物候，人为景观当是依附在地理物候上的人造建筑、路桥、园林、雕塑、广告等。城市是人类活动的集中地，其景观该是自然景观及人造景观的集合。重庆作为全球体量最大的山水城市，作为中华民国战时首都，作为中国近现代史上最大的移民城市，作为连接中国东西部最重要的节点，其景观绝对旷世无双。所谓旷世无双主要指老重庆的核心区域渝中半岛——市中区。

市中区在两江交汇的朝天门突然崛起，并从东向西北逆上，至两路口分道扬镳。一路向西抵袁家岗；一路向北抵中山四路。

市中区地形狭长。最低海拔 160 米，最高海拔 329 米。城中心的抗战记功碑与国民政府办公机构所在地居于上半城，首尾一贯，并与南北下半城一起构成市中区的主体。

南下半城濒临长江，东起朝天门，西止菜园坝。沿线均为水码头，是中国内陆最早的物资转运及交易中心，亦是重庆早期主城。这里，江面客船货轮、铁驳木舟鳞次栉比，此静彼动；码头上人声鼎沸、车水马龙、鱼龙混杂，洋人、买办、土老肥、地痞流氓、下力棒槌、斗鸡走狗之徒摩肩接踵；各地商会商号、银行、钱庄、大小铺面、饭馆、澡堂、旅社打拥堂，招贴广告、旗幡幌子铺天盖地、目不暇接……

北下半城濒临嘉陵江，沿朝天门、千斯门、洪岩洞、临江门、双溪沟、黄花园、大溪沟、曾家岩、上清寺、牛角沱、李子坝、华村直上红岩村。民国二十六年（1937年），民国政府迁都重庆后，主城向通远门以外扩张，此乃重庆最早的"城市向北"。其时，国民政府及其相关机构、行政院、国民参政会、盟军远东战区司令部、各国驻华机构等陆续迁来，北下半城成了重庆之新城暨全中国政治、军事及行政中心。国民党政要员、军事首长、财阀、文化精英、社会贤达、外国侨民云集北下半城。紧随权贵精英洋人而来的是大量中产阶级及劳动人民。至此，包括张家花园在内的整个北下半城成了民国乃至全球各色

人等一锅煮的最大人居地。

建筑是人类遮风避雨的物质形态，亦是财富及精神的标识。作为全球各色人等一锅煮的最大人居地，北下半城的建筑亦是各种形态一锅煮，基本上称得上其时南北东西暨中外建筑的万花筒。当然，那种代表西方文明巅峰的帕特农神庙、罗马斗兽场等，暗喻普天之下莫非王土的故宫及象征资本和财富的帝国大厦不在此列。

北下半城的主要建筑形态分述如下：

吊脚楼

包括北下半城在内的整个市中区（渝中半岛）为老重庆主体。作为山水之城的重庆多是山地或坡地建筑。从前，重庆、川东、桂北、湘西、鄂西、黔东南等地的坡地民居基本是吊脚楼。吊脚楼依山就势而立，一般是呈虎坐形。以"左青龙、右白虎、前朱雀、后玄武"为最佳屋场；朝向以西东或东西为最理想。山地或坡地之吊脚楼背靠山体，拔地而起，当属半悬空，此乃半干栏式建筑；湿地吊脚楼因防潮而四面拔起、全部悬空，此乃全干栏式建筑。如云南傣家竹楼。

干栏式建筑因防潮、防毒蛇、防野兽、

通风而宜居。它最早出现在长江下游的河姆渡，距今 7000 多年，为木结构建筑的始祖。

市中区吊脚楼基本是自建私房。自建私房相对公房及商品房而言，改革开放前普遍存在。当时，除了少数机关企事业单位职工能分到狭窄公房外，多数人家只能自建私房。自建私房结构多为竹木捆绑式，墙面多板壁、夹壁，屋顶多覆盖小青瓦及石棉瓦油毛毡之类，简陋、成本极低，因此有棚户一说。抗战时如此这般，大概因为被日机轰炸后易于重建，如此这般的吊脚楼质地必然欠牢实。经长期日晒雨淋后，难免腐朽、松垮。腐朽松垮的吊脚楼，重者导致坍塌，轻者导致不隔音、不关风、"稀牙漏缝"。

长篇小说《卵城》封面（渲染图）

长篇小说《卯城》插图（素描）

渝中区 · 富城路（水粉）　　1978 年

渝中区·张家花园（油画）　1981年

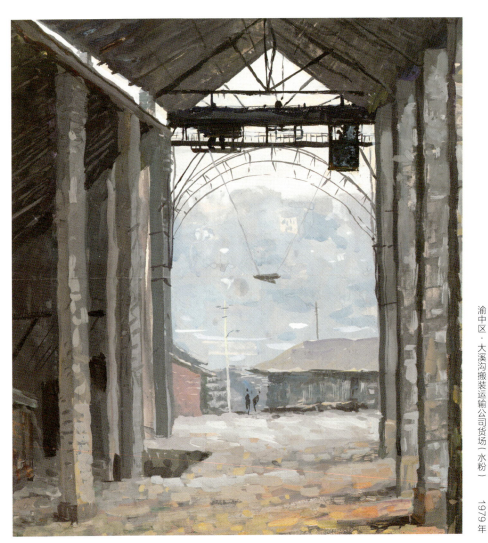

渝中区·大溪沟搬装运输公司货场（水粉） 1979年

渝中区·团市委内景（水粉） 1979年

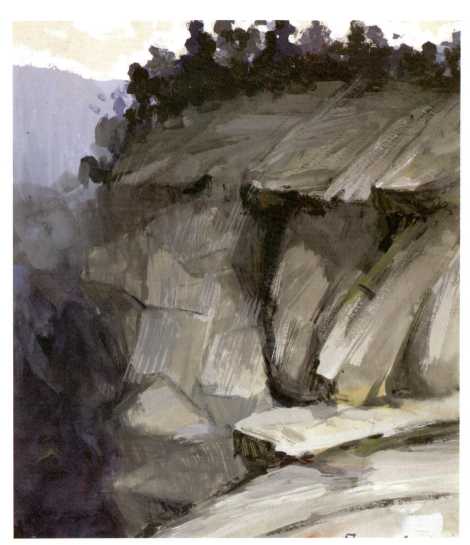

巴南区·小泉（水粉）　1980年

渝中区·黄花园（油画）　1980年

渝中区·临江门老街（油画） 1977年

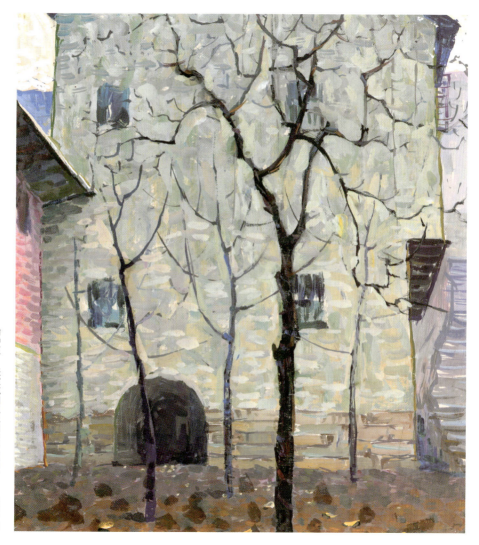

渝中区·张家花园惠崽旧居（油画）　1981年

长篇小说《卯城》插图（油画）

烟酒茶食真味传

YANJIU CHASHI
ZHENWEI CHUAN

旧时茶馆

　　旧时重庆城的茶馆多，大街小巷都有。除了很大的茶馆叫茶楼外，一般的都叫茶馆。

　　一般来说，中、小茶馆根据开间的宽窄来安排座位。宽的，进门两侧靠墙，摆的是凉躺椅，间隔放着茶几。两排凉椅中间，摆的是方桌，长条板凳；窄的，一边是凉椅，一边是方桌。茶楼的楼下为普通茶位，楼上设有包间，便于谈生意、办事情。使用的凉躺椅、方桌、椅子等都要比中小茶馆的好，当然茶是好茶，用的茶碗也要高档一些。

　　茶馆要烧开水，一般都有老虎灶。灶上有几眼炉子，放着烧水的铜茶壶。灶边也都有一口大水缸，用来储水。旧时没有自来水，用的水有井水，多数还是大河（长江）或小河（嘉陵江）挑来的河水。挑来的水很浑浊，就要加白矾澄清。就这样还不行，还要做一个沙缸。这沙缸里面放上棕片、木炭、细沙等，一层一层地用于水的过滤。经过过滤的水流入沙缸下面的净水缸，才能舀进茶壶烧开水泡茶。

茶馆卖的茶也各不相同，小茶馆多是市井小民去的，茶也就是些普通花茶、沱茶之类。好点的茶馆就有龙井、铁观音、普洱、下关沱茶等中高档茶。

开茶馆的人也是三教九流，有普通百姓为了求生活，开个茶馆找点柴米钱，养家糊口。有生意场上行帮开的茶馆，谈生意多在此类茶馆中进行。也有袍哥开的帮口茶馆，除了经营之外，也用来作帮派议事、吃讲茶，以及接待场所。还有一类明里是茶馆，暗里却是官府中人经营，是包揽诉讼、制造假证、收受贿赂的交易场所。

旧时重庆的袍哥有男有女，男袍哥势力很大，有不少堂口，全城分"仁、义、礼、智、信"五堂。笔者父亲年轻时在储奇门一家药材行学生意，当店员，也"嗨"过袍哥。父亲说，他当店员经常要去外地采购药材，如果不"嗨"袍哥，处处都要碰钉子。事情办不好不说，有时连生命财产安全都得不到保障。他讲，当年流传着这么几句话："仁字堂是有钱人官宦绅粮；义字堂是做买卖坐贾行商；礼字堂是锭子大又偷又抢；智信堂是下力人尽是扯帮。"这些堂口为了议事、接待，也开了不少茶馆。

旧时重庆城袍哥人数虽然众多，但没有女袍哥。女袍哥的出现是进入了民国以后。女袍哥是江北袍哥龙头大爷江舵爷的母亲江高氏发起的，她倚仗儿子的势力，邀约重庆码头上头面人物的女眷，打起了旗旗，叫"坤道社"，供奉吕四娘。她也开起了如"四维""八德"等茶馆。出名的女袍哥有王履冰，是国民党立法委员，还是重庆市党部的妇女会主任。还有个卢三，是当时最红的交际花。女袍哥的帮众最多时发展到一两万人。

茶馆中有很多书场茶馆，二十世纪二三十年代的大三元茶馆，就是有名的书场茶馆。这茶馆店堂很大，用屏风隔成前、中、后三间大厅，可以各摆28张桌子，共84张茶桌。有一段时间，重庆城有三个著名说书艺人，同时这茶馆说不同的评书，那真是茶客满座、盛况空前。

最有文化的茶馆，应该是考古学家卫聚贤开的聚贤楼了。这卫聚贤是考古方面的顶尖人物，在国内考古界有很大的影响力。但即使是这样一个人物也要为生活所迫，开家茶馆来维持生计。茶馆开张之时，郭沫若前去祝贺，见卫先生当跑堂倌，卫夫人站柜台招呼客人，郭很有感触，于是写了一副对联：

"大东家，大方家，法天法地，师古师今，难得一楼新宝贝；卫夫子，卫娘子，聚民聚财，贤劳贤得，真成双料活神仙。"

至于沿河两岸的小茶馆，多为船工等下力人光顾的地方。常有一些卖唱的艺人到茶馆，唱点竹琴、清音、金钱板之类的，找点稀饭钱。

现在说衙门的茶馆了。清朝对于帮会是有顾忌的，对于衙门里任职的吏役，都要求其不得参与帮会，但社会如此，衙门吏役如果不与帮会联络，很多事情就做不下来。到了清末，更是不入帮会，就难立足了。

旧时重庆的衙门外面，一是酒馆多，二是茶馆多。要到衙门办事、听候传唤、递诉状、打探消息，就得找门路、通关系。吃顿饭、喝点酒，联络一下，事情才办得成。吃顿饭不能吃一天，而茶馆却可以从早到晚坐在里面，谈"交易"。

旧时巴县衙门从仪门进去，就有很大一个坝子，旁边就有好几家茶馆。这些茶馆的老板明面上是张三或李四，说起来就是普通市民，却不过是个"大堂经理"。真正的老板在后面，是县里六房中的典吏。典吏是衙门各房的"部门长官"，不同于县官。县官是流官，有任期。任期到了，随时可能调动、轮换。而这些典吏却不随县官调动，属于"常任人口"。县大老爷初来乍到，两眼一抹黑，要依靠这些"部门长官"办事。瞒上不瞒下的典吏们，在暗地找点钱，县官不一定晓得。典吏们当然也明白，梗黄鳝是不好吞的。典吏们会时不时出点钱，孝敬点给大老爷，说是孝敬给夫人的脂粉钱。时间长了，大老爷就是晓得了，有了这一点女眷的"胭脂粉"，等于拿了人家的好处，也说不起硬话。通常会睁只眼闭只眼，假装不晓得，不会多说。

百姓间如有诉讼，有纠纷要见官，大多人想烧香却找不到庙门。到了这里有人指点，办什么事该到哪家茶馆。到了那里，自然会有人来接待。比如告状写不起状纸的，这里也有人代劳帮你写，也有讼师可以帮你打官司。就是进去了，还没判的，要捞出来，也不是办不到。只不过这一切都是要有银子才行，要见钱的。

"衙门八字开，有理无钱莫进来"，到了这些茶馆，首先就得用钱，否则免谈。只要有钱，什么事情都好说，有时候该死的罪会被判不死，无罪的反倒判进了监狱。

就是进入了民国，这衙门茶馆更是兴旺

起来。民国以后，县知事（县长）已不直接问案。各类案件交由警察局、检察厅、审判厅（地方法院）办理。于是这些机关门前，总会有几家茶馆。民国也是明令禁毒的，贩卖、种植、吸食毒品也是重罪。曾听过有几件关于毒品的案子，在当时影响很大。由于在茶馆进行了交易，后来不了了之，可见这衙门茶馆的神通。

白市驿板鸭干绷

白市驿在主城以西，原属巴县，区划调整后改属九龙坡区。其在旧时的成渝东大路上穿场而过，是重庆城往川西的第一个驿站。因驿道上人来人往，如同天天赶场，称为白市场，又因有驿站设此，故称白市驿。

白市驿有一种特产，就是板鸭，即白市驿板鸭。白市驿板鸭色泽酱红，味道鲜美，又香又干，蒸熟了下饭佐酒，那真的是安逸。

白市驿板鸭好吃，是因为用的原辅材料好。首先，板鸭要用鸭子，这鸭是吃野食、活食的棚鸭。小鸭孵出来后几天，正是秧苗转青封林时节，鸭棚子的放鸭人就把小鸭赶下了田，吃野食。放鸭人每天赶着鸭群移动在田间，河边，鸭子慢慢长大。等到收割谷子时，鸭棚子就跟着割谷的人走。鸭群就在收割后的田里觅食，这几天一过，鸭子就交到板鸭作坊，做板鸭去了。其次，辅料用的是川盐、麻油、三奈、八角、桂皮、大茴、小茴等十数种地道香料。

鸭子杀了，把毛打整干净，剖开，去掉鸭脚板、鸭翅拐、内脏，水滴干后抹盐，然后用竹篾片把鸭子撑开晾干。再抹香料麻油，上灶烘。烘的燃料也不光是稻壳，还有核桃壳、花生壳、柏树枝。如此反复，最少也要三遍，烘得板鸭油光发亮。尤其是烘得干，拿东西敲这板鸭，听起来咚啦咚地响。一个两三斤的活鸭子，做成板鸭，大的只有一斤左右，小的只有六七两。从宰杀鸭子到烘干成板鸭，整个制作过程至少要四五天时间。

成品板鸭没有多少水分，在常温下，放上一两个月也不会坏。后来有一句言子说：白市驿的板鸭——干绷。就是说这板鸭没有水分，当然这说的是以前的事。

要说白市驿的板鸭，据说出现于明末，算起来还是有点历史的。笔者小时候曾在白市驿下街生活过十来年，下街这条短街上，有一家姓陈的板鸭铺，隔着十来个铺面，还有另一家姓刘的板鸭铺。两家的娃儿是笔者同学，经常在一起耍。人家外地人说"白市驿的板鸭——干绷"，认为当地人绷面子，有点讥讽的意思，却不晓得这板鸭为何干绷的来历。要问白市驿板鸭为什么干绷起来的，有一个传说，是陈家老爷子摆的。

据说是明末时期，白市驿下街有一家冷酒馆，老板姓王，卖些豆豆酒，有时也弄点猪脑壳肉、鸭子这些东西来卤着卖，生意还算过得去。

这年六月，天气正热，战乱来了，八大王打进了四川。八大王砍头像切菜，杀人无数，这些说法早已传遍乡里。最近有消息传来，他的队伍已经到了江津，要从白市驿路过打重庆城。一听这消息，顿时人心惶惶，一些人开始外出躲避。

这天是赶场天，王老板一个远房亲戚上街卖鸭子。一挑鸭子有四五十个，卖掉了一些，剩下一二十只还没有卖掉，就便宜地拿给王老板。王老板也听说八大王要过路的事，但听说还在江津没有过河，到白市驿还有一两天路程，就接过了鸭子。

王老板一边安排好妻子儿女回乡下娘家躲避战乱，一边将拿不走的好一点的家当藏起来，外边用一些烂东西遮挡。这些安排好了，才将这些鸭子杀了，刚打整好，街上突然有人吼叫，说八大王到走马岗了。王老板吓了一跳，怎么这样快？这二十里路，要不到一个时辰就到了。王老板慌了，就把这鸭子、盐、卤料、随手工具等装进背篼，背起一趟就往乡下跑。

才跑到半路，王老板就远远地看见前方来了一队兵丁，吓得王老板转身跑到山坡树林里躲藏。这山坡上树木不多，稀拉拉的，地面又是石滩滩，王老板只好爬在树脚下。太阳大，天气热，王老板又惊又怕。好不容易看不到兵了，王老板才站起来，准备走路，却闻到一点臭味。王老板想，遭了，似是鸭子身上的。天气这么热，鸭子又装在背篼里捂着，怎么不臭？王老板想把鸭子丢了，又舍不得。一看，远处又来了一队兵。只好趁兵还离得远，再往坡上爬，来到一处石壁下，停了下来。这地方好，外面看不见，石壁下还有点浸水。王老板放下背篼，取出鸭子，一闻，真的有臭味了。这种事情他碰到过好多回，热天鸭子有点臭味，只要没腐烂，拿盐泡一下，再过一下卤，也可以吃。想到这鸭子要坏，也是先从肚子里坏起，不如把鸭肚子剖开，抹些盐，吹干，可能还保得下来。

恰好石壁下有一笼竹子，王老板趁兵还没有走到坡下，砍了两根竹子下来，划成竹篾片。再把鸭子都剖了，抹上了盐。用竹篾片把鸭子一一撑起，没地方挂，就放在石滩上。

路上的兵一队接着一队，过不完。王老板想走，却发现这儿不好走。往山上是石壁，爬不上去。两边山下也是兵，一露头就会被兵们发现。只好躲在石壁下，不敢出来，想等天黑了再走。好在石壁下面晒不到太阳，还算凉快。哪想到太阳要落土时，下面的山坡、割了谷子的干田、河边，到处都燃起了火堆，埋锅造饭，看来队伍要在这儿过夜了。

王老板不敢动了，只好也在山上过夜。

天亮了，山下的兵没有开拔的迹象，反而在山坡下砍竹子搭棚子。王老板不敢动，看看石滩上的鸭子，闻了一闻，还有点淡淡的臭味。他想，现在走也走不了，不如用卤料把鸭子抹一遍，看能不能把味压下来。说干就干，王老板把卤料取出来，把鸭子挨个抹了一遍。鸭子在石滩上晒着，渐渐地臭味没了，还有点卤香味出来。王老板反正没有事，到了下午，把卤料又一次抹在鸭子上。

三天过去了，王老板吃东西成了问题，出来时带的吃食也已吃完了，只好饿着，好在有点水喝。石壁下的浸水，刚够他喝的。

石滩上晒的鸭子遭太阳晒得流出了油，酱红酱红的，透着一丝金黄，好看。一股香味也散发出来，好香。王老板已经饿了一天，闻到这香味，忍不住了，取过一只鸭子，撕下一块，啃了起来。鸭子虽说是生的，但经过这几天的太阳一晒，也差不多"熟"了。吃饱了，王老板又将剩下的卤料全部抹在鸭子身上，放在太阳下晒。

这天半夜，睡着的王老板被人叫醒，竟是一队兵站在面前。这些兵把他和石滩的鸭子一道，带到山下的一个大棚子里。一个头领模样的人把王老板盘问了一阵，这才说道："我们是八大王的部下，八大王有令，不准部下骚扰百姓。"那个人让王老板回去告诉乡邻，都回家去，八大王只杀贪官污吏、土豪劣绅，不动老百姓的。

八大王为何在此改了章法？原来，八大王率军攻到铜锣峡被阻，一时攻不下来，于是分兵一部攻江津，再顺流而下攻重庆。八大王亲自率军从走马岗经驿道往白市驿进发。走不多久，中军帐的探马来报，说前方路边有邓都督的神道碑。八大王心想一块路旁的神道碑有什么稀奇，也要来报？就问道："何人的神道碑？也敢阻我行程？"这探马是八大王身边的人，晓得一些典故，立马回禀道："是明朝的邓都督的神道碑。"八大王一听，是这个冤家对头，难道这家伙死了？

到了神道碑，八大王下马，仔细看了神道碑上的碑文，吩咐道："取香烛来。"点香燃烛后，对神道碑拜了下去，默祷了几句后，还说了句："今而后，天下无抗手也。"意思是说，你邓玘死了，天下还有谁是我的对手（邓都督名邓玘，巴县人。据说任明总兵时，曾单枪匹马去八大王的军帐偷袭，砍过八大王一刀。邓玘的勇猛，令八大王既敬佩又畏惧）？想到这是邓都督的家乡，随后传令各部："此地严禁骚扰，违令者斩。"

王老板将信将疑，带着鸭子想走，头领却发了话，说："哥子，你这鸭子好香哦，要不是这香味，我们还找不到你。这叫什么鸭子哟，晒得这么干，能不能把鸭子卖给我们，要多少钱一只？"

王老板见头领发问，又听说头领要鸭子，逃命要紧，哪敢谈钱？想这鸭子是用竹篾片撑开，用太阳晒干的，成了一个板板，就胡乱取个名，说："这鸭子叫板鸭。总爷要板鸭，拿去就是了，谈什么钱嘛？"说着将板鸭放在地上，双手一拱，提起背篼就想退出棚子。头领赶忙拦住，叫师爷取出一锭银子，交在王老板手里，说道："八大王下了令的，这地方不准骚扰，哪个敢拿百姓一丝一毫，就是杀头的罪。况且，这干绷的板鸭那么香，不给钱，我们也不好意思吃噻，是不是？"

王老板只好接了银子，千恩万谢地出了棚子，回到了家。

以后，王老板就照着样子，做起了板鸭。后来，一些人也学着做板鸭，并逐渐改良加工。有时鸭子多了，就找不到那么大的地方晒；如果天天下雨，也没法晒。于是有人改用炕灶，用暗火烘烤。这板鸭经过过往客商，带到了重庆，带到了成都。慢慢地，天南地北的人也晓得了白市驿的板鸭。从此，白市驿的板鸭出了名，成了白市驿的特产。也有了"白市驿的板鸭——干绷"这个言子。

从叶子烟到香烟

　　现在吸香烟的人很多，男女老少都有人吸。吸叶子烟的，相对就很少，城里几乎没有，乡镇农村还有人吸，主要是中老年人。

　　香烟吸的人多，价格却越来越贵。买几元、十来元钱一包的，主要是普通市民。中档烟二三十元一包，多为白领。高档的，价格就不好说了，六七十元、一两百元一包的都有，据说有上万元一条也就是一千多元一包的。

　　烟对于国人，都是舶来品。洋烟（用纸来裹的烟丝，重庆人称为纸烟）传入中国，不过百来年，就是早年四川人吸的叶子烟，从传入中国，到在中国种植也不过两百多年。比如四川有名的叶子烟——金堂烟、什邡烟，就是清嘉庆年间什邡知县纪大奎从河南带回种苗，在什邡、金堂一带发展起来的。以后，四川人才开始吸叶子烟。

　　国人吸叶子烟用烟杆，烟杆有长有短。长的两三尺，短的数寸。烟杆有好有孬，好的有用金、银，也有用铜做的，烟嘴材料还有用名贵玉石翡翠的。但大多数人用的，还是竹烟杆。吸的叶子烟要裹，这裹烟的皮就要选好的、没有破损的叶子，否则搞不好就要漏气，吸不燃。加上这种吸法是直接把烟吸入嘴里，难免感到爆辣，因此有人就"发明"了水烟。

水烟就是把叶子烟叶去梗，切成烟丝，装进水烟杆里吸。水烟杆一般用白铜制成，主体成盒状，隔成两部分，一部分装烟丝，一部分装水。装水的部分一头是弯曲的烟嘴，一头是装烟丝的烟斗，烟斗下方有一节小管，插入水中。烟嘴、烟头可以取下来清洗，很方便。吸烟时，烟经过水的过滤，吸入嘴里，就比较醇和。

过去茶馆里有卖水烟的，水烟杆比家用的大一些。用一根三尺来长的烟嘴，装上烟，烟嘴一头递给烟客，吸一斗烟两分钱。如有人请客，一人一口，一桌人都请得完。烟杆长，卖烟人不用动步，就可以从桌子的这方，伸到桌子对方供人吸。

就是现在的云南、贵州地区，还有很多人吸水烟，只不过烟杆是装了水的大竹筒、金属筒而已，称为吹火筒。

清末，朝廷腐败，与西方列强签订了一系列丧权辱国的不平等条约。二十世纪初，

英美等国凭借在中国的特权，将洋烟输入中国。这还不算，还在上海创办工厂生产洋烟，向中国内陆推销。

此时重庆已经成为开放口岸，有了洋人租界，洋货亦大量涌入重庆，洋烟也顺势跟进。但重庆毕竟地处内陆，相对还是闭塞，和外界的联系非常之少。

洋商也知道，他们的洋烟要进内陆重庆，肯定会困难重重。因此洋商不出面，而让中国买办来实施推销计划。江苏镇江一个叫徐子泉的人，从上海运了大批"老刀""鲨船"等牌子的洋烟进入重庆，想在重庆打开市场，这是洋烟首次进入重庆。洋烟的到来，遭到重庆市民的强烈抵制，闹出了些事情来。

前面说了，重庆人有吸叶子烟的，也有吸水烟的。卖烟有专门的烟铺，卖各地产的叶子烟。一些烟铺还自己加工烟叶，推成烟丝出售，同时也卖吸烟用的各种式样的烟杆和洋火(火柴)。更多卖烟的地方，就是油腊铺。

这徐买办把洋烟运到重庆以后，先是想通过烟铺、油腊铺进行推销。但这些老板都不敢接手，怕这洋玩意含有鸦片烟，"洋花椒麻了中国人"。烟客们更反对，说这洋烟邪恶，比鸦片烟还坏。洋买办没法，只好雇小娃儿

去卖。卖烟的娃儿到茶馆去，就遭茶馆老板撵得飞叉叉地跑。这还不说，本地土烟同业公会还集体宣布抵制。洋烟卖了几个月，也没有卖出去几包。

徐买办见一招不行，又出新招——大量印刷宣传广告画片，组织鼓乐队上街吹吹打打，一边散发画片，一边散烟，让人免费品尝。他们又买通了各个戏园子老板，把五支装的"鲨船"牌洋烟放在包厢的座位茶几上，免费让看戏的客人吸。有胆大的，试着吸了；胆小的，看到洋烟包装精美，也揣入怀中带走。但也没啥效果。

徐买办这招没完，又雇人去戏园"看戏"、到茶馆去"吃茶"，目的也是推销洋烟。这些人见人就点头哈腰的，说烟酒不分家，见面就是朋友，边说边就递上一支洋烟。戏客、茶客见别人递烟，感到接不好，不接也不好。为顾人颜面，有人就接下了。戏院、茶馆老板见这些递烟人，是买了戏票的戏客，是来喝茶的茶客；而且这是向朋友敬烟，又不是卖烟，老板对此也不好说什么。

这还不算，买办还派人到街上向行人散烟，到居民家中送烟。这些方法都做了，也没有好的效果。这样整来整去，洋烟递出去

不少，却是费马达也背了油。重庆市民对洋烟始终不感兴趣，洋烟还是卖不动。

过了十多年，一个偶然的机会让洋烟在重庆打开了销路，这就是北洋军入川。袁世凯倒行逆施，复辟帝制，当上了洪宪皇帝。云南蔡锷将军组织了讨袁护国军北伐，得到全国军民拥护。护国军进入四川南部泸州、宜宾一带，成都、重庆告急。袁世凯为了维护自己的统治，急派虎威将军曹锟带着五万人马来到重庆。

这北洋军多驻在沿海一带城市，见过的世面要大得多，见识也广得多。他们对洋烟见惯不惊，对于吸洋烟早已习惯，一些兵也会吸。到了重庆，见有人发洋烟，就乐得要烟吸。北洋兵多，都来要，还是一包一包地要。买办也输不起，见是北洋兵就一律不送烟，要吸烟就得买烟。有钱就卖，没钱别想。这样一做，难免有些会吸烟的烂丘八不信邪，死缠烂打扭着闹要烟吸，更过分的是，买烟不给钱，不送的话，两句话不对头抢了烟就跑。这弄得徐买办没法，只好请洋商出面。北洋兵还是怕洋人，长官只好下命令禁止，总算是消停下来。没有免费烟了，有钱的官兵烟瘾来了，也只得掏钱买洋烟吸。时间一长，

重庆一些人见这些北洋兵都不怕中毒，也就跟着学着吸。

刚开始，只有官场商号银行钱庄这些有钱人喜欢时髦的东西，操的是洋派。看到北洋兵吸洋烟，也跟到说要玩下格，买洋烟来吸，这时人还不算多。慢慢地，他们觉得这洋烟的味道醇和，又不要烟杆，携带很方便。加上烟盒子印得漂亮，制作得精美，拿在手上也很显摆，可以提劲。随后一些有点收入的人跟着学，丢掉烟杆，买洋烟吸。慢慢地人就多了，不过，这些人吸的，多是较为廉价的洋烟。

洋烟商为了进一步推销，又打起了小娃儿的主意。他们在每包洋烟盒里放一张精美的画片，叫集图抽奖。比如梁山泊一百零八将、金陵十二钗等等。梁山泊一百零八将，就有一百零八将的画片，金陵十二钗，一钗又分成5张，这5张拼成了一钗才算数，就是60张。只要集满了这么多张画片成了一套，就可以抽奖。洋烟商宣传说，大奖有好多好多的钱。可是，这大奖却从来没有人得到过，因为根本就没有这么多张画片。娃儿想得到这些画片，就得向老汉要。老汉为了娃儿，也只好买洋烟来吸，以满足娃儿的好奇心。

尽管这样，重庆大多数市民还是吸叶子烟、水烟。有时家里来了客人，主人家又不吸烟，为了对客人表示尊敬，才买一支纸烟敬客。就是到了二十世纪五十年代初期，纸烟还可以分零卖，买一支也可以。比如一角钱一包20支的纸烟，分零卖时，一支烟一分钱。

抗战前，重庆有了两家民族烟厂，其中一家就是弹子石的"南洋兄弟烟草公司"，今重庆烟厂。由于是民族工业，资本、技术设备不敌洋烟，生产量不大。抗战爆发以后，日本对中国进行了封锁，洋烟进不了重庆。此时南洋兄弟烟草公司等民族烟草工业才得到发展机会。生产的"华福""白金龙"等品牌的香烟除了在重庆畅销外，还行销西南各省。后来，美军大批进驻重庆，美军看到洋烟稀缺，慢慢开始走私。国民党军队、官商也开始勾结、走私，洋烟又逐渐充斥了重庆高端市场。当时行销多为"骆驼""菲力浦""红吉士""美丽""老刀"等品牌。走私洋烟的泛滥，对于南洋兄弟烟草公司等民族烟草工业来说，无疑是个沉重打击。

从人道美说油腊铺

　　今天是年三十，也就是过年了。相信家家户户都置办好了年货，准备好了丰盛的晚饭，就等着全家团聚，一边看春晚节目，一边吃团圆饭了。

　　现在说到过年，说到吃团圆饭，家家户户总得要买点东西回去下锅，也就是要办点过年的吃食，即办年货。要办年货，笔者立马就想起超市和那些专业的食品市场，那里面应有尽有。从日常用的油盐酱醋、烟酒茶糖、生鲜肉蛋、萝卜白菜；到天上飞的、水里游的、干的、鲜的、活的，一应俱全，任挑任选。

　　可是几十年前又是什么样子呢？二十世纪的五十年代到八十年代，那是计划经济时代，事事按计划执行。吃的、用的、穿的都按人头分配，一句话，要用号票。因为买东西要号票，也就没有选择的地方，只能到指定的商店购买。二十世纪八十年代后期，开始实行市场经济，号票逐渐退出，民众对商品有了选择的余地。一时间，人道美商场就成了民众首选的地方。人道美是家老字号，开张于 1936 年，是以经营酿造酱菜为主的副食店，以诚信著称。据说这人道美店名有两重意思，一是店主做生意讲良心、讲诚信、讲人道，做到货真价实、童叟不欺。二是民众在购买东西时，得到店家的真诚服务，有宾至如归的感觉，使得人人称道。

人道美在解放以后经过公私合营，以后又成了全民所有制企业，也曾经辉煌过一时。二十世纪八十年代末到九十年代中期，市场上的东西已经比较丰富，已经少见排队购买副食品的现象，但时不时在媒体出现这样的报道，说人们在人道美商场里排起了长队。这是为什么？现在想来也许有点不可思议。排队买什么？不过是一些酱油、醋、咸菜什么的。人们有个说法，说是人道美的酱油不生花。因此一个二个地拿着瓶子，提着塑料桶，排着长队，就为了打人道美的散装酱油。为什么呢？难道其他地方买不到？非也，其他地方都能买到。在人道美买，不过是图它的商品质量好，服务态度好，售后服务好，一句话，图人道美的经营诚信。正如它的招牌一样，做生意的人要讲点道义才美，这也因此赢得了顾客的好评，人人道美。二十世

纪九十年代后期，人道美商场被拆迁了，从此，人道美这家老字号副食品商场慢慢地从民众面前淡化，最后消失了。留下的不过是老重庆的回忆，以及市场销售的一种"人道美"酱油而已。

人道美是一家副食品商店，按过去的说法，也算是一间超大的油腊铺，或者说是一间"杂货铺"。

油腊铺到了现在，一般称为小超市、小卖部、杂货铺，只有年纪大点的人，有时才喊成油腊铺。

以前办年货，除了自制的腊肉、香肠，生鲜物品外，其余的多在油腊铺办。

老早以前的油腊铺卖什么？人们常说，开门七件事：柴米油盐酱醋茶，或者说油盐柴米烟酒茶。这七件事油腊铺就占了大多数，尤其是比较大的油腊铺，卖的东西就是人们每天都要吃的、用的东西。

比如说吃的，油类就有菜油、芝麻香油、猪油、牛油等。盐有四川自流井的煮盐，也有沿海来的晒盐。

米，一般油腊铺是不卖米的，买米到米市米店，但有的店也卖糯米、阴米。

酱有酱油、麸醋，还有甜酱、麦酱、芝

麻酱、豆瓣酱。这豆瓣又有郫县豆瓣、金钩豆瓣、红豆瓣、辣豆瓣，还有豆豉，水豆豉、永川豆豉、黑豆豉等等。

有干菜、腌菜，如涪陵榨菜、宜宾芽菜、大头菜，本地的水盐菜、泡酸菜；有粉条、豆皮、黄花、木耳；有海带、紫菜、金钩、虾皮；有黑、白芝麻，花生、百合、薏仁、白果。

有调味的海椒、花椒，两广的胡椒。海椒除了本地的牛角椒，也有云南、贵州的朝天椒、黄金条；花椒又分陕西韩城的、四川茂汶的红椒，本地的青椒；做卤料的三奈、八角、茴香、桂皮、草果；

茶有云南的下关沱茶、普洱饼茶，成都的花茶，本地的青茶、老阴茶、苦丁茶，也有江浙龙井、福建的铁观音。

烟有各种卷烟、粗细烟丝，也有关东的旱烟、四川金堂的柳叶烟、本地产的叶子烟。

酒更不用说，泸州的老窖、土沱的渝北酒、江津的老白干，品种也不少。

油腊铺也有糖卖。卖的有冰糖、白糖、红糖、水糖，有糖果，也有饼干、麻饼。

油腊铺的地板上，装酒的、装酱菜的坛坛罐罐，一排一排整整齐齐。货摊上各种干货分门别类，品种繁多。

上面说的都是吃的，油腊铺里也有用的。

比如说柴，有人可能要说了，难道油腊铺还卖柴？说起你还不信，油腊铺就有卖柴的，不过这柴是引火的柴，叫发火柴。以前重庆城居民多烧煤，不管用大灶还是用煤炉，每天早上，有许多家都要生火。煤要引火柴来引燃，这柴就叫发火柴，取发财之意。笔者小时候就常常拿一分钱去买发火柴，一分钱一小把。发火柴一捆有二十来根，每根竹筷子般粗细，二十来厘米长。发火柴多是松木劈成，很干燥，又带有松油，好点燃，煤炉生一次火刚好够。烧煤灶的，发火柴要大把些，柴质不同，二、三、四分钱一把的都有。

点豆腐要用卤水、胆巴，油腊铺也有。洗东西有洋碱、皂角，后来有肥皂、香皂、洗衣粉。有防蚊子的蚊烟、蚊香，有草纸。也有办红白喜事的香、蜡、纸、烛。

还有照明用的土陶亮油壶、灯盏，也有用小玻璃瓶子做的简易煤油灯、豪华玻璃灯罩的美孚灯，电石灯。有灯卖，当然有点亮油壶的桐（菜）油，煤油灯、美孚灯的煤油，电石灯用的电石，以及点灯用的洋火（火柴）卖。

走夜路用的电筒、灯笼，油腊铺也在卖。电筒大家晓得，这灯笼值得一说。油腊铺卖的灯笼是供走夜路的人使用，简单方便。灯笼有大有小，一般用两块六七寸大小的纸板剪成圆形，底下一块捅几个通风小孔，上面一块剪一个大洞，系一根细绳便于手提棍挑。再用竹篾条做两个圆圈放在两张纸板中间，用线连接，用折好的皮纸蒙上就成。不用时，就像手风琴一样，叠成一个圆饼。用时，点上蜡烛，用蜡油沾在底板上，然后拉开，就成一尺来高的圆柱形灯笼，用一根竹棍挑着走路。完了，一压，又是一个圆饼，便于收藏。

一些当路的油腊铺，还卖一些行旅、挑夫们的用品。遮阳挡雨的草帽、斗笠、油纸撑花（伞）、油布，以及下力人用的绳索、穿的草鞋，在这些铺子都能买到。

随着时代的变迁，已是今非昔比。现今的油腊铺已叫成超市或便利店。一些东西消失了，更多的东西出现在超市、便利店中，方便市民生活。

好吃也有土沱酒

长江有大三峡，重庆境内还有小三峡。除了长江这小三峡，嘉陵江上也有沥鼻峡、温塘峡、观音峡。这三个峡也是两峰对峙、危崖千寻，滩险流激而又风光秀丽如画之地。

当年重庆的码头，尤其是小河各码头，流传着这么一句民谣："北碚豆花土沱酒，好耍不过澄江口。"说这三个地方都是水码头，都有好吃的，好耍的，各有特色。

温塘峡与观音峡之间的北碚，河边铺子的豆花点得嫩、又绵扎，拈得起。作料更不用说了，红油海椒、花椒面、葱花、姜、蒜、川盐、芝麻酱、压碎的豆瓣酱、捣茸了的豆母子、碾成米粒大小的花生仁和油酥黄豆、芝麻粒。五颜六色十多种打一碟，不说吃，看着都要吞口水，非常安逸。

观音峡下峡口的土沱，酒好，带着泸州的曲香，醇和，不割喉咙，在船拉二中，也是上好的佳品。

温溏峡上峡口的澄江，一到傍晚，街上灯火通明，茶馆、酒馆一个接着一个，个个高朋满座、热闹非凡。这家茶馆在说书，醒木"啪、啪"作响，说三国，表水浒，隋唐叔宝当家伙；那家茶馆在打围鼓，这个唱苏三起解，那个扮桂英打下雁，丝弦箫笛，锣鼓喧天。

这回只说土沱的酒。土沱，也叫水土沱，水土沱镇。镇北有一条小河沟南来汇入嘉陵江。嘉陵江一涨洪水，观音峡的冲下来，进入回水沱，与小河沟的汇在一起。两股水一个下冲，一个上顶。洪水退去后，在这个回水沱的河滩上，时常留下一个又一个沙土堆。这些沙土堆是水冲来的，因此，人们把这个沱湾叫成水土沱，这就是水土沱得名的由来。明清时，水土沱一度设有官方邮传的铺，也叫水土铺。清末设为水土镇，二十世纪五十年代初，水土镇曾是江北县政府驻地。

水土沱是水码头，旧时水运发达，水码头自然兴旺。船拉二、挑夫、脚子喜欢喝点酒，以解疲乏，因此镇上卖酒的酒馆多。喝酒的多，卖酒的多，酿酒的作坊也有好几家。不过，酒坊虽有几家，酒却普通，没有一家叫得响的酒。

到了民国初年，有个老板姓陈，开了间冷酒馆，取名太和酒坊。这太和酒坊也是家庭式小作坊，外头门面是店，卖冷单碗、豆豆酒。屋后头小院子，搭个棚棚当糟房，用来烤酒。起初，酿出的白酒也不怎么样，只是勉强维持生意。

这天陈老板下河挑水，突然看见一个人爬在沙坝上，浑身湿透了。陈老板摸了摸这人，有气，活着的。陈老板连忙把他抱起来，背回家里。见他浑身发抖，就给他灌了两口酒，找衣服给他换了。好一阵，这人才清醒过来。一问，这人说了，他是泸州人，姓杜，是烤酒师傅，自己有一家酒坊。这次是运酒到合州、顺庆府，他随船一道，要办些事。不想船出观音峡时，突然一阵横风吹来，船帆转向，木船碰到礁石，打烂了。他落水后被冲了下来，进了这回水沱，看到水平缓了些，才使劲往沙滩上游，在沙滩上已经躺了一个时辰了。要不是被陈老板救起，怕是老命都要断送在这水土沱了。

饭菜上桌，陈老板请杜师傅吃饭。杜师傅听说陈老板也是烤酒的，就请他再倒杯酒来。杜师傅细细品尝后，说道："我也是烤酒的，为了感谢陈老板的救命之恩，我想和你交流一下。"于是把自己烤酒和曲药制作的一些心得，一五一十地说给了陈老板。还帮陈老板示范烤了一甑酒，第二天才千谢万谢地回泸州。

陈老板按照这杜师傅教的方法，烤出来的酒的确与以前不同，一是香，老远地就闻到酒香，二是醇和，回味绵长。这一来，他的生意好了起来，每天烤的一甑酒不够卖了。于是他每天烤两甑。其他酒馆听说他酒好，也来批发回去卖。陈老板生意越来越好，就逐渐扩大生产规模。慢慢地，水土沱就只有他一家酒坊了。酒产量大了，当地卖不完，他想法把酒运到北碚、澄江附近的乡场叫卖。一时间，这一带乡场的酒客们晓得水土沱有家太和酒坊，酒好。他的酒在周围团转出了名，可是酒没有名字。这天，有一个常来喝酒的老秀才，说："陈老板，你这太和酒坊的酒好，却没有名字，我来给你的酒取个名字。水土沱在重庆府之北，重庆府以前叫渝州，不如就叫渝北酒。可好？"陈老板一听这名，大气，连说好。至此，水土沱有了渝北酒。

陈老板生意好做了，还想做大点，想向外发展。有人就给他说，你这酒在水土沱这片地方好销售，为什么不销售到重庆城去呢？这一席话提醒了陈老板，他有个亲戚住在江北城，过河就是重庆城，不如去找他一下。

事情很好办，陈老板的亲戚很快就帮他在江北城上的横街租了间门面，陈老板派了个伙计，选了个吉日开了张。门开了，生意也有，都是周围团转的邻居，懒得走远，图近，才来买他的渝北酒。但如同当初在水土沱一样，不怎么样。这样过了一个多月，也没有什么起色。他来过江北城两三次，问过伙计，也问亲戚，也到饭馆酒馆去吃过饭。陈老板通过了解情况，慢慢地把事情弄懂了。江北城虽比不上重庆城大，但比起水土沱来，不晓得繁华多少。好点的饭馆里卖的都是四川的泸州酒，贵州的茅台酒。下力人去的冷酒馆里，卖的也是本地的高粱酒。人家听都没有听说过渝北酒，哪家馆子来进他的酒？他懂是懂了，但一时也想不出办法来。

这一天，泸州杜师傅找来了。杜师傅这回运酒到重庆，交代完了，专门跑到水土沱去看陈老板。听说他在江北城，就找来了。有客人来，陈老板很高兴，请杜师傅上街吃饭。两人边走边说，杜师傅突然问道："恩公，你现在生意怎么样？酒好卖吗？"陈老板见杜师傅问，只好说了实话。泸州客想了一想，笑着说道："恩公，你今天听我的，你什么事不管，只管喝酒吃饭。"陈老板哪肯，坚持要尽地主之谊，杜师傅这才说道："恩公别争了，我做东，是为你的酒在这里打开销路，你配合一下就行了。"

两人来到撑花街的醉仙楼，在楼上要了张临窗的桌子，坐下点菜。菜点了，泸州客问道："幺师，有些什么酒？"幺师回答："有泸州的大曲，贵州的茅台，江津的高粱，宜昌、汉口的酒都有，老板喝点啥？"

泸州客没理幺师，问陈老板："恩公，上回我们喝的渝北酒安逸，这回也喝点？"见陈老板点头，就说来斤渝北酒。幺师一听，这老板是泸州口音，心想："泸州客怎么不喝泸州大曲，要喝渝北酒？渝北酒？哪里产的？听都没听说过。"想是这么在想，却不能说出来。大的酒楼做生意，最忌讳说没有。这样做不出来，那样又没有，客人以后就不会来了。况且江北城的人都晓得："醉仙楼，在江北，哪样酒，说没得？"不能坏了醉仙楼的名头。幺师这么一想，立马有了办法，说道："老板，小人是刚来不久，对店里的酒品还不大熟悉，请老板见谅。请稍等，我去去就来。"说罢想走，好问下掌柜。不等幺师离开，只听泸州客说了："算了算了，这么大一座醉仙楼，连

渝北酒都没有。恩公，刚才从上横街过的时候，不是看到有家酒铺，打的招牌叫渝北酒吗？这样好的酒，隔得这么近，醉仙楼却说没有，这不奇了怪了？"

幺师都是脑壳灵光的人，这话一听，懂了，上横街有这渝北酒卖。如果这两位客官喝不到渝北酒，这生意做不成不说，怕的是传出去说，客人要喝的酒，醉仙楼说没有。那"醉仙楼，在江北，哪样酒，说没得？"要改成"喝点酒，说没得"了。立马就说："小人想起来了，昨天这渝北酒刚刚卖完，不晓得进了货没有？客官稍候，这酒菜马上就来。"泸州客连忙喊道："不要慌走，你去帮我打两斤渝北酒来。"说着摸出一块银圆，"啪"的一声，放在桌子上，接着说道："麻烦你了，剩下的，算你的跑路费"幺师一听，高兴得很。一个大清龙洋，茅台都要买几瓶，自己一个月的工钱，也才两个银圆。说声："谢了。"取过银圆下了楼。

幺师一下楼，立马到厨房报过菜名，一时找不到瓶瓶，就取了两个大斗碗，跑到上横街，打了两斤渝北酒，端着往回走。碗里装酒，闻着就香，一路走，酒在碗里一路晃荡。一路晃荡，一路酒香。街上人多，看到醉仙楼的幺师端着两碗酒往酒楼走，就问道："幺

师，你们醉仙楼什么酒都有，为什么还在外边打酒？"幺师边走边说：
"是两个泸州老板点名要喝这渝北酒。"这一说，有的人就在想，在醉
仙楼吃饭的人，都是有品位的酒客。这泸州客不喝泸州大曲，却点名
要渝北酒，这酒一定不错。闻这酒香哟，好安逸，我也去打一碗来过
下瘾。

幺师端着酒回到醉仙楼，楼下食客看幺师端着碗进来，碗里传出
酒香，比泸州大曲酒还要香些，就问道："幺师，这是什么酒，这么
香？"幺师只好回答："这是楼上两个泸州老板点名要的渝北酒。"这
一说，刚刚来的，还没有喝的，来了一阵，喝了一半的，就是喝得差
不多了的人，也想喝点，尝个味。于是这个喊幺师："去整碗渝北酒来。"
那个也喊："幺师，多整几碗来，我们要。"幺师一边答应，一边端着
碗上楼。掌柜一看这么多人要喝渝北酒，也来不及问缘由，连忙答应：
"各位稍等一会儿，马上去打。"见幺师下了楼，就让他拿个十斤的酒
篓子去装一篓子回来。这篓子酒拿回来，你一碗、我一碗，喝了起来，
都说好喝。这楼上楼下，一二十桌客人，十斤酒哪里够呢？掌柜见状，
立马叫幺师，说："你去那家酒铺，让他送一挑渝北酒来。"

醉仙楼这么一整，其他酒楼、饭馆也去要酒，渝北酒在江北城就
有了销路。以后，渝北酒的名气，也传到大城。重庆城的酒楼、饭馆
也开始卖渝北酒了。

源于河沙坝的毛肚火锅

　　重庆火锅声名在外，是重庆的美食之一，受到海内外食客的广泛赞誉。当然，这也成了重庆饮食行业的一张名片。

　　重庆火锅的起源在哪里？是些什么人整出这麻辣鲜香的东西来？

　　首先说火锅的起源在哪里。应该肯定地说：是咱重庆城，起源到现在也不长，不过百多年。川内各地，包括国内各地都有火锅，但有重庆这地方特色的火锅，恐怕都是由重庆逐渐传过去的。

　　再说这火锅是哪些人整出来的。传说很多，版本各有不同，但差不多大同小异，但要具体到哪个人，却没人知道。现在的重庆城，大大小小的火锅店，据说有数千家。大家都只比哪家好吃、回头客多、生意好，好像还从来没有某位店主站出来说，火锅是他家的先祖创造出来的。

　　此帖就来说这火锅是怎样做出来的。还是一句老话说在先，龙门阵是流传于民间的传说，不必当真。如要考证什么，那是史家们的工作。

先说一个传说。据老人讲，这是清代后期的事。

有年冬天，朝廷派了一个钦差巡视四川，乘船路过重庆。因江上风大，这个钦差出舱观景时着了凉，鼻塞流涕，不想吃东西，见啥饭菜都只尝一口，就不想吃了，没有胃口。这天天将黑，船到了朝天门。道、府、县各级官员早就在此迎候。钦差下船上轿，还在城外，突然闻到一股奇异的香味。钦差顿时胃口大开，才觉得肚子饿了，想吃这有异香的东西。此时他在轿中，又有众多官员在后面随伺，不好找家酒楼吃喝。到了朝天驿，他很快打发走当地官员，这才传令厨子过来，说了如此如此，吩咐要尽快。

厨子是驿站的，晓得钦差今天到，本来就做好了准备，各式冷盘早摆在桌上。蒸的炖的烧的，早已准备好了，在灶上热着。各式小炒，就差下锅。只等钦差一到，就可以开席，陆续上菜。现在钦差交代要吃一种他都不晓得的东西，不免心中有点犯难。但钦差有命，一个厨子岂敢违抗，只好领命。好在这厨子脑壳灵光，听钦差说在朝天门外就闻到了香味，于是直奔朝天门。一出朝天门，果然有一种特别的香味。厨子一路闻着味道，

寻到城墙脚下一岩洞里，见洞内烧着一堆火，火堆上吊着一只破鼎锅，一群讨口子围着锅吃东西。一问之下，才知这些讨口子今天"发了财"。他们提着小桶，端着土钵到太白楼讨饭时，正是打涌堂的时候。恰遇灶下没柴了，厨房杂工叫他们到后院搬柴火，完了，同意他们每人舀潲水缸里的东西，将手中的家什装满。潲水缸的潲水油多，都凝固了。天冷不好吃，只好拿回去用锅煮在一起，好吃又暖和。

厨子回去时，边走边想，这些东西讨口子吃没问题，但绝不能这样做出来给钦差吃，搞不好是杀头的罪。细一想，有了。回到厨房，立马安排人手，各司其职。好在驿馆的伙房备有各种食材、作料。砂锅里的鸡汤、大鼎锅里的猪骨汤正翻翻涨。厨子取了一套小的铜炉铜锅，将炉子交给打下手的，叫加红炭。自己将鸡汤、骨头汤各舀了一些，装了大半锅，再放入各种香料配成汤，再将精选的肉、菜煮在汤里，又摆了一些生鲜肉菜放在一旁备用。

小铜炉中烧红的红炭，端上了桌，放上小铜锅，一股香味扑鼻。钦差闻这香，觉得与在城门外的有些不同，但肚子已经打鼓，也就不再问，吃了起来。钦差几天没有好好

吃一口东西，这一顿真是吃安逸了。过后，夸奖了厨子几句，问这叫什么菜。厨子想到那城墙洞里众讨口子围着火堆鼎锅吃东西的景象，顺口说道："这叫火锅。"钦差点头称是，并吩咐厨子："明天道府县不是要摆接风宴么？别的不要准备，咱家还吃这个火锅。"从那开始，火锅就在重庆慢慢传开了。

还有另一个关于火锅起源的传说。

很久以前，重庆的南纪门外河坝一带，是竹木的集散地，又是蔬菜干货、鲜活食品进城的主要码头。鲜活禽畜来了，要宰杀，就有了宰房，南纪门一带又是宰房比较集中的地方，因此有条街名宰房街。

立冬后的一天中午，一群力夫来到河边，等着卸载。力夫头盘古盘大哥接到的活是，一条菜船，一条杂货船，一条米船。上午有雾，船在中午才到，两条船卸完。已是傍晚，却不见米船到来。力夫们是午饭后就来的，两条船卸完，早已肚空力乏。米船到了要连夜卸载，不能回去吃饭，只能在河坝等待。

盘大哥见米船不到，刺骨的江风下，大家又冷又饿，得想点办法让大家伙吃点东西，米船来了才有力气扛米包子。

秋水退后，河坝上又搭满竹棚，卖酒卖

吃的摊子也多。过夜的船拉二们都要到河坝喝点冷酒，打点牙祭。盘大哥也想得到，但大家都没有带钱。就是有几文钱，也舍不得进馆子，找点钱不容易，要养家糊口。但不进馆子，又怎么填肚子呢？办法是有，就是煮些菜来吃，不是说菜当三分粮吗，以前也这样整过，不过没油水，白水菜不好吃。

盘大哥只有这个办法，说："大家都饿了，老规矩，煮点菜来吃。"有人说："光是白水菜，不吃还好，吃了把肚子里那点点油水也刮干净了，不如不吃。"

盘大哥想想也是，平时煮菜，没有钱买肉，没有油，也没有盐，确实不好吃。不过今天卸的船，是叙府（宜宾）下来的杂货船，装的是盐，辣椒，花椒，豆皮，粉条。还有老姜、大蒜、桂皮、回香等香料。卸船过程中，总有一些东西从破损的篾包里漏点出来，不是贵重的，漏一点也不会去捡。卸载后扫舱，这扫舱的东西，有用的老板收了，无用的往往是倒入河中。这回，他扫的辣椒花椒香料渣子，老板不要，就没有倒在河里，而是留了下来准备带回家。至于盐，卸的盐包子还堆在河坝上，没有转运。守货的伙计盘大哥认识，也熟，说句好话，讨要点可能问题不大。

还有荤菜的问题。牛肉买不起，但牛身上的肚子也算是荤东西，他也想到了，就看大家敢不敢吃。

盘大哥把这些事想好，才安排说："今天我们还是吃煮菜，不过这做法要改一下。还是老规矩，各人做各人的事。谢老哥把扫舱的东西清理一下，能用的淘一下，好下锅，再去讨点盐。另外王老三嘴巴好吃，这回给你个东西，看你敢不敢弄来吃。牛下水是不要的东西，菜船边上，刚刚有宰房丢的牛下水。去把牛肚子破了，洗干净，拿来下锅。陈二麻子，你去你相好白寡妇的油腊铺，赊两对最大的牛油烛来，过后大伙平摊费用。"

事情一安排完，大家伙就各干各的。这地方是竹木码头，柴火好找。菜船卸船过程中菜不禁搬，总有些菜要整烂些，丢弃的菜叶子到处都是，好捡。眼前有个堆栈棚棚还没有堆货，避风。缺了个口子的砂锅还在，也算是现成。几坨鹅石宝一摆，破砂锅装半锅水，一点火，一会儿就架起了势。

水烧开了，放入辣椒、花椒、盐巴，还有河坝捡到的老姜、大蒜，筛出来的桂皮、八角这些香料渣渣，也倒入锅里，一会儿，香气出来了，好安逸。陈二麻子将油烛放进锅里，这油烛是牛骨头熬出来的油制成的，力夫们有时也弄来煮菜吃。待牛油化了，放了些包包白、青菜叶、萝卜块进去。煮了一会儿，大家伙看到这油亮亮的汤水、翻滚着的菜叶，就不管熟没熟，拈起来就吃。发现还是安逸，比吃白水菜安逸。张大哥尝了尝，味道差点，又加些料，加了些盐，味道好些了。

王老三提着牛毛肚回来，看到大家都在吃，着急了，就抓了一把毛肚丢进锅里，找了双筷子就开拈。第一块拈到的是毛肚，刚下锅，绵的，吃不下去，吐了。众人看王老三敢吃，又看到他吐了，都看他的笑话。王老三也不管笑不笑话，又拈起一块毛肚，咬了一口，脆的，好安逸。王老三不开腔，只顾拈毛肚。

众人看到牛肚子下锅，想这牛肚子里装的是牛粪，心头犯疑，不敢吃。盘大哥一样，问道："王老三，牛肚子洗干净没有？"王老三一边拈毛肚，一边回答："我翻来覆去地洗了好几遍，怕有牛粪，你们不吃就是。"王老三只吃毛肚这一样菜。大家心想，你敢吃，我还不敢吃？也把毛肚丢下锅。王老三先吃的几块毛肚，都是脆的。后来的几块又是绵的，嚼不烂。众人也拈毛肚了，一吃都是绵的，嚼不烂。不好吃，都不吃了。

盘大哥也没有王老三的胆子大，看到众人把毛肚丢下锅，也只拈了一片，挟着在滚开的汤里烫，一会儿，就试着咬了一口，脆生生的，好吃。一块吃完，又照样子拈了第二块挟着在锅里烫着吃。

王老三这时也明白过来，这牛毛肚煮的时间短了，绵的，煮的时间长了，也是绵的，都不好吃。还是像盘大哥那样挟着毛肚烫，这样烫着吃才好吃。

这顿水煮菜吃到最后，味道比开始还要好吃，这让大伙吃安逸了。过后，都说盘大哥名堂多、点子多，想出这种吃法来。

从这天开始，只要有机会，盘大哥他们都要煮菜吃，煮的东西也越来越多，味道也越来越好。慢慢地，这种吃法传开了，河坝头推船的、送菜的、放筏子的这些下力人都按这个法子整来吃。河沙坝一些小馆子把这种吃法加以改进，调出的味道更好。下锅的东西荤素都有，也慢慢多了不同的品种。小馆子的老板说，下面有红炭炉，上面放口锅，边烫边吃，又暖和，又实惠的吃法叫火锅。从此，重庆有了一种新的美食——毛肚火锅。

我画我的老重庆（之三）

张家花园周遭景观——红房子·折衷主义建筑

红房子

红房子是新中国成立后在重庆修建的标志性租住房，砖混结构、多层、三角屋顶、大洋瓦，因其墙体为红砖砌成而被张家花园老街坊称为红房子。红房子的学术名极拗口——三层起脊北闷顶住宅。它源出苏联，系后斯大林式筒子楼。与之相对的是前斯大林式建筑。

前斯大林建筑有彼得大帝建筑遗风。彼得大帝建筑基本照搬法国宫廷建筑，如凡尔赛宫，属于标准的古典风和巴洛克风。所谓遗风，其实只是古典风和巴洛克风的简版。它舍去了古典及巴洛克风格的繁文缛节，强化了古典的次序和规则，以纪念碑方式彰显权力及服从。前斯大林建筑大多是政府机关、博物馆、纪念馆、火车站、电讯电报及影剧院等公共建筑。二十世纪五十年代在中国甚嚣尘上，该建筑样式及其在重庆的标志性建筑是山城宽银幕电影院。

后斯大林建筑筒子楼主要是民居。它当是赫鲁晓夫的政绩之一。斯大林死后，赫鲁晓夫为了节约成本，将新建筒子楼的所有装饰统统取消。取消所有装饰的筒子楼长得五大三粗。一根长长的通道将几十家人串在一起。厨房、厕所必须搭伙使用，家家户户、男男女女都不敢乱说乱动。这其实是一种极不人性化的因陋就简的集体式建筑。

红房子在包括张家花园在内的北下半城主要有以下三种类型：

（1）工人村。重庆作为老工业城市，很多地方都有工人村，张家花园亦不例外。

张家花园工人村建于二十世纪五十年代中后期，系重庆最早的廉租房社区。以工人作为前缀者当时不只有廉租房社区，还有医院、疗养院、公园、影剧院、体育场等公共设施。这是那阵的时尚。

工人村由财政拨款修建，并由房管部门按需分给辖区内的机关企事业单位。故此，工人村的租住者不仅仅是工人阶级。

张家花园工人村规模不大，集中于人和街一带，有房八幢，红砖、大洋瓦那是标配，

三楼一底，每层楼的中间是走廊，走廊两边排着统一大小的单间房。其四幢四楼□□号房承载了我最初的画学记忆。它是白夸的家。

二十世纪七十年代初起，张家花园有个著名的画学团队。团队中的核心成员有我、邓□、二刘及白夸五人。白夸姓周名建伟，被我们戏谑为白夸。白夸爸爸是重庆人民交通公司的八级驾驶员，在四幢四楼分得两大单间。望子成龙的白夸爸便将其中一间作为白夸的卧室兼画室。白夸是画学团队中人。画学中人不分彼此，白夸的画室必是大家的画室。在白夸的画室里，我们曾经关起门来夜以继日地画耶稣颜面、伏尔泰、拉奥孔、布鲁德、人体解剖等石膏。画饿了，白夸妈妈还端来热气腾腾的红苕稀饭给我们加餐；画困了，白夸还偷来他爸爸的红牡丹（纸烟）给我们醒瞌睡……

（2）单位宿舍。"文化大革命"时期，为了保证人人有饭吃、有衣穿，时兴吃大锅饭。大锅饭不仅包括吃，还包括住。这住，就是对机关企事业单位职工分配公房。分配公房由代表政府的房管部门统筹，有条件的单位也可自建公房。

自建公房被叫作单位宿舍，当凡事以苏

联老大哥为楷模之时，红房子是自建公房的首选。由于是自建的，因此它们与政府统筹的红房子存在较大差异。比如，位于巴蜀中学背后的市设计院宿舍便是。该红房子走廊外悬，家家户户以套间为主，向阳、通风，比工人村那种标准的红房子宜居许多，外形长得也很洋气。

它宜居也好，洋气也好，都与我无关。与我有关的是它底层南向那间端头房。那房的原住户是一罗姓妇人。罗妇人本是川东地下党负责人之一，其公开身份是重大教师。大学教师是高知。"文化大革命"期间，一般知识分子都不受待见，况乎高知！罗姓妇人被打成了托洛茨基派。之后不久，那房子成了陈工程师的书库。

陈工先后就职于重庆市设计院和重庆市房管局。能说会道、藏书很多，是我家常客。他的大儿是勤奋好学的画学青年，我经常去陈工书库。

陈工书库仅仅十多平方米，四壁书架顶天立地，书架上挤满大部头。大部头基本上都是建筑和美术书，还有画册。那些画册十有八九属于苏俄，余下不多是英美法之流。其中给我印象最深的是苏里科夫的《禁卫军临行的早晨》《女贵族莫洛卓娃》，列宾的《查波罗什人给土耳其皇帝写信》《意外归来》，萨夫拉索夫的《白嘴鸟飞来了》，谢洛夫的《孩子与桃子》，艾瓦佐夫斯基的《九层浪》，克里马申画的印度风情（水彩），洛克威尔（美国）满是夸张幽默的日常生活叙事，透纳（英国）意趣奔突、色光迷幻的浪漫风景——我审美的天眼至此洞开。

（3）安置房。本文所言的安置房与现在目前的安置房是两个概念，后者是拆迁还建房。它是改革开放以来，旧城改造或房地产作为支柱产业后的产物。改革开放既无旧城改造，也无房地产开发，拆迁还建房子虚乌有，但安置房倒确有其事。比如，张家花园华福巷安置房。

华福巷地处张家花园南面，左邻枣子岚垭、右邻实验小学，上接平街、下连人和街，上下落差50米以内，面积不大，仅1.44平方千米，民国时因有华福烟厂而得名。与重庆其他社区一样，华福巷棚户不少。二十世纪六十年代某月某日，有人烤尿片，不慎将自家棚户点燃。那日风大，火借风势，呼啦一下就把整个华福巷烧成一片烈焰冲天的火海。

从前没有尿不湿，只有尿片。尿片系废

旧布片缀成，用于婴幼儿或偏瘫之类病人隔尿。其隔尿后，需洗净，并晾干或在炭火上烤干后再用。烤尿片用竹篓。竹篓置于炭火上，之上再覆盖湿尿片。竹篓不只用于烤尿片，还烤衣物被褥等。重庆湿度大、雨雾多。一遇这般天气，洗净的尿片衣物被褥等就只有依靠炭火了。故而，在老重庆，如此竹篓几乎就是家家户户的标配。

烤尿片也罢，烤衣物被褥也罢，以烤干为宜，切勿长时间烘烤。长时间烘烤，极可能诱发火灾。华福巷那次火灾官方没有记载，人员及财产伤亡不详，但满目疮痍、废墟一片却是老街坊们有目共睹的。救灾之后，市政府决定在灾后的华福巷大规模兴建安置房，这倒也是铁板钉钉的事。

华福巷安置房依旧是红砖砌墙，大洋瓦盖两坡水（三角屋顶），屋顶有老虎窗及方形烟道，都是些长得精神的小楼房。它们依山就势、错落有致、疏密相间地镶嵌在华福巷那片绿油油的坡地上，彻底纠正了老重庆人"红配绿，丑得哭"的说辞，好看得一塌糊涂！它们不仅是好看，更是对工人村那种集中营式的筒子楼的颠覆。它们两楼一底，一梯四户，每两户搭伙厨卫，私密性稍微要好一些，当

是重庆最早的单元楼，亦是张家花园老街坊们最流清口水的"新房子"。可惜了这些漂亮的新房子，二十世纪八十年代中后期，重庆市中区迎来了第一轮旧城改造，随着推土机们震耳欲聋的巨大轰鸣声，它们与张家花园那些吊脚楼、折衷主义建筑及相关民国大小院落一起呜呼哀哉了！

折衷主义建筑

折衷主义建筑，十九世纪至二十世纪初，欧美建筑的流行风。折衷，即调和各方面的意见使之适中。建筑中的折衷主义既非调和，也非适中，只是把西方建筑史上的罗马、拜占庭、哥特、巴洛克、洛可可等样式任意拼置在一起，一如餐饮中的拼盘。折衷主义建筑与吊脚楼（干栏式建筑）、红房子、干打垒（一种简易的砖混房）等构成了市中区建筑的主体。我可以大起胆子说，老重庆但凡有点洋气的房子，无论是沿街高楼、深巷连排、独栋，基本都是折衷主义建筑。折衷主义建筑原型为砖石结构，进入重庆后，多数入乡随俗成了砖木结构，甚至成了"灰板""竹编"。其时正值抗战时期，日机随时对重庆进行无差别狂轰滥炸，砖木、灰板、竹编成本低，更

方便炸后重建。

包括张家花园在内的七星岗、观音岩、两路口、桂花园、李子坝、牛角沱、上清寺、中山四路、人民路、大溪沟、黄花园等是民国时重庆首批"开发区"。故而，折衷主义建筑汗牛充栋。像张家花园，除了吊脚楼、少数传统宅院，余下大多是白色、黄色、灰色的折衷洋楼。这些洋楼其实不那么折衷，以巴洛克为主。巴洛克简洁，适合低成本的砖木、灰板、竹编结构。在巴洛克身上加个中式大屋顶居然非常得体，它是清末民初本土建筑师的创举。其标志性作品是盟军远东战区司令部大楼（现求精中学行政楼）、重大人文艺术学院教学大楼（原重大理工学院）、国民政府立法院大楼（现重庆人民医院中山门诊楼）等。

新中国成立后，国民政府立法院大楼改为重庆外科医院门诊楼。其西面紧挨张家花园步道，其底楼正对步道有停尸房一间。"文化大革命"那阵，每每黄昏，步道便有男鬼或女鬼高调出没。对此，街坊们早早就关门闭户，还加上抵门杠。千翻飞石的娃娃恩恩躲在尿罐旮旯里，大气都不敢出。有多个目击者心惊肉跳地众口指认："男女鬼就从停尸房门缝飘出。"群众强烈要求外科医院搬迁停尸房，未果。某日，张家花园造反派"反修兵团"在停尸房大门上用大排笔刷出鲜红的"毛主席万岁！"，那些男女鬼随即黯然收风。

张家花园及其周遭折衷建筑基本为小洋楼，不少呈聚集状，拿目前的说法是别墅群，别墅们都带小院。比如马鞍山，比如中山四路。马鞍山上的小洋楼大多住着12级以上高干。我小学念的是巴蜀小学，班上好多同学家住马鞍山。我经常去马鞍山，这不在话下。在话下的是，某回去马鞍山某同学家，我尿胀了，想屙尿，却找不到尿罐，却第一次见到可以抽水的白花花的大尿罐，这就是传说中的抽水马桶。

所谓风景画，对我来说，就是画房子。张家花园及其周遭的吊脚楼、红房子、洋楼几乎被我一网画尽，好多还被我从不同的角度画过两遍。但有一个地方我特别想画，且蓄谋已久，却不仅没画成，还遭关了大半天黑屋。这地方就是市委大院。市委大院民国时是国民政府大院，重庆最权威的折衷小洋楼悉数生长其中，并按序号排列，什么1号楼2号楼3号楼等等。

1号楼曾是蒋介石官邸，2、3号楼我不清楚，但肯定是国民政府的大人物。对于蒋介石和那些大人物，我没什么概念，印象深的主要是那些漂亮的洋楼。"文化大革命"刚开始，市委和公检法被砸烂，我哥曾牵着我到市委大院看大字报。我看不懂大字报，倒是鼓起一对二筒对着那些洋楼发呆。"文化大革命"中后期某日一大早，已有好几年画龄的我带上画具，从市委（也叫市革委）后院翻墙而入。其时，被晨曦打扮得金灿灿的小洋楼们异常美丽。我铺开摊子，全神贯注地画起来。没画到一半，有两披绿皮皮、背帮帮枪的武警冲过来，二话不说，缴了我的画具，将我反手扭进值班室，强迫我跪下，其中一个武警对我声色俱厉地吼道：

"小崽儿，老实交代，是哪个派你来画地形图的？"

"叔叔，我……是……来……画……风……景……的，不……是……画……地……图……的。"我浑身筛糠，回答得结结巴巴。

"莫给他啰唆，先关起来再说！"另一个武警说。

随即，我被关进一间光线昏暗的小黑屋，里面尘土飞扬、堆满撮箕扫把。一群可怕的肥大耗子围着我呲牙咧嘴、上蹿下跳，当即我就发出声嘶力竭的嚎叫……

渝中区·外科医院（油画）　1981年

渝中区·张家花园原王瓒绪公馆（水粉）   1979 年

渝中区·人民支路（油画）　1979年

长篇小说《卯城》插图（油画）

渝中区·临江门江边（油画）　　1980 年

渝中区 · 嘉陵江边官帽石（水粉） 1979年

渝中区·若瑟堂（油画）　1980年

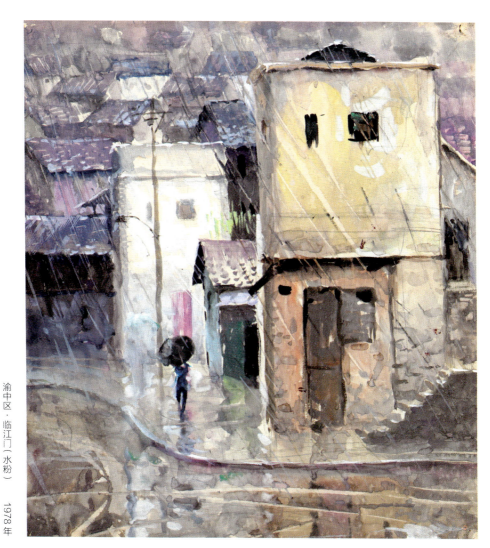

渝中区·临江门（水粉） 1978年

主编简介

　　任竞，男，现任重庆图书馆馆长，重庆市图书馆学会理事长，文学学士、中共党史专业研究生，研究馆员，"文化部优秀专家"，重庆市宣传文化"五个一批"人才，首批"重庆英才·名师名家"。此外还担任重庆市古籍保护中心主任、重庆市政协文化文史及学习委员会副主任、重庆市科委软科学项目专家评审委员会委员、重庆市社会科学界联合会第三届委员会委员。

作者简介

　　涂国洪，男，绰号中国崽崽、中国娃娃，文学爱好者，观念写实画家。先后发表《卯城》《中国娃娃辞典·詈骂》等小说，约 150 万字。创作有《图绘卯城》《涂国洪人像素绘》《涂国洪画老重庆》等绘画作品。

　　李远华，男，重庆市渝中区人。近年来，以"重庆城的老龙门阵"为题，在"天涯社区"的"重庆论坛"版块中陆续发表了关于旧时重庆城的地名故事、民间传说的帖子二百多篇，受到网友的热情关注和喜爱，被称为"城市达人"。《重庆桥梁》《红岩春秋》等杂志亦采用过他的多篇帖子，以整篇或摘录方式，多期刊载。